안식일을 주장하는 이들에게
하나님의 비밀이신 예수 그리스도를 중심으로

안식일 논쟁을 끝내라

| 조의상 지음 |

쿰란출판사

추천사

　구속주는 피 흘려 죗값을 지불하심으로 많은 인류를 죄와 죽음에서 구원하셨습니다. 그리고 십자가에서 피 흘리심으로 사탄과 그 무리들을 파하셔서 인류를 속박하는 그 속박에서 구출하셨습니다. 뿐만 아니라 구속주는 십자가에서 피 흘리심으로 율법의 요구를 다 성취하사 율법을 완성하시고 폐하셨습니다. 율법의 정죄와 저주를 다 제거하신 것입니다. 그리하여 믿는 자들로 완전한 자유와 해방을 누리며 살게 하셨습니다.

　그리스도께서 율법을 성취하시고 폐하심으로 모든 율법의 속박과 요구가 다 물러났습니다. 그러므로 어떤 날을 지켜야 구원에 이르는 것이 결코 아닙니다. 주 예수를 믿는 믿음 외에는 믿는 자들에게 요구되는 것이 아무것도 없습니다.

　그런데 안식일 계명을 지켜야 구원에 이른다는 해괴한 주장은 그리스도의 구속사역을 완전히 부정하는 것입니다. 이런 주장을 하는 자들은 기독교를 대적하여 파괴하려는 적그리스도입니다.

　율법은 이미 성취되었으므로 더 이상 요구되는 것이 없습니다. 안식일도 폐하고 주일로 대치했습니다.

　안식일을 지켜야 구원을 얻는다고 하는 주장은 구약의 제사제도와 모든 율법의 계명들을 다시 지켜야 구원 얻는다고 하는 주장입니다. 이것은 하나님의 경륜을 완전히 허무는 것입니다. 따라서 이것은 구원을 계획하시고 성취하신 하나님을 대적하는 것입니다. 뿐만 아니라 역사의 목표를 완전히 뒤집는 것입니다. 그리하여 모든 인류를 율법의 속박과 저주 가운데로 되돌리는 것이고, 죄악과 죽음으로 끌어들이는 것입니다. 그리하여 하나님의 구원 경륜을 완전히 망치려고 하는 것입니다.

  이 성경의 깊은 진리를 바르게 이해하고서 안식일 준수 주창자들의 기만과 천사로 가장하는 것을 깨뜨린 분이 바로 조의상 목사님이십니다. 이 책《안식일 논쟁을 끝내라》를 읽음으로 한국교회에서 안식일 시비를 완전히 끝낼 수 있기를 바랍니다. 이 책을 읽으면 안식일 준수 주창자들의 무식함과 반기독교적 성향을 간파함으로, 이 논쟁을 끝낼 수 있습니다. 널리 일독을 권합니다.

2013년 1월 10일
서 철 원 교수
(전 총신대 교수 / 현 한영신대 석좌교수)

추천사

조의상 목사님을 여러 번 만났습니다.
안식일과 주일의 차이를 밝히려는 그의 열정에 감동을 받았습니다. 영적으로 뜨겁고, 성경적으로 깊고, 신학적으로 논리적이고, 학적으로 분명하였습니다. 미리 이 책을 읽고 스스로 공부 많이 하였습니다.

감나무 밑에 있으면 5가지 감을 발견하게 됩니다.
저절로 떨어지는 감이 있습니다.
쉽게 딸 수 있는 감이 있습니다.
어렵게 따야 하는 감이 있습니다.
생명을 걸 정도로 올라가서 따야 하는 감이 있습니다.
봄까지 떨어지지 않고 매달려 있는 감이 있습니다.

성경도 마찬가지입니다. 읽으면 쉽게 이해되는 말씀이 있고, 공부하여 풀리는 말씀이 있고, 신학적으로 깊이 들어가야 이해되는 말씀이 있습니다. 평생 연구하여야 하는 말씀이 있습니다. 그러나 지금까지 안 풀렸고 앞으로도 풀기 어려운 말씀들이 있습니다. 아사셀 양, 네피림, 우림과 둠밈 등의 단어는 아직도 풀기 어려운 언어입니다. 그 비밀이 아직 밝혀지지 않고 있습니다.

그런데 조 목사님은 주일과 안식일을 이 책에서 명쾌하게 풀어가고 있습니다. 시원스럽게 구별하여 주고 있습니다. 그런데 이 책은 끝이 아니고 시작일 뿐입니다. 무지개를 보려면 비를 맞아야 합니다. 서리가 알곡을 만듭니다. 기회는 복권이 아니라 투자입니다. 완성은 대박이 아니라 과정입니다. 보석은 흙이 묻어도 보석입니다. 새는 쓰레기 위에서도 노래합니다. 조 목사님은 앞으로 더 완벽한 완성을 향하여 전진할 것입니다. 미래가 궁금해지는 분입니다. 도전에 웃음을 섞으면 여유가 있습니다.

꿈은 욕심이 아니라 방향입니다.
쟁기는 뒤로 길이 없습니다.

조 목사님은 앞으로 더 좋은 작품을 만들어 내실 것입니다. 기대하고 있겠습니다.
우리 모두 조 목사님의 다음 작품을 기대하며 이 책으로 하나님께는 영광, 조 목사님에게는 거보를 내딛는 시작이 되기를 기도하겠습니다.
모든 영광을 주님께 드립니다.

2013년 4월 2일
강 문 호 목사
(갈보리교회)

머리말

　성경은 슈퍼 베스트셀러이다. 그러나 잘 읽혀지지 않는 책이다.
　그래서인지 성경을 제각각 마음대로 해석하고 전하는 이들이 늘어나고 있으며, 이제는 이단인 비정통의 사람들도 세력을 형성하고 자신들의 주장을 만천하에 외치고 있다.
　예수 그리스도가 성경의 주인공이며, 옳고 그름의 기준이 되시는 분임에도 불구하고 이들은 아전인수 격으로 그분을 논단하고 복음의 바른 길에 서 있는 성도들을 유혹하고 선동하여 멸망의 길로 이끌어 가고 있다.
　이들의 성경 지식은 지극히 편협하고 일천하여 성경을 곡해할 뿐 아니라 자신들의 논리에 억지로 끼워 맞추거나 비상식적, 비논리적, 비문법적 행위들을 거침없이 행하고 있다.
　이들은 예수 그리스도의 말씀이라도 자신들에게 불리하면 버리기도 하고, 또 어떤 말씀은 뜯어 고치고, 단어와 문장을 제멋대로 바꾸기도 서슴지 않는다(계 22:18-19). 성경은 절대로 빼거나 붙여서는 안 된다. 그렇게 제 마음대로 고치고 붙인다면 어찌 그 말씀을 주장하고, 믿고, 따르라고 할 수 있단 말인가?
　이 책에서는 되도록 사람의 말을 인용하지 않고, 신학적 용어나 어려운 단어 사용을 자제하며, 누구나 읽을 수 있도록 성경 본문을 중심으로 하고자 노력하였다.
　필자는 올해 2012년 1월부터 6월까지 그리고 9월, 주요 일간지 조선, 중앙, 동아, 경향일보에 H모 목사의 이름으로 "불법 일요일 예배, 주일성수

웬 말입니까?"라는 전면광고가 게재된 것을 보고 이에 논박을 하고자 안식일과 주일을 중심으로 이 책을 쓰게 되었다.

이들이 안식일 예배를 주장하고 주일 예배를 불법이라고까지 공격함에도 불구하고 기존의 기독교 정통 교단과 단체들이 일절 대응치 않음으로 작은 교회들이 당할 피해가 염려되어 감히 나서게 된 것이다. 그들의 주장이 논쟁의 상대가 안 된다는 것인지, 귀찮고 시간만 낭비된다고 생각하는 것인지, 자료가 부족함인지, 이렇듯 공격을 당하고도 건재하다는 것인지 그 의중을 모르겠다. 안타까운 마음에 자료를 찾다보니 마땅한 자료가 넉넉지 않아 그간 준비해 온 자료와 미약한 성경 지식을 동원하여 작은 책을 만들게 되었다.

이 책에서는 예수 그리스도의 날에 대한 주의 날의 구약적 근거와 안식일과 확연히 구별되는 주일의 당위성을 밝혀 주일이 일요일(태양절)이며 불법의 날이라 떠드는 이들의 입을 막고, 안식일의 주인이시며 주권자이신 예수 그리스도가 안식일 위에, 율법 위에 찬양과 예배 받으시기에 합당함과 십계명의 제4계명 위에 존재하시는 분임을 성경적으로 증명하였다. 또한 예수 그리스도로 폐지되고 마침이 된 율법 위에 새로이 완성된 계명인 사랑의 계명의 우월성과 탁월성을 증명하고자 하였다.

특히 케케묵은 이런 율법적 주장이 어떤 방법으로 기존의 기독교계 안에 들어와 활개를 치고 있는지 그 원인과, 사탄이 성경 본문을 통하여 어떻게 교묘한 방법으로 사람들과 추종자들을 미혹하고 속여 왔는지를 성경을 통하여 세세히 밝혔다.

"부디 성령이여 이 글을 읽는 모든 이들의 얼굴에 가려진 수건이 벗어져 예수 그리스도를 바로 보게 하시고, 이 세상 신이 혼미케 한 저들 속에 복음의 광채가 비춰어 혼돈과 흑암이 사라지고 주의 영의 자유함을 얻어 단 한 명의 영혼이라도 참된 믿음으로 돌아오게 하소서(고후 3:6-18, 4:4). 우리를 자유케 하신 예수 그리스도의 이름으로 기도합니다. 아멘."

기꺼이 격려해 주시고 추천사를 보내주신 전 총신대 교수이자 한영신학대 석좌교수인 서철원 목사님, 성막론의 권위자 갈보리교회 강문호 목사님, 청교도기도모임의 선후배 목사님들, 은총교회 성도님들과 부족한 종에게 지혜와 지식의 은혜를 주신 성령님과 주 예수님과 하나님 아버지께 감사드립니다.

2013년 4월 1일
조 의 상

목차

추천사	서철원 교수	2
	강문호 목사	4
	머리말	6
	들어가는 글	14
	펼치는 글	20

1. 율법과 복음(새 계명)의 관계성 26
   1) 율법의 의의와 목적 26
   2) 복음의 의의와 목적 41

2. 폐하여진 법 그러나 영원한 법, 율법 49

3. 율법의 완성인 사랑의 계명 73

4. 왜 율법이 아닌 믿음과 예수의 새 계명인가? 81

5. 구원받은 성도의 율법 준수 여부 82

6. **율법주의를 이용한 사탄의 계략** *98*
   1) 사탄도 성경을 이용한다 *98*
   2) 율법을 준수하라는 사탄의 계략 *102*

7. **왜 율법을 따라서는 안 되는가?** *107*

8. **그림자를 붙들지 말라** *114*

9. **옛 계명을 행함으로 새 계명을 거절하게 한다** *139*

10. **그릇된 사람의 교훈과 비뚤어진 신앙** *150*

11. **사람의 유전과 가르침들** *190*
    1) 다른 복음 *190*
    2) 예수를 거절함 *192*
    3) 조사 심판 *196*
    4) 하나님이 무너뜨리신 것을 사람이 다시 쌓는 행위 *202*
    5) 종의 멍에를 다시 메지 말라 *211*
    6) 율법을 다시 지키라는 것은 사탄의 속임수 *213*

12. 왜 거짓을 믿게 되는가? 217

13. 주의 날과 8일의 의미, 그리고 주의 선포와 초청 241

14. 하나님은 왜 안식일 외의 날을 주셨는가? 277
    1) 예배 받으시는 이가 예수 그리스도시다(요 10:30) 277
    2) 희년의 주인은 예수 그리스도시다(눅 4:18-21) 282

15. 안식일 논쟁을 그치라 322

16. 주 예수의 가르치심 331

17. '주의 날'의 여러 모양과 명칭들 343
    1) 오늘날 343
    2) 다시 어느 날 346
    3) 다른 날 355
    4) 그의 안식, 내 안식, 저 안식 356

18. 참된 안식이란 무엇인가? 361

19. '예수 그리스도 안'이란 무엇인가? *363*
   1) 안과 밖 *363*
   2) 성전 되신 예수 그리스도 *368*

20. 예수 그리스도 안에 거하는 법 *379*
   1) 예수 그리스도를 영접함으로 *379*
   2) 예수를 믿어 권세 있는 신분을 얻음으로 *380*
   3) 그리스도의 침례(세례)를 받음으로 *381*
   4) 성찬에 참예함으로 *387*
   5) 예수의 마음을 품음으로 *391*
   6) 예수를 사랑하여 그 계명을 지킴으로 *395*

21. 자유하게 하는 온전한 율법인 새 계명 *399*

22. 율법을 연구하는 유대인의 두 가지 방법 *406*

23. 예수 그리스도 *436*

   마치는 글   442

〈도표 1〉   444
〈도표 2〉   445
〈도표 3〉   447
〈도표 4〉   448
〈도표 5〉   449

<일러두기>

* 본문에 인용된 성경의 출처는 다음과 같다.
1. 한글 성경은 개역한글 침례 표기 성경이다.
2. 영어 성경은 NIV성경이다.
3. 헬라어 성경은 구약은 LXX, 신약은 UBS4이다.
간혹 다른 성경이 사용되었을 경우, 구절 끝에 표시하였다.

들어가는 글

　안식일 주장자들은 십계명에 명시된 안식일은 폐할 수 없는 법이라는 것으로 주된 공격을 한다. 그러나 이것은 그들이 논쟁을 위하여 끌어오는 논란의 일부분일 뿐, 그들은 율법을 하나님의 뜻과 목적에 합당하게 준수하려는 것이 아니다.

　· 안식일을 철저히 지키던 예수님 당시의 율법사, 서기관, 바리새인, 대제사장, 회당장들은 왜 그토록 예수님께 책망과 질타를 받았을까? 그것은 그들이 안식일의 참된 뜻을 오해하고 남용하였기 때문이다.
　안식일은 하나님을 위한 날이 아니라 사람을 위한 날, 즉 사람이 쉬고 안식하는 날이어야 함에도 불구하고 그들은 하나님을 위하여 제정된 것으로 오해하여 사람을 얽어매고 억압하는 날로 변질시켰다.
　지금의 안식주의자들이 똑같이 범하는 어리석음이다.

　"또 이르시되 안식일이 사람을 위하여 있는 것이요 사람이 안식일을 위하여 있는 것이 아니니"(막 2:27).

　· 하나님이 안식일을 제정하신 것은 자비를 원하셨기 때문이지 제사를 원하셨기 때문이 아니다. 안식일은 가난한 자들과 노예와 종들과 힘들게 일하는 자들에게 쉼과 위로와 격려와 사랑을 베푸시려는 긍휼의 날이었다. 그러나 이 날이 제사와 종교 의식으로 하나님을 향한 무거운 짐을

지우는 날로 변질되고, 죄와 병고의 고통에 처한 자들을 치료하고 풀어 주려 하신 안식일의 주인 되신 예수 그리스도까지 시비하고 비난하는 지경에 이르고 말았다. 그런데 지금도 사랑과 긍휼과 자비를 행하는 날이기보다는 형제를 비방하고 저주하는 날로 삼고 있는 자들을 보면 예수님 당시의 바리새인들과 무엇이 다른가?

"나는 자비를 원하고 제사를 원치 아니하노라 하신 뜻을 너희가 알았더면 무죄한 자를 정치 아니하였으리라"(마 12:7).

"사람들이 예수를 송사하려 하여 안식일에 그 사람을 고치시는가 엿보거늘 예수께서 손 마른 사람에게 이르시되 한가운데 일어서라 하시고 그들에게 이르시되 안식일에 선을 행하는 것과 악을 행하는 것, 생명을 구하는 것과 죽이는 것, 어느 것이 옳으냐 하시니 저희가 잠잠하거늘"(막 3:2-4).

• 안식일보다 크신 예수 그리스도는 성전보다 자신이 크다고 선언하시며(마 12:3-8), 성전 안에서 다윗의 일행이 진설병을 먹은 사건과 제사장들이 성전 안에서 안식일을 범하여도 죄가 없음을 설명하셨다. 또한 성전보다 크신 예수와 함께 있는 제자들의 행동이 죄가 되지 않음을 설명하시고, 예수께서는 자비를 원하니 시장한 이들을 불쌍히 여겨야지 율법과 제사를 요구하는 공격적 심판과 비판의 행위가 옳지 않다고 하시며, 죄 없

는 자를 죄인으로 심판함이 잘못이라고 책망하시고 인자는 안식일에도 주인이라고 하셨다.

지금도 안식주의자들은 예수 안에 있는 성도를 일컬어 안식일을 범하는 죄인들이라고 비난함으로 주께서 책망하실 일을 되풀이하고 있다.

・ 십계명 중 제4계명은 지금도 지켜야 하는가?

십계명은 몽학선생의 법이며 완성된(예수 그리스도의 십자가의 피와 죽음으로 완성) 계명 속에 흡수된 법이다. 하위법은 상위법에 예속되는 것이며, 하위법을 지키려 상위법을 위반하는 것은 범죄가 된다(예: 가족을 지키려 국가 변란 때 국가의 징집에 불응하는 행위). 그러나 상위법을 지키면 하위법은 그 안에 예속되어 지켜지게 되어 있다.

안식주의자들은 안식일을 그토록 지켜야 할 법이라고 하지만 정작 성경의 본체요 하나님이신 예수님의 말씀보다 엘렌 화이트의 계시를 따르느라 예수님의 지옥관과 십자가 대속의 완전성을 거절하는 조사심판설을 주장하는 사람의 교훈을 따르고 있다.

또한 율법의 완전한 행위 구원을 말함으로 로마서, 갈라디아서, 골로새서, 히브리서 등 수많은 성경을 거절하고, 곡해하고, 변개하며, 예수 그리스도의 완성된 율법을 거절하고 있다

"피차 사랑의 빚 외에는 아무에게든지 아무 빚도 지지 말라 남을 사랑하는 자

는 율법을 다 이루었느니라 간음하지 말라, 살인하지 말라, 도적질하지 말라, 탐내지 말라 한 것과 그 외에 다른 계명이 있을지라도 네 이웃을 네 자신과 같이 사랑하라 하신 그 말씀 가운데 다 들었느니라 사랑은 이웃에게 악을 행치 아니하나니 그러므로 사랑은 율법의 완성이니라"(롬 13:8-10)

"온 율법은 네 이웃 사랑하기를 네 몸같이 하라 하신 한 말씀에서 이루었나니"(갈 5:14).

· 바울은 갈라디아서 1장 8절에서 "우리나 혹은 하늘로부터 온 천사라도 우리가 전한 복음 외에 다른 복음을 전하면 저주를 받을지어다"라고 하였는데 왜 그들은 예수님의 교훈과 명백히 다른 화이트의 거짓 복음을 받아들였는가? 바울이 전한 복음에도 율법으로는 의롭다 함을 얻을 수 없다고 분명히 하고 있다. 따라서 율법을 강조하고 율법으로 이룰 수 없는 의를 이루어야 천국에 들어간다고 하는 말은 명백한 이단 사설이며, 예수 그리스도를 배척하고 대적하는 원수의 이론이다.

엘렌 화이트는 미국의 흑백 인종 차별과 흑인 노예제도는 예수 그리스도 재림 때까지 존속될 것이라고 예언했다. 그런데 이런 잘못된 예언자를 거부하지 않고 아직도 예언자요, 선지자로 받아들이고 그의 글과 말을 추종함은 어찌된 일인가?

이 책은 "누가 철학과 헛된 속임수로 너희를 노략할까 주의하라 이것이 사람의 유전과 세상의 초등 학문을 좇음이요 그리스도를 좇음이 아니니라"(골 2:8)고 한 바울의 권고를 대신하고자 함이다.

골로새서 2장 16-19절은 바울이 마치 엘렌 화이트를 바로 앞에서 보면서 쓴 것 같은 생생한 증거다. 성령으로 예언되고 기록된 이 구절을 읽으면 소름이 끼치도록 생생한 주의 음성을 들을 수 있을 것이다.

'구약과 율법의 그림자에 속지 말고 그 그림자의 본체 되신 예수 그리스도를 주목하라!'

그리하면 당신의 얼굴에 가려져 있던 율법의 수건이 그리스도 안에서 사라지고 복음의 광명한 영광을 보게 될 것이다(고후 3:13-4:6).

율법의 의의와 목적부터 시작하는 것은 십계명 일부를 거절하거나 파괴하기 위함이 아니라 율법 즉 옛 법이 어떻게 복음 예수의 새 법과 연관을 맺고 있으며, 율법이 어떻게 예수 그리스도 안에서 완성되고 율법의 무거운 굴레와 멍에가 예수 안에서 교체되고 쉬워졌는지를 설명하기 위함이다.

"수고하고 무거운 짐진 자들아 다 내게로 오라 내가 너희를 쉬게 하리라 나는 마음이 온유하고 겸손하니 나의 멍에를 메고 내게 배우라 그러면 너희 마음이 쉼을 얻으리니 이는 내 멍에는 쉽고 내 짐은 가벼움이라 하시니라"(마 11:28-30).

　사도들은 첫 번째 예루살렘 회의에서 자신들도 메지 못하던 멍에를 어찌 제자들의 목에 두려느냐 하며 할례와 율법을 지킬 것을 배척하고 "우리가 저희와 동일하게 주 예수의 은혜로 구원받는 줄을 믿노라" 하고 야고보가 아모스 선지자의 글(암 9:11-12)을 인용하여 가결했다(행 15:1-29). 그런데도 율법을 주장하는 것은 예수 그리스도로 구원받는 것을 부정하는 것이다.

　율법은 장차 오는 좋은 일의 그림자요 참 형상이 아니므로(히 10:1) 첫 것을 폐하심은 둘째 것을 세우려 하심이다(히 10:9). 만약 첫 언약이 무흠하였더라면 둘째 것을 요구할 일이 없었으려니와(히 8:7) 새 언약이라 말씀하셨으니, 첫 것은 낡아지게 하신 것으로 낡아지고 쇠하는 것은 없어져 가는 것이다(히 8:13).

　이전의 계명이 무익하므로 폐하고, 율법은 아무것도 온전하게 하지 못하므로 이에 더 좋은 소망이 생기니 '예수는 더 좋은 언약의 보증'이라는 것이다. 이것으로 우리가 하나님께 가까이 갈 수 있다(히 7:18-22). 그렇다. 예수의 새 계명으로 된다. 옛 율법으로는 안 된다.

펼치는 글

성경을 바르게 이해하려면 기본적 자세와 안목이 필요하다. 이에 성경을 바르게 이해하는 법을 먼저 소개한다.

1. 하나님이 이 책을 기록하신 목적이 무엇인가를 알고 들어가야 한다.
하나님이 성경을 기록하게 하신 의도와 뜻은 죄에 빠져 멸망하게 된 사랑하는 인간을 예수 그리스도의 방법으로 구원하여 거룩한 하나님의 백성을 삼으시고자 함을 알게 하려 하심이다.

"하나님이 세상을 이처럼 사랑하사 독생자를 주셨으니 이는 저를 믿는 자마다 멸망치 않고 영생을 얻게 하려 하심이니라"(요 3:16).

"모든 성경은 하나님의 감동으로 된 것으로 교훈과 책망과 바르게 함과 의로 교육하기에 유익하니"(딤후 3:16-17).

2. 성경을 통하여 하나님이 인간에게 알게 하시려는 계시와 비밀이 무엇인지 알아야 한다.
하나님의 비밀은 예수 그리스도시다.

"하나님이 그들로 하여금 이 비밀의 영광이 이방인 가운데 어떻게 풍성한 것을 알게 하려 하심이라 이 비밀은 너희 안에 계신 그리스도시니 곧 영광의 소망이니라, 이는 저희로 마음에 위안을 받고 사랑 안에서 연합하여 원만한 이해의 모든 부요에 이르러 하나님의 비밀인 그리스도를 깨닫게 하려 함이라"(골 1:27, 2:2).

"그 뜻의 비밀을 우리에게 알리셨으니 곧 그 기쁘심을 따라 그리스도 안에서 때가 찬 경륜을 위하여 예정하신 것이니, 곧 계시로 내게 비밀을 알게 하신 것은 내가 이미 대강 기록함과 같으니 이것을 읽으면 그리스도의 비밀을 내가 깨달은 것을 너희가 알 수 있으리라, 이 비밀이 크도다 내가 그리스도와 교회에 대하여 말하노라"(엡 1:9, 3:3-4, 5:32).

하나님은 아들을 통해서만 자신을 바르게 알리신다. 그러므로 예수께서 '아버지 외에는 아들을 아는 자가 없고, 아들과 아들의 소원대로 계시를 받는 자 외에는 아버지를 아는 자가 없다'고 하셨다.

즉 아들 예수 그리스도를 통해서만 진정한 아버지 하나님을 알 수 있다는 것이다. 그러므로 모든 성경은 아들을 보여주고 설명하여 보이지 않는 하나님을 바로 알도록 한다.

3. 예수 그리스도를 알아야 하나님의 뜻과 비밀이 열린다.

"내 아버지께서 모든 것을 내게 주셨으니 아버지 외에는 아들을 아는 자가 없고 아들과 또 아들의 소원대로 계시를 받는 자 외에는 아버지를 아는 자가 없느니라"(마 11:27).

"너희가 성경에서 영생을 얻는 줄 생각하고 성경을 상고하거니와 이 성경이 곧 내게 대하여 증거하는 것이로다"(요 5:39).

아버지 하나님을 보여주신 예수님은 '나를 본 자는 아버지를 보았다'고 하셨고, '나와 아버지는 하나이니라' 하심으로, 아들 예수 그리스도를 통하여 자신을 보여주셨다.

"예수께서 이르시되 내가 곧 길이요 진리요 생명이니 나로 말미암지 않고는 아버지께로 올 자가 없느니라 너희가 나를 알았더라면 내 아버지도 알았으리로다 이제부터는 너희가 그를 알았고 또 보았느니라 빌립이 이르되 주여 아버지를 우리에게 보여 주옵소서 그리하면 족하겠나이다 예수께서 이르시되 빌립아 내가 이렇게 오래 너희와 함께 있으되 네가 나를 알지 못하느냐 나를 본 자는 아버지를 보았거늘 어찌하여 아버지를 보이라 하느냐 내가 아버지 안에 거하고 아버지는 내 안에 계신 것을 네가 믿지 아니하느냐 내가 너희에게 이르는 말은 스스로 하는 것이 아니라 아버지께서 내 안에 계셔서 그의 일을 하시는 것이라 내가 아버지 안에 거하고 아버지께서 내 안에 계심을 믿으라 그렇지 못하겠거든 행하는 그 일로 말미암아 나를 믿으라 내가 진실로 진실로 너희에게 이르노니 나를 믿는 자는 내가 하는 일을 그도 할 것이요 또한 그보다 큰 일도 하리니 이는 내가 아버지께로 감이라 너희가 내 이름으로 무엇을 구하든지 내가 행하리니 이는 아버지로 하여금 아들로 말미암아 영광을 받으시게 하려 함이라 내 이름으로 무엇이든지 내게 구하면 내가 행하리라 너희가 나를 사랑하면 나의 계명을 지키리라 내가 아버지께 구하겠으니 그가 또 다른 보혜사를 너희에게 주사 영원토록 너희와 함께 있게 하리니"(요 14:6-16).

"나와 아버지는 하나이니라 하신대"(요 10:30).

4. 성경은 예수 그리스도를 다양한 각도로 계시하고 여러 부분과 여러 모양으로 비유하며, 설명하고, 교훈하며, 가르치고 있다

"너희가 성경에서 영생을 얻는 줄 생각하고 성경을 상고하거니와 이 성경이 곧 내게 대하여 증거하는 것이로다"(요 5:39).

"옛적에 선지자로 여러 부분과 여러 모양으로 우리 조상들에게 말씀하신 하나님이 이 모든 날 마지막에 아들로 우리에게 말씀하셨으니 이 아들을 만유의 후사로 세우시고 또 저로 말미암아 모든 세계를 지으셨느니라"(히 1:1-2).

즉 예수를 보여주고 설명하기 위한 그림자로 성경은 기록되었다(골 2:17; 히 8:5, 9:24, 10:1). 이는 먹는 것, 마시는 것, 절기, 월삭, 안식일도 예수 그리스도를 보여주고 설명하는 그림자요, 성막과 성전도 예수 그리스도를 설명하고 보여주는 그림자이며, 율법도 예수 그리스도를 보여주는 그림자라는 것이다.

5. 성경은 하나님 아버지가 사랑이심을 아들 예수 그리스도의 십자가를 통한 처절한 희생으로 보여주었다. 성경은 이 사랑의 증명서요, 선언서요, 죄인을 향한 용서의 초청장이다.

하나님은 사랑이시다. 하나님의 사랑이 우리에게 이렇게 나타났으니 하나님이 자기의 독생자를 세상에 보내심은 그로 말미암아 우리를 살리려 하심이다(요일 4:7-21).

"주 예수를 믿으라 그리하면 너와 네 집이 구원을 얻으리라"(행 16:31).

"수고하고 무거운 짐진 자들아 다 내게로 오라 내가 너희를 쉬게 하리라"(마 11:28).

6. 성경을 읽고 설교할 때, 예수 그리스도를 관통하지 않는 설교는 죽은 설교다.

7. 성경의 기준은 예수 그리스도다. 이단의 판별 기준은 예수 그리스도를 성경적으로 믿고 따르는가, 그렇지 않은가에 달려 있다.

8. 성령의 감동으로 기록하였으니 성령의 도우심으로 읽어야 한다.

"또 우리에게 더 확실한 예언이 있어 어두운 데 비취는 등불과 같으니 날이 새어 샛별이 너희 마음에 떠오르기까지 너희가 이것을 주의하는 것이 가하니라 먼저 알 것은 경의 모든 예언은 사사로이 풀 것이 아니니 예언은 언제든지 사람의 뜻으로 낸 것이 아니요 오직 성령의 감동하심을 입은 사람들이 하나님께 받아 말한 것임이니라"(벧후 1:19-21).

"모든 성경은 하나님의 감동으로 된 것으로 교훈과 책망과 바르게 함과 의로 교육하기에 유익하니"(딤후 3:16).

1. 율법과 복음(새 계명)의 관계성

1) 율법의 의의와 목적

율법의 일차적 목적은 삶의 우선순위 확립과 모두에 대한 원활한 편리와 행복에 있다. 이는 하나님 사랑과 이웃 사랑의 실천적 기준이다. 그러면서 이 기준에 합당치 않은 자들에게 어떤 제재와 형벌이 가해지는지를 정하셨다.

율법은 육신을 입고 이 땅에 사는 이들의 생활 규칙이요, 초등 학문이며, 몽학선생의 법이다. 종의 법이며, 구원 약속은 없는 법이다(갈 3:25-4:9, 21-30).

[갈 3:25-4:9]

 (갈 3:25)

- **믿음이 온 후로는 우리가 몽학선생 아래 있지 아니하도다**
- Now that faith has come, we are no longer under the supervision of the law.
- ἐλθούσης δὲ τῆς πίστεως οὐκέτι ὑπὸ παιδαγωγόν ἐσμεν.

 (갈 3:26)

- 너희가 다 믿음으로 말미암아 그리스도 **예수 안에서 하나님의 아들이 되었으니**
- You are all sons of God through faith in Christ Jesus.

- Πάντες γὰρ υἱοὶ θεοῦ ἐστε διὰ τῆς πίστεως ἐν Χριστῷ Ἰησοῦ·

📖 (갈 3:27)
- 누구든지 그리스도와 합하여 침례를 받은 자는 **그리스도로 옷입**
었느니라
- for all of you who were baptized into Christ have clothed your-
selves with Christ.
- ὅσοι γὰρ εἰς Χριστὸν ἐβαπτίσθητε, Χριστὸν ἐνεδύσασθε.

📖 (갈 3:28)
- 너희는 유대인이나 헬라인이나 종이나 자주자나 남자나 여자 없
이 다 그리스도 예수 안에서 하나이니라
- There is neither Jew nor Greekslave nor free, male nor female,
for you are all one in Christ Jesus.
- οὐκ ἔνι Ἰουδαῖος οὐδὲ Ἕλλην, οὐκ ἔνι δοῦλος οὐδὲ ἐλεύθερος, οὐ-
κ ἔνι ἄρσεν καὶ θῆλυ· πάντες γὰρ ὑμεῖς εἷς ἐστε ἐν Χριστῷ Ἰησοῦ.

📖 (갈 3:29)
- 너희가 그리스도께 속한 자면 곧 아브라함의 자손이요 약속대로
유업을 이을 자니라
- If you belong to Christ, then you are Abraham's seed, and heirs
according to the promise.
- εἰ δὲ ὑμεῖς Χριστοῦ, ἄρα τοῦ Ἀβραὰμ σπέρμα ἐστέ, κατ' ἐπαγ-
γελίαν κληρονόμοι.

📖 (갈 4:1)
- 내가 또 말하노니 유업을 이을 자가 모든 것의 주인이나 **어렸을**
동안에는 종과 다름이 없어서

1. 율법과 복음(새 계명)의 관계성

· What I am saying is that as long as the heir is a child, he is no different from a slave, although he owns the whole estate.

· Λέγω δέ, ἐφ' ὅσον χρόνον ὁ κληρονόμος νήπιός ἐστιν, οὐδὲν διαφέρει δούλου κύριος πάντων ὤν,

📖 (갈 4:2)

· 그 아버지의 정한 때까지 후견인과 청지기 아래 있나니

· He is subject to guardians and trustees until the time set by his father.

· ἀλλὰ ὑπὸ ἐπιτρόπους ἐστὶν καὶ οἰκονόμους ἄχρι τῆς προθεσμίας τοῦ πατρός.

📖 (갈 4:3)

· 이와 같이 우리도 **어렸을 때에 이 세상 초등 학문 아래 있어서** 종 노릇 하였더니

· So also, when we were children, we were in slavery under the basic principles of the world.

· οὕτως καὶ ἡμεῖς, ὅτε ἦμεν νήπιοι, ὑπὸ τὰ στοιχεῖα τοῦ κόσμου ἤμεθα δεδουλωμένοι·

📖 (갈 4:4)

· 때가 차매 하나님이 그 아들을 보내사 여자에게서 나게 하시고 율법 아래 나게 하신 것은

· But when the time had fully come, God sent his Son, born of a woman, born under law,

· ὅτε δὲ ἦλθεν τὸ πλήρωμα τοῦ χρόνου, ἐξαπέστειλεν ὁ θεὸς τὸν υἱὸν αὐτοῦ, γενόμενον ἐκ γυναικός, γενόμενον ὑπὸ νόμον,

📖 (갈 4:5)

· **율법 아래 있는 자들을 속량하시고 우리로 아들의 명분을 얻게 하려 하심이라**

· to redeem those under law, that we might receive the full rights of sons.

· ἵνα τοὺς ὑπὸ νόμον ἐξαγοράσῃ, ἵνα τὴν υἱοθεσίαν ἀπολάβωμεν.

📖 (갈 4:6)

· 너희가 아들인 고로 하나님이 그 아들의 영을 우리 마음 가운데 보내사 아바 아버지라 부르게 하셨느니라

· Because you are sons, God sent the Spirit of his Son into our hearts, the Spirit who calls out "Abba Father."

· Ὅτι δέ ἐστε υἱοί, ἐξαπέστειλεν ὁ θεὸς τὸ πνεῦμα τοῦ υἱοῦ αὐτοῦ εἰς τὰς καρδίας ἡμῶν κράζον, Αββα ὁ πατήρ.

📖 (갈 4:7)

· 그러므로 네가 이후로는 **종이 아니요 아들이니** 아들이면 하나님으로 말미암아 유업을 이을 자니라

· So you are no longer a slave, but a son; and since you are a son, God has made you also an heir.

· ὥστε οὐκέτι εἶ δοῦλος ἀλλὰ υἱός· εἰ δὲ υἱός, καὶ κληρονόμος διὰ θεοῦ.

📖 (갈 4:8)

· 그러나 너희가 그때에는 하나님을 알지 못하여 본질상 하나님이 아닌 자들에게 **종 노릇** 하였더니

· Formerly, when you did not know God, you were slaves to

those who by nature are not gods.

- ’Αλλὰ τότε μὲν οὐκ εἰδότες θεὸν ἐδουλεύσατε τοῖς φύσει μὴ οὖσιν θεοῖς·

 (갈 4:9)

- 이제는 너희가 하나님을 알 뿐더러 하나님의 아신 바 되었거늘 어찌하여 **다시 약하고 천한 초등 학문으로 돌아가서 다시 저희에게 종 노릇 하려 하느냐**

- But now that you know God-or rather are known by God-how is it that you are turning back to those weak and miserable principles? Do you wish to be enslaved by them all over again?

- νῦν δὲ γνόντες θεόν, μᾶλλον δὲ γνωσθέντες ὑπὸ θεοῦ, πῶς ἐ-πι-στρέφετε πάλιν ἐπὶ τὰ ἀσθενῆ καὶ πτωχὰ στοιχεῖα οἷς πάλιν ἄ-ν-ω-θεν δουλεύειν θέλετε;

[갈 4:21-30]

 (갈 4:21)

- 내게 말하라 율법 아래 있고자 하는 자들아 율법을 듣지 못하였느냐

- Tell me, you who want to be under the law, are you not aware of what the law says?

- Λέγετέ μοι, οἱ ὑπὸ νόμον θέλοντες εἶναι, τὸν νόμον οὐκ ἀκούετε;

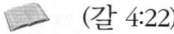 (갈 4:22)

- 기록된 바 아브라함이 두 아들이 있으니 하나는 계집종에게서, 하나는 자유하는 여자에게서 났다 하였으나

· For it is written that Abraham had two sons, one by the slave woman and the other by the free woman.

· γέγραπται γὰρ ὅτι ᾿Αβραὰμ δύο υἱοὺς ἔσχεν, ἕνα ἐκ τῆς παιδίσκης καὶ ἕνα ἐκ τῆς ἐλευθέρας.

📖 (갈 4:23)

· **계집종에게서는 육체를 따라 났고** 자유하는 여자에게서는 약속으로 말미암았느니라

· His son by the slave woman was born in the ordinary way; but his son by the free woman was born as the result of a promise.

· ἀλλ᾽ ὁ μὲν ἐκ τῆς παιδίσκης κατὰ σάρκα γεγέννηται, ὁ δὲ ἐκ τῆς ἐλευθέρας δι᾽ ἐπαγγελίας.

📖 (갈 4:24)

· 이것은 비유니 이 여자들은 두 언약이라 하나는 시내 산으로부터 **종을 낳은 자니 곧 하가라**

· These things may be taken figuratively, for the women represent two covenants. One covenant is from Mount Sinai and bears children who are to be slaves: This is Hagar.

· ἅτινά ἐστιν ἀλληγορούμενα· αὗται γάρ εἰσιν δύο διαθῆκαι, μία μὲν ἀπὸ ὄρους Σινᾶ εἰς δουλείαν γεννῶσα, ἥτις ἐστὶν ᾿Αγάρ.

📖 (갈 4:25)

· 이 하가는 아라비아에 있는 시내 산으로 지금 있는 예루살렘과 같은 데니 저가 그 자녀들로 더불어 **종 노릇** 하고

· Now Hagar stands for Mount Sinai in Arabia and corresponds to the present city of Jerusalem, because she is in slavery with her

1. 율법과 복음(새 계명)의 관계성

children.

- τὸ δὲ Ἁγὰρ Σινᾶ ὄρος ἐστὶν ἐν τῇ Ἀραβίᾳ· συστοιχεῖ δὲ τῇ νῦν Ἰερουσαλήμ, δουλεύει γὰρ μετὰ τῶν τέκνων αὐτῆς.

📖 (갈 4:26)

- 오직 위에 있는 예루살렘은 자유자니 곧 우리 어머니라
- But the Jerusalem that is above is free, and she is our mother.
- ἡ δὲ ἄνω Ἰερουσαλὴμ ἐλευθέρα ἐστίν, ἥτις ἐστὶν μήτηρ ἡμῶν·

📖 (갈 4:27)

- 기록된 바 잉태치 못한 자여 즐거워하라 구로치 못한 자여 소리질러 외치라 이는 홀로 사는 자의 자녀가 남편 있는 자의 자녀보다 많음이라 하였으니
- For it is written: "Be glad, O barren woman, who bears no children; break forth and cry aloud, you who have no labor pains; because more are the children of the desolate woman than of her who has a husband."
- γέγραπται γάρ, Εὐφράνθητι, στεῖρα ἡ οὐ τίκτουσα, ῥῆξον καὶ βόησον, ἡ οὐκ ὠδίνουσα· ὅτι πολλὰ τὰ τέκνα τῆς ἐρήμου μᾶλλον ἢ τῆς ἐχούσης τὸν ἄνδρα.

📖 (갈 4:28)

- 형제들아 너희는 **이삭과 같이 약속의 자녀라**
- Now you, brothers, like Isaac, are children of promise.
- ὑμεῖς δέ, ἀδελφοί, κατὰ Ἰσαὰκ ἐπαγγελίας τέκνα ἐστέ.

📖 (갈 4:29)

- 그러나 그때에 **육체를 따라 난 자가 성령을 따라 난 자를 핍박한**

것같이 이제도 그러하도다
- At that time the son born in the ordinary way persecuted the son born by the power of the Spirit. It is the same now.
- ἀλλ' ὥσπερ τότε ὁ κατὰ σάρκα γεννηθεὶς ἐδίωκεν τὸν κατὰ πνεῦμα, οὕτως καὶ νῦν.

(갈 4:30)
- 그러나 성경이 무엇을 말하느뇨 **계집종과 그 아들을 내어쫓으라 계집종의 아들이 자유하는 여자의 아들로 더불어 유업을 얻지 못하리라** 하였느니라
- But what does the Scripture say? "Get rid of the slave woman and her son, for the slave woman's son will never share in the inheritance with the free woman's son."
- ἀλλὰ τί λέγει ἡ γραφή; Ἔκβαλε τὴν παιδίσκην καὶ τὸν υἱὸν αὐτῆς · οὐ γὰρ μὴ κληρονομήσει ὁ υἱὸς τῆς παιδίσκης μετὰ τοῦ υἱοῦ τῆς ἐλευθέρας.

계집종과 그 아들을 내어쫓아야 하는 것은 율법 아래서 종 노릇을 청산하라는 뜻이다.

세상 사람들은 율법으로 판단할 때 모두가 죄인이며, 심판 아래 있다. 여기에는 유대인과 이방인의 구별이 없다(롬 3:10-23).

[롬 3:10-23]

 (롬 3:10)
- 기록한 바 의인은 없나니 하나도 없으며

- As it is written: "There is no one righteous, not even one;
- καθὼς γέγραπται ὅτι Οὐκ ἔστιν δίκαιος οὐδὲ εἷς,

📖 (롬 3:11)
- 깨닫는 자도 없고 하나님을 찾는 자도 없고
- there is no one who understands, no one who seeks God.
- οὐκ ἔστιν ὁ συνίων, οὐκ ἔστιν ὁ ἐκζητῶν τὸν θεόν.

📖 (롬 3:12)
- 다 치우쳐 한 가지로 무익하게 되고 선을 행하는 자는 없나니 하나도 없도다
- All have turned away, they have together become worthless; there is no one who does good, not even one."
- πάντες ἐξέκλιναν ἅμα ἠχρεώθησαν· οὐκ ἔστιν ὁ ποιῶν χρηστότητα, [οὐκ ἔστιν] ἕως ἑνός.

📖 (롬 3:13)
- 저희 목구멍은 열린 무덤이요 그 혀로는 속임을 베풀며 그 입술에는 독사의 독이 있고
- "Their throats are open graves; their tongues practice deceit." "The poison of vipers is on their lips."
- τάφος ἀνεῳγμένος ὁ λάρυγξ αὐτῶν, ταῖς γλώσσαις αὐτῶν ἐδολιοῦσαν, ἰὸς ἀσπίδων ὑπὸ τὰ χείλη αὐτῶν·

📖 (롬 3:14)
- 그 입에는 저주와 악독이 가득하고
- "Their mouths are full of cursing and bitterness."
- ὧν τὸ στόμα ἀρᾶς καὶ πικρίας γέμει,

📖 (롬 3:15)
- 그 발은 피 흘리는 데 빠른지라
- "Their feet are swift to shed blood;
- ὀξεῖς οἱ πόδες αὐτῶν ἐκχέαι αἷμα,

📖 (롬 3:16)
- 파멸과 고생이 그 길에 있어
- ruin and misery mark their ways,
- σύντριμμα καὶ ταλαιπωρία ἐν ταῖς ὁδοῖς αὐτῶν,

📖 (롬 3:17)
- 평강의 길을 알지 못하였고
- and the way of peace they do not know."
- καὶ ὁδὸν εἰρήνης οὐκ ἔγνωσαν.

📖 (롬 3:18)
- 저희 눈앞에 하나님을 두려워함이 없느니라 함과 같으니라
- "There is no fear of God before their eyes."
- οὐκ ἔστιν φόβος θεοῦ ἀπέναντι τῶν ὀφθαλμῶν αὐτῶν.

📖 (롬 3:19)
- 우리가 알거니와 무릇 율법이 말하는 바는 **율법 아래 있는 자들에게 말하는 것이니 이는 모든 입을 막고 온 세상으로 하나님의 심판 아래 있게 하려 함이니라**
- Now we know that whatever the law say, sit says to those who are under the law, so that every mouth may be silenced and the whole world held accountable to God.
- Οἴδαμεν δὲ ὅτι ὅσα ὁ νόμος λέγει τοῖς ἐν τῷ νόμῳ λαλεῖ, ἵνα

πᾶν στόμα φραγῇ καὶ ὑπόδικος γένηται πᾶς ὁ κόσμος τῷ θεῷ·

율법은 심판의 법이지 구원의 법이 아니다.

📖 (롬 3:20)
· 그러므로 율법의 행위로 그의 앞에 의롭다 하심을 얻을 육체가 없나니 율법으로는 죄를 깨달음이니라
· Therefore no one will be declared righteous in his sight by observing the law; rather, through the law we become conscious of sin.
· διότι ἐξ ἔργων νόμου οὐ δικαιωθήσεται πᾶσα σὰρξ ἐνώπιον αὐτοῦ, διὰ γὰρ νόμου ἐπίγνωσις ἁμαρτίας.

📖 (롬 3:21)
· 이제는 율법 외에 **하나님의 한 의**가 나타났으니 율법과 선지자들에게 증거를 받은 것이라
· But now a righteousness from God, apart from law, has been made known, to which the Law and the Prophets testify.
· Νυνὶ δὲ χωρὶς νόμου δικαιοσύνη θεοῦ πεφανέρωται μαρτυρουμένη ὑπὸ τοῦ νόμου καὶ τῶν προφητῶν,

📖 (롬 3:22)
· 곧 예수 그리스도를 믿음으로 말미암아 모든 믿는 자에게 미치는 하나님의 의니 차별이 없느니라
· This righteousness from God comes through faith in Jesus Christ to all who believe. There is no difference,

- δικαιοσύνη δὲ θεοῦ διὰ πίστεως Ἰησοῦ Χριστοῦ εἰς πάντας τοὺς πιστεύοντας. οὐ γάρ ἐστιν διαστολή,

 (롬 3:23)
- 모든 사람이 죄를 범하였으매 하나님의 영광에 이르지 못하더니
- for all have sinned and fall short of the glory of God,
- πάντες γὰρ ἥμαρτον καὶ ὑστεροῦνται τῆς δόξης τοῦ θεοῦ,

바울의 율법을 향한 정의를 보자. **"율법이 말하는 바는 율법 아래 있는 자들에게 말하는 것이니 이는 모든 입을 막고 온 세상으로 하나님의 심판 아래 있게 하려 함이니라"**(롬 3:19).

[롬 3:19]

 (롬 3:19)
- 우리가 알거니와 무릇 율법이 말하는 바는 율법 아래 있는 자들에게 말하는 것이니 이는 모든 입을 막고 온 세상으로 하나님의 심판 아래 있게 하려 함이니라
- Now we know that whatever the law say, sit says to those who are under the law, so that every mouth may be silenced and the whole world held accountable to God.
- Οἴδαμεν δὲ ὅτι ὅσα ὁ νόμος λέγει τοῖς ἐν τῷ νόμῳ λαλεῖ, ἵνα πᾶν στόμα φραγῇ καὶ ὑπόδικος γένηται πᾶς ὁ κόσμος τῷ θεῷ·

하나님께서 율법을 주신 의도는 율법의 의를 행하여 하나님을 기쁘시게 하거나 이로 인하여 구원을 얻게 하려는 목적에서가 아니다.

이것은 하나님의 백성으로서의 삶을 살아가며 우선순위와 생활의 편리와 행복을 추구하게 하는 것이다.

다만 이런 하나님의 요구와 목적을 거역하고 질서를 해치는 것이 어떤 죄가 되고 어떤 벌을 받게 되는지, 또 죄가 무엇인지 그 죄의 결과가 무엇인지를 깨우치게 하고자 부여하신 것이다.

그러나 죄를 범한 인간은 이 법을 이해할 수도, 주신 이의 뜻을 읽을 수도 없었다. 그러므로 **인간은 죄를 이길 수도 없고, 율법을 준수할 능력도 없으며, 전적인 하나님의 도우심이 없이는 살아갈 수 없다는 중대한 사실을 알게 하고자 하심이다.**

왜 하나님은 구원도 기쁨도 이룰 수 없는 이러한 법을 주셨는가?

'범법함을 인하여 더하신 것이며 약속하신 자손이 오시기까지 있을 것'이라 하였다(갈 3:19). 즉 **죄 때문에 더하셨고, 아들이 오시기까지 필요하기 때문에 있을 것**이라 하였다.

[갈 3:19]

 (갈 3:19)

- 그런즉 율법은 무엇이냐 범법함을 인하여 더한 것이라 천사들로 말미암아 중보의 손을 빌어 베푸신 것인데 **약속하신 자손이 오시기까지 있을 것이라**

- What, then, was the purpose of the law? It was added because of transgressions until the Seed to whom the promise referred had come. The law was put into effect through angels by a mediator.

- Τί οὖν ὁ νόμος; τῶν παραβάσεων χάριν προσετέθη, ἄχρις οὗ ἔ-λθῃ τὸ σπέρμα ᾧ ἐπήγγελται, διαταγεὶς δι' ἀγγέλων ἐν χειρὶ μεσ ί-του.

곧 율법은 모든 사람을 죄인으로 아들 예수에게 이끌어오게 하는 도구요, 몽학선생이라는 것이 바울의 율법관이다.

"하나님이 모든 사람을 순종치 아니하는 가운데 가두어 두심은 모든 사람에게 긍휼을 베풀려 하심이로다 깊도다 하나님의 지혜와 지식의 부요함이여, 그의 판단은 측량치 못할 것이며 그의 길은 찾지 못할 것이로다"(롬 11:32-33).

[롬 11:32-33]

 (롬 11:32)

· 하나님이 모든 사람을 순종치 아니하는 가운데 **가두어 두심**은 모든 사람에게 **긍휼을 베풀려** 하심이로다

· For God has bound all men over to disobedience so that he may have mercy on them all.

· συνέκλεισεν γὰρ ὁ θεὸς τοὺς πάντας εἰς ἀπείθειαν, ἵνα τοὺς πάντας ἐλεήσῃ.

 (롬 11:33)

· 깊도다 하나님의 지혜와 지식의 부요함이여, 그의 판단은 측량치 못할 것이며 그의 길은 찾지 못할 것이로다

· Oh, the depth of the riches of the wisdom and knowledge of God! How unsearchable his judgments, and his paths beyond tracing out!

· Ὦ βάθος πλούτου καὶ σοφίας καὶ γνώσεως θεοῦ· ὡς ἀνεξεραύνητα τὰ κρίματα αὐτοῦ καὶ ἀνεξιχνίαστοι αἱ ὁδοὶ αὐτοῦ.

율법은 죄에 대한 형벌과 사망을 선고하는 법이다. 살리는 법이 아닌 죽어야 마땅하다는 법이다.

그러므로 모든 사람이 죄를 범하였으매 하나님의 영광(영원한 생명)에 이르지 못하였다고 하였다. 그러므로 한 번 죽는 것은 사람에게 정하신 것이 되었고, 심판이 이르게 되었다(히 9:27).

[히 9:27]

 (히 9:27)

· 한 번 죽는 것은 사람에게 정하신 것이요 그 후에는 심판이 있으리니

· Just as man is destined to die onceand after that to face judgment,

· καὶ καθ' ὅσον ἀπόκειται τοῖς ἀνθρώποις ἅπαξ ἀποθανεῖν, μετὰ δὲ τοῦτο κρίσις,

율법이 제정되기 전에도 사망이 왕 노릇 하였다. 율법 이전에도 법이 있었으나 명문화되지 않았거나 복잡하지 않았던 까닭은 마음과 생각인 양심에 기록되었기 때문이다.

율법이 복잡 세밀하여진 것은 마음과 양심이 더러워지고 파괴되어 사람이 죄의 유혹을 따라 사탄의 지식으로 말미암아 많은 **죄**를 내었기 때문이다(전 7:29).

[전 7:29]

 (전 7:29)

- 나의 깨달은 것이 이것이라 곧 하나님이 사람을 정직하게 지으셨으나 사람은 많은 꾀를 낸 것이니라
- This only have I found: God made mankind upright, but men have gone in search of many schemes."
- πλην ιδε τουτο ευρον ο εποιησεν ο θεος συν τον ανθρωπον ευθη και αυτοι εζητησαν λογισμους πολλους.

2) 복음의 의의와 목적

하나님은 죄로 인하여 심판과 멸망에 이를 수밖에 없었던 인간을 **율법으로부터 자유하게 하시기 위해 율법 외에 다른 한 법을 준비하셨다**(롬 3:21).

[롬 3:21]

 (롬 3:21)

- 이제는 **율법 외에 하나님의 한 의가** 나타났으니 율법과 선지자들에게 증거를 받은 것이라
- But now a righteousness from God, apart from law, has been made known, to which the Law and the Prophets testify.
- Νυνὶ δὲ χωρὶς νόμου δικαιοσύνη θεοῦ πεφανέρωται μαρτυρουμένη ὑπὸ τοῦ νόμου καὶ τῶν προφητῶν,

마음과 양심이 죄 때문에 망가진 사람은 약하고 천한 초등 학문 수

준인 율법조차도 지킬 수 없기에 속사람을 선한 양심으로 치료하는 예수 그리스도의 십자가의 사랑으로 살아갈 거듭난 자들의 삶의 방식인 믿음, 즉 새 사람, 새 계명, 성령으로 사는 하늘 백성의 법을 부여하셨는데, 이것이 **마음과 생각에 기록한 법인 복음**이다(히 8:10).

[히 8:10]

 (히 8:10)

· 또 주께서 가라사대 그날 후에 내가 이스라엘 집으로 세울 언약이 이것이니 **내 법을 저희 생각에 두고 저희 마음에 이것을 기록하리라** 나는 저희에게 하나님이 되고 저희는 내게 백성이 되리라

· This is the covenant I will make with the house of Israel after that time, declares the Lord. I will put my laws in their minds and write them on their hearts. I will be their God, and they will be my people.

· ὅτι αὕτη ἡ διαθήκη, ἣν διαθήσομαι τῷ οἴκῳ Ἰσραὴλ μετὰ τὰς ἡμέρας ἐκείνας, λέγει κύριος· διδοὺς νόμους μου εἰς τὴν διάνοιαν αὐτῶν καὶ ἐπὶ καρδίας αὐτῶν ἐπιγράψω αὐτούς, καὶ ἔσομαι αὐτοῖς εἰς θεόν, καὶ αὐτοὶ ἔσονταί μοι εἰς λαόν·

이 새 계명이 적용되려면 믿음으로 옛 사람이 그리스도와 함께 죽었다가 다시 사는 거듭남이 있어야 한다(롬 6:1-6; 골 2:11-12; 요 3:3-6).

[롬 6:1-6]

 (롬 6:1)

· 그런즉 우리가 무슨 말 하리요 은혜를 더하게 하려고 죄에 거하겠느뇨

· What shall we say, then? Shall we go on sinning so that grace may increase?

· Τί οὖν ἐροῦμεν? ἐπιμένωμεν τῇ ἁμαρτίᾳ, ἵνα ἡ χάρις πλεονάσῃ?

📖 (롬 6:2)

· 그럴 수 없느니라 죄에 대하여 죽은 우리가 어찌 그 가운데 더 살리요

· By no means! We died to sin: how can we live in it any longer?

· μὴ γένοιτο. οἵτινες ἀπεθάνομεν τῇ ἁμαρτίᾳ, πῶς ἔτι ζήσομεν ἐν αὐτῇ?

📖 (롬 6:3)

· 무릇 그리스도 예수와 합하여 침례를 받은 우리는 그의 죽으심과 합하여 침례 받은 줄을 알지 못하느뇨

· Or don't you know that all of us who were baptized into Christ Jesus were baptized into his death?

· ἢ ἀγνοεῖτε ὅτι, ὅσοι ἐβαπτίσθημεν εἰς Χριστὸν Ἰησοῦν, εἰς τὸν θάνατον αὐτοῦ ἐβαπτίσθημεν?

📖 (롬 6:4)

· 그러므로 우리가 **그의 죽으심과 합하여 침례를 받음으로 그와 함께 장사되었나니** 이는 아버지의 영광으로 말미암아 그리스도를 죽은 자 가운데서 살리심과 같이 우리로 또한 **새 생명** 가운데서 행하게 하려 함이니라

· We were therefore buried with him through baptism into death

1. 율법과 복음(새 계명)의 관계성 43

in order that, just as Christ was raised from the dead through the glory of the Father we too may live a new life.

· συνετάφημεν οὖν αὐτῷ διὰ τοῦ βαπτίσματος εἰς τὸν θάνατον, ἵνα ὥσπερ ἠγέρθη Χριστὸς ἐκ νεκρῶν διὰ τῆς δόξης τοῦ πατρός, οὕτως καὶ ἡμεῖς ἐν καινότητι ζωῆς περιπατήσωμεν.

📖 (롬 6:5)

· 만일 우리가 그의 죽으심을 본받아 연합한 자가 되었으면 또한 그의 부활을 본받아 연합한 자가 되리라

· If we have been united with him like this in his death, we will certainly also be united with him in his resurrection.

· εἰ γὰρ σύμφυτοι γεγόναμεν τῷ ὁμοιώματι τοῦ θανάτου αὐτοῦ, ἀλλὰ καὶ τῆς ἀναστάσεως ἐσόμεθα·

📖 (롬 6:6)

· 우리가 알거니와 우리 옛 사람이 예수와 함께 십자가에 못 박힌 것은 **죄의 몸이 멸하여 다시는 우리가 죄에게 종 노릇 하지 아니하려 함이니**

· For we know that our old self was crucified with him so that the body of sin might be done away with, that we should no longer be slaves to sin-

· τοῦτο γινώσκοντες ὅτι ὁ παλαιὸς ἡμῶν ἄνθρωπος συνεσταυρώθη, ἵνα καταργηθῇ τὸ σῶμα τῆς ἁμαρτίας, τοῦ μηκέτι δουλεύειν ἡμᾶς τῇ ἁμαρτίᾳ·

[골 2:11-12]

 (골 2:11)

· 또 그 안에서 너희가 손으로 하지 아니한 할례를 받았으니 곧 육적 몸을 벗는 것이요 그리스도의 할례니라

· In him you were also circumcised, in the putting off of the sinful nature, not with a circumcision done by the hands of men but with the circumcision done by Christ,

· ἐν ᾧ καὶ περιετμήθητε περιτομῇ ἀχειροποιήτῳ ἐν τῇ ἀπεκδύσει τοῦ σώματος τῆς σαρκός, ἐν τῇ περιτομῇ τοῦ Χριστοῦ,

 (골 2:12)

· 너희가 침례로 그리스도와 함께 장사한 바 되고 또 죽은 자들 가운데서 그를 일으키신 하나님의 역사를 믿음으로 말미암아 그 안에서 함께 일으키심을 받았느니라

· having been buried with him in baptism and raised with him through your faith in the power of God, who raised him from the dead.

· συνταφέντες αὐτῷ ἐν τῷ βαπτισμῷ, ἐν ᾧ καὶ συνηγέρθητε διὰ τῆς πίστεως τῆς ἐνεργείας τοῦ θεοῦ τοῦ ἐγείραντος αὐτὸν ἐκ νεκρῶν·

[요 3:3-6]

 (요 3:3)

· 예수께서 대답하여 가라사대 진실로 진실로 네게 이르노니 사람이 거듭나지 아니하면 하나님 나라를 볼 수 없느니라

· In reply Jesus declared, "I tell you the truth, no one can see the kingdom of God unless he is born again."

· ἀπεκρίθη Ἰησοῦς καὶ εἶπεν αὐτῷ, Ἀμὴν ἀμὴν λέγω σοι, ἐὰν μή τις γεννηθῇ ἄνωθεν, οὐ δύναται ἰδεῖν τὴν βασιλείαν τοῦ θεοῦ.

📖 (요 3:4)

· 니고데모가 가로되 사람이 늙으면 어떻게 날 수 있삽나이까 두 번째 모태에 들어갔다가 날 수 있삽나이까

· "How can a man be born when he is old?" Nicodemus asked. "Surely he cannot enter a second time into his mother's womb to be born!"

· λέγει πρὸς αὐτὸν [ὁ] Νικόδημος, Πῶς δύναται ἄνθρωπος γεννηθῆναι γέρων ὤν; μὴ δύναται εἰς τὴν κοιλίαν τῆς μητρὸς αὐτοῦ δεύτερον εἰσελθεῖν καὶ γεννηθῆναι

📖 (요 3:5)

· 예수께서 대답하시되 진실로 진실로 네게 이르노니 사람이 물과 성령으로 나지 아니하면 하나님 나라에 들어갈 수 없느니라

· Jesus answered, "I tell you the truth no one can enter the kingdom of God unless he is born of water and the Spirit.

· ἀπεκρίθη Ἰησοῦς, Ἀμὴν ἀμὴν λέγω σοι, ἐὰν μή τις γεννηθῇ ἐξ ὕδατος καὶ πνεύματος, οὐ δύναται εἰσελθεῖν εἰς τὴν βασιλείαν τοῦ θεοῦ.

📖 (요 3:6)

· 육으로 난 것은 육이요 성령으로 난 것은 영이니

· Flesh gives birth to flesh, but the Spirit gives birth to spirit.

· τὸ γεγεννημένον ἐκ τῆς σαρκὸς σάρξ ἐστιν, καὶ τὸ γεγεννημένον ἐκ τοῦ πνεύματος πνεῦμά ἐστιν.

율법의 선고로 인한 공의로 요구된 사망은 예수 그리스도와 합하여 죽어야 되는 **죽음**(히 9:27)으로 하나님 자신도 의로우시며 예수를 믿는 자도 의롭다 하려 하심이다(롬 3:25-26).

[히 9:27]

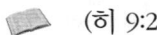 (히 9:27)

· 한 번 죽는 것은 사람에게 정하신 것이요 그 후에는 심판이 있으리니

· Just as man is destined to die once, and after that to face judgment,

· καὶ καθ' ὅσον ἀπόκειται τοῖς ἀνθρώποις ἅπαξ ἀποθανεῖν, μετὰ δὲ τοῦτο κρίσις,

[롬 3:25-26]

 (롬 3:25)

· 이 예수를 하나님이 그의 피로 인하여 믿음으로 말미암는 화목제물로 세우셨으니 이는 하나님께서 길이 참으시는 중에 전에 지은 죄를 간과하심으로 자기의 의로우심을 나타내려 하심이니

· God presented him as a sacrifice of atonement, through faith in his blood. He did this to demonstrate his justice, because in his forbearance he had left the sins committed beforehand unpunished-

· ὃν προέθετο ὁ θεὸς ἱλαστήριον διὰ [τῆς] πίστεως ἐν τῷ αὐτοῦ αἵματι εἰς ἔνδειξιν τῆς δικαιοσύνης αὐτοῦ διὰ τὴν πάρεσιν τῶν προγεγονότων ἁμαρτημάτων

 (롬 3:26)

· 곧 이때에 자기의 의로우심을 나타내사 자기도 의로우시며 또한 **예수 믿는 자를 의롭다 하려 하심이니라**

· he did it to demonstrate his justice at the present timeso as to be just and the one who justifies those who have faith in Jesus.

· ἐν τῇ ἀνοχῇ τοῦ θεοῦ, πρὸς τὴν ἔνδειξιν τῆς δικαιοσύνης αὐτοῦ ἐν τῷ νῦν καιρῷ, εἰς τὸ εἶναι αὐτὸν δίκαιον καὶ δικαιοῦντα τὸν ἐκ πίστεως Ἰησοῦ.

하나님의 공의인 율법의 심판과 형벌의 요구가 우리 대신 예수 그리스도께 전가되고, 우리는 그분의 십자가의 대속의 의로 의로움을 덧입었다.

2. 폐하여진 법 그러나 영원한 법, 율법

죽음(사망)은 율법의 법적 효력과 결과이다.

예수 안에서 함께 죽고 살아난 자들에게는 율법의 사망선고가 적용되지 않는다.

이는 옛 남편의 법에서 벗어난 여인과 같다(롬 7:1-6).

[롬 7:1-6]

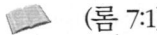 (롬 7:1)

· 형제들아 내가 법 아는 자들에게 말하노니 너희는 **율법이 사람의 살 동안만 그를 주관하는 줄** 알지 못하느냐

· Do you not know, brothers-for I am speaking to men who know the law-that the law has authority over a man only as long as he lives?

· ῍Η ἀγνοεῖτε, ἀδελφοί, γινώσκουσιν γὰρ νόμον λαλῶ, ὅτι ὁ νόμος κυριεύει τοῦ ἀνθρώπου ἐφ᾽ ὅσον χρόνον ζῇ.

 (롬 7:2)

· 남편 있는 여인이 그 **남편 생전에는 법으로 그에게 매인 바** 되나 만일 그 **남편이 죽으면 남편의 법에서 벗어났느니라**

· For example, by law a married woman is bound to her husband as long as he is alive, but if her husband dies, she is released from the law of marriage.

· ἡ γὰρ ὕπανδρος γυνὴ τῷ ζῶντι ἀνδρὶ δέδεται νόμῳ· ἐὰν δὲ ἀποθάνῃ ὁ ἀνήρ, κατήργηται ἀπὸ τοῦ νόμου τοῦ ἀνδρός.

📖 (롬 7:3)

· 그러므로 만일 그 남편 생전에 다른 남자에게 가면 음부라 이르되 남편이 죽으면 그 법에서 자유케 되나니 다른 남자에게 갈지라도 음부가 되지 아니하느니라

· So then, if she marries another man while her husband is still alive, she is called an adulteress. But if her husband dies, she is released from that law and is not an adulteress, even though she marries another man.

· ἄρα οὖν ζῶντος τοῦ ἀνδρὸς μοιχαλὶς χρηματίσει ἐὰν γένηται ἀνδρὶ ἑτέρῳ· ἐὰν δὲ ἀποθάνῃ ὁ ἀνήρ, ἐλευθέρα ἐστὶν ἀπὸ τοῦ νόμου, τοῦ μὴ εἶναι αὐτὴν μοιχαλίδα γενομένην ἀνδρὶ ἑτέρῳ.

📖 (롬 7:4)

· 그러므로 내 형제들아 **너희도 그리스도의 몸으로 말미암아 율법에 대하여 죽임을 당하였으니** 이는 다른 이 곧 죽은 자 가운데서 살아나신 이에게 가서 우리로 하나님을 위하여 열매를 맺히게 하려 함이니라

· So, my brothers, you also died to the law through the body of Christ, that you might belong to another, to him who was raised from the dead, in order that we might bear fruit to God.

· ὥστε, ἀδελφοί μου, καὶ ὑμεῖς ἐθανατώθητε τῷ νόμῳ διὰ τοῦ σώματος τοῦ Χριστοῦ, εἰς τὸ γενέσθαι ὑμᾶς ἑτέρῳ, τῷ ἐκ νεκρὧν ἐγερθέντι, ἵνα καρποφορήσωμεν τῷ θεῷ.

 (롬 7:5)
· 우리가 육신에 있을 때에는 율법으로 말미암는 죄의 정욕이 우리 지체 중에 역사하여 우리로 사망을 위하여 열매를 맺게 하였더니
· For when we were controlled by the sinful nature, the sinful passions aroused by the law were at work in our bodies, so that we bore fruit for death.
· ὅτε γὰρ ἦμεν ἐν τῇ σαρκί, τὰ παθήματα τῶν ἁμαρτιῶν τὰ διὰ τοῦ νόμου ἐνηργεῖτο ἐν τοῖς μέλεσιν ἡμῶν, εἰς τὸ καρποφορῆσαι τῷ θανάτῳ·

 (롬 7:6)
· 이제는 우리가 **얽매였던 것에 대하여 죽었으므로 율법에서 벗어 났으니** 이러므로 우리가 **영의 새로운 것으로 섬길 것이요 의문의 묵은 것으로 아니할지니라**
· But now, by dying to what once bound us, we have been released from the law so that we serve in the new way of the Spirit, and not in the old way of the written code.
· νυνὶ δὲ κατηργήθημεν ἀπὸ τοῦ νόμου ἀποθανόντες ἐν ᾧ κατειχόμεθα, ὥστε δουλεύειν ἡμᾶς ἐν καινότητι πνεύματος καὶ οὐ παλαιότητι γράμματος.

이 같은 믿음은 예수 그리스도를 영접함으로 하나님으로서 나는 거듭남이요, 율법에서 자유로워진 새로운 삶이다(요 1:12-13).

[요 1:12-13]

 (요 1:12)

· 영접하는 자 곧 그 이름을 믿는 자들에게는 하나님의 자녀가 되는 권세를 주셨으니

· Yet to all who received him, to those who believed in his name, he gave the right to become children of God-

· ὅσοι δὲ ἔλαβον αὐτόν, ἔδωκεν αὐτοῖς ἐξουσίαν τέκνα θεοῦ γενέσθαι, τοῖς πιστεύουσιν εἰς τὸ ὄνομα αὐτοῦ,

 (요 1:13)

· 이는 혈통으로나 육정으로나 사람의 뜻으로 나지 아니하고 오직 하나님께로서 난 자들이니라

· children born not of natural descent, nor of human decision or a husband's will, but born of God.

· οἳ οὐκ ἐξ αἱμάτων οὐδὲ ἐκ θελήματος σαρκὸς οὐδὲ ἐκ θελήματος ἀνδρὸς ἀλλ' ἐκ θεοῦ ἐγεννήθησαν.

믿음의 성도는 율법에서 벗어났다. 예수께서 율법의 공의의 요구를 충족시키셨기 때문이다(롬 10:4; 갈 3:13-15).

[롬 10:4]

 (롬 10:4)

· 그리스도는 모든 믿는 자에게 의를 이루기 위하여 **율법의 마침이** 되시니라

· Christ is the end of the law so that there may be righteousness

for everyone who believes.

· τέλος γὰρ νόμου Χριστὸς εἰς δικαιοσύνην παντὶ τῷ πιστεύοντι.

[갈 3:13-15]

 (갈 3:13)

· 그리스도께서 **우리를 위하여 저주를 받은 바 되사 율법의 저주에서 우리를 속량하셨으니** 기록된 바 나무에 달린 자마다 저주 아래 있는 자라 하였음이라

· Christ redeemed us from the curse of the law by becoming a curse for usfor it is written: "Cursed is everyone who is hung on a tree."

· Χριστὸς ἡμᾶς ἐξηγόρασεν ἐκ τῆς κατάρας τοῦ νόμου γενόμενος ὑπὲρ ἡμῶν κατάρα, ὅτι γέγραπται, Ἐπικατάρατος πᾶς ὁ κρεμάμενος ἐπὶ ξύλου,

 (갈 3:14)

· 이는 그리스도 예수 안에서 아브라함의 복이 이방인에게 미치게 하고 또 우리로 하여금 **믿음으로 말미암아 성령의 약속을 받게 하려 함이니라**

· He redeemed us in order that the blessing given to Abraham might come to the Gentiles through Christ Jesus, so that by faith we might receive the promise of the Spirit.

· ἵνα εἰς τὰ ἔθνη ἡ εὐλογία τοῦ Ἀβραὰμ γένηται ἐν Χριστῷ Ἰησοῦ, ἵνα τὴν ἐπαγγελίαν τοῦ πνεύματος λάβωμεν διὰ τῆς πίστεως.

 (갈 3:15)

- 형제들아 사람의 예대로 말하노니 사람의 언약이라도 정한 후에는 아무나 폐하거나 더하거나 하지 못하느니라
- Brothers, let me take an example from everyday life. Just as no one can set aside or add to a human covenant that has been duly established, so it is in this case.
- ᾽Αδελφοί, κατὰ ἄνθρωπον λέγω· ὅμως ἀνθρώπου κεκυρωμένην διαθήκην οὐδεὶς ἀθετεῖ ἢ ἐπιδιατάσσεται.

예수 그리스도가 흘리신 대속의 피의 영역 안에 거하는 자에게는 율법의 저주와 권세가 폐하여졌다(히 8:13, 10:1-9). 예수 그리스도의 대속의 피가 자유하게 하였기 때문이다.

[히 8:13]

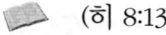 (히 8:13)

- 새 언약이라 말씀하셨으매 **첫 것은** 낡아지게 하신 것이니 낡아지고 쇠하는 것은 없어져 가는 것이니라
- By calling this covenant "new", he has made the first one obsolete; and what is obsolete and aging will soon disappear.
- ἐν τῷ λέγειν Καινὴν πεπαλαίωκεν τὴν πρώτην· τὸ δὲ παλαιούμενον καὶ γηράσκον ἐγγὺς ἀφανισμοῦ.

[히 10:1-9]

 (히 10:1)

- **율법은** 장차 오는 좋은 일의 **그림자요 참 형상이** 아니므로 해마

다 늘 드리는 바 같은 제사로는 나아오는 자들을 언제든지 온전케 할 수 없느니라

· The law is only a shadow of the good things that are coming- not the realities themselves. For this reason it can neverby the same sacrifices repeated endlessly year after year, make perfect those who draw near to worship.

· Σκιὰν γὰρ ἔχων ὁ νόμος τῶν μελλόντων ἀγαθῶν, οὐκ αὐτὴν τὴν εἰκόνα τῶν πραγμάτων, κατ᾽ ἐνιαυτὸν ταῖς αὐταῖς θυσίαις ἃς προσ- φέρουσιν εἰς τὸ διηνεκὲς οὐδέποτε δύναται τοὺς προσερχομένους τ- ελειῶσαι·

📖 (히 10:2)

· 그렇지 아니하면 섬기는 자들이 단번에 정결케 되어 다시 죄를 깨닫는 일이 없으리니 어찌 드리는 일을 그치지 아니하였으리요

· If it could, would they not have stopped being offered? For the worshipers would have been cleansed once for all, and would no longer have felt guilty for their sins.

· ἐπεὶ οὐκ ἂν ἐπαύσαντο προσφερόμεναι διὰ τὸ μηδεμίαν ἔχειν ἔτι συνείδησιν ἁμαρτιῶν τοὺς λατρεύοντας ἅπαξ κεκαθαρισμένους

📖 (히 10:3)

· 그러나 이 제사들은 해마다 죄를 생각하게 하는 것이 있나니

· But those sacrifices are an annual reminder of sins,

· ἀλλ᾽ ἐν αὐταῖς ἀνάμνησις ἁμαρτιῶν κατ᾽ ἐνιαυτόν·

📖 (히 10:4)

· 이는 황소와 염소의 피가 능히 죄를 없이하지 못함이라

· because it is impossible for the blood of bulls and goats to take away sins.

· ἀδύνατον γὰρ αἷμα ταύρων καὶ τράγων ἀφαιρεῖν ἁμαρτίας.

 (히 10:5)

· 그러므로 세상에 임하실 때에 가라사대 하나님이 제사와 예물을 원치 아니하시고 **오직 나를 위하여 한 몸을 예비하셨도다**

· Therefore, when Christ came into the world, he said: "Sacrifice and offering you did not desire, but a body you prepared for me;

· Διὸ εἰσερχόμενος εἰς τὸν κόσμον λέγει, Θυσίαν καὶ προσφορὰν οὐκ ἠθέλησας, σῶμα δὲ κατηρτίσω μοι·

 (히 10:6)

· 전체로 번제함과 속죄제는 기뻐하지 아니하시나니

· with burnt offerings and sin offerings you were not pleased.

· ὁλοκαυτώματα καὶ περὶ ἁμαρτίας οὐκ εὐδόκησας.

 (히 10:7)

· 이에 내가 말하기를 하나님이여 보시옵소서 두루마리 책에 **나를** 가리켜 기록한 것과 같이 하나님의 뜻을 행하러 왔나이다 하시니라

· "Then I said, 'Here I am-it is written about me in the scroll-I have come to do your will, O God.'"

· τότε εἶπον, Ἰδοὺ ἥκω, ἐν κεφαλίδι βιβλίου γέγραπται περὶ ἐμοῦ, τοῦ ποιῆσαι ὁ θεὸς τὸ θέλημά σου.

 (히 10:8)

· 위에 말씀하시기를 제사와 예물과 전체로 번제함과 속죄제는 원치도 아니하고 기뻐하지도 아니하신다 하셨고 (이는 다 율법을 따라

드리는 것이라)

· First he said, "Sacrifices and offerings, burnt offerings and sin offerings you did not desire nor were you pleased with them" (although the law required them to be made).

· ἀνώτερον λέγων ὅτι Θυσίας καὶ προσφορὰς καὶ ὁλοκαυτώματα καὶ περὶ ἁμαρτίας οὐκ ἠθέλησας οὐδὲ εὐδόκησας, αἵτινες κατὰ νόμον προσφέρονται,

 (히 10:9)

· 그 후에 말씀하시기를 보시옵소서 **내가 하나님의 뜻을 행하러 왔나이다** 하셨으니 그 첫 것을 폐하심은 둘째 것을 세우려 하심이니라

· Then he said, "Here I am, I have come to do your will." He sets aside the first to establish the second.

· τότε εἴρηκεν, Ἰδοὺ ἥκω τοῦ ποιῆσαι τὸ θέλημά σου. ἀναιρεῖ τὸ πρῶτον ἵνα τὸ δεύτερον στήσῃ,

그러나 예수 그리스도 밖에 있는 자들에게는 영원토록 죄와 사망의 권세가 (율법이 적용되고) 유지되므로 형벌과 지옥의 불과 고통이 지속된다.

구원받은 자들에게는 새로운 방식의 법이 요구된다(골 2:2-7, 3:1-13). 이는 예수로 사는 삶이다. 옛 사람이 죽고 새사람으로 사는 법이, 사랑으로 강권된다(롬 1:14).

율법의 양면성은 거듭난 자에게는 지나간 법이지만 예수 안에 믿음으로 들어오지 않은 자에게는 영원토록 살아 있는 법이다.

[골 2:2-7]

 (골 2:2)

· 이는 저희로 마음에 위안을 받고 사랑 안에서 연합하여 원만한 이해의 모든 부요에 이르러 **하나님의 비밀인 그리스도를** 깨닫게 하려 함이라

· My purpose is that they may be encouraged in heart and united in love, so that they may have the full riches of complete understanding, in order that they may know the mystery of God, namely, Christ,

· ἵνα παρακληθῶσιν αἱ καρδίαι αὐτῶν συμβιβασθέντες ἐν ἀγάπῃ καὶ εἰς πᾶν πλοῦτος τῆς πληροφορίας τῆς συνέσεως, εἰς ἐπίγνωσιν τοῦ μυστηρίου τοῦ θεοῦ, Χριστοῦ,

(골 2:3)

· **그 안에는** 지혜와 지식의 모든 보화가 감취어 있느니라

· in whom are hidden all the treasures of wisdom and knowledge.

· ἐν ᾧ εἰσιν πάντες οἱ θησαυροὶ τῆς σοφίας καὶ γνώσεως ἀπόκρυφοι.

(골 2:4)

· 내가 이것을 말함은 아무도 **공교한 말로 너희를 속이지 못하게 하려 함이**니

· I tell you this so that no one may deceive you by fine-sounding arguments.

· Τοῦτο λέγω, ἵνα μηδεὶς ὑμᾶς παραλογίζηται ἐν πιθανολογίᾳ.

📖 (골 2:5)

· 이는 내가 육신으로는 떠나 있으나 심령으로는 너희와 함께 있어 너희의 규모와 **그리스도를 믿는 너희 믿음의 굳은 것**을 기쁘게 봄이라

· For though I am absent from you in body, I am present with you in spirit and delight to see how orderly you are and how firm your faith in Christ is.

· εἰ γὰρ καὶ τῇ σαρκὶ ἄπειμι, ἀλλὰ τῷ πνεύματι σὺν ὑμῖν εἰμι, χαίρων καὶ βλέπων ὑμῶν τὴν τάξιν καὶ τὸ στερέωμα τῆς εἰς Χριστὸν πίστεως ὑμῶν.

📖 (골 2:6)

· 그러므로 너희가 그리스도 예수를 주로 받았으니 **그 안에서** 행하되

· So then, just as you received Christ Jesus as Lord, continue to live in him,

· Ὡς οὖν παρελάβετε τὸν Χριστὸν Ἰησοῦν τὸν κύριον, ἐν αὐτῷ περιπατεῖτε,

📖 (골 2:7)

· **그 안에** 뿌리를 박으며 세움을 입어 교훈을 받은 대로 믿음에 굳게 서서 감사함을 넘치게 하라

· rooted and built up in him, strengthened in the faith as you were taught and overflowing with thankfulness.

· ἐρριζωμένοι καὶ ἐποικοδομούμενοι ἐν αὐτῷ καὶ βεβαιούμενοι τῇ πίστει καθὼς ἐδιδάχθητε, περισσεύοντες ἐν εὐχαριστίᾳ.

[골 3:1-13]

 (골 3:1)

· 그러므로 너희가 **그리스도와 함께 다시 살리심을 받았으면** 위엣 것을 찾으라 거기는 그리스도께서 하나님 우편에 앉아 계시느니라

· Since, then, you have been raised with Christ, set your hearts on things above, where Christ is seated at the right hand of God.

· Εἰ οὖν συνηγέρθητε τῷ Χριστῷ, τὰ ἄνω ζητεῖτε, οὗ ὁ Χριστός ἐστιν ἐν δεξιᾷ τοῦ θεοῦ καθήμενος·

 (골 3:2)

· **위엣 것**을 생각하고 **땅엣 것**을 생각지 말라

· Set your minds on things above, not on earthly things.

· τὰ ἄνω φρονεῖτε, μὴ τὰ ἐπὶ τῆς γῆς.

 (골 3:3)

· 이는 너희가 죽었고 너희 생명이 그리스도와 함께 하나님 안에 감취었음이니라

· For you died, and your life is now hidden with Christ in God.

· ἀπεθάνετε γὰρ καὶ ἡ ζωὴ ὑμῶν κέκρυπται σὺν τῷ Χριστῷ ἐν τῷ θεῷ·

 (골 3:4)

· 우리 생명이신 그리스도께서 나타나실 그때에 너희도 그와 함께 영광 중에 나타나리라

· When Christ, who is your life, appears, then you also will appear with him in glory.

· ὅταν ὁ Χριστὸς φανερωθῇ, ἡ ζωὴ ὑμῶν, τότε καὶ ὑμεῖς σὺν αὐτῷ φανερωθήσεσθε ἐν δόξῃ.

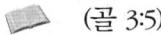 (골 3:5)

· 그러므로 땅에 있는 지체를 죽이라 곧 음란과 부정과 사욕과 악한 정욕과 탐심이니 탐심은 우상숭배니라

· Put to death, therefore, whatever belongs to your earthly nature: sexual immorality, impurity, lust, evil desires and greed, which is idolatry.

· Νεκρώσατε οὖν τὰ μέλη τὰ ἐπὶ τῆς γῆς, πορνείαν ἀκαθαρσίαν πάθος ἐπιθυμίαν κακήν, καὶ τὴν πλεονεξίαν, ἥτις ἐστὶν εἰδωλολατρία,

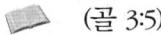 (골 3:6)

· 이것들을 인하여 하나님의 진노가 임하느니라

· Because of these, the wrath of God is coming.

· δι᾽ ἃ ἔρχεται ἡ ὀργὴ τοῦ θεοῦ [ἐπὶ τοὺς υἱοὺς τῆς ἀπειθείας]

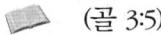 (골 3:7)

· 너희도 전에 그 가운데 살 때에는 그 가운데서 행하였으나

· You used to walk in these ways, in the life you once lived.

· ἐν οἷς καὶ ὑμεῖς περιεπατήσατέ ποτε, ὅτε ἐζῆτε ἐν τούτοις·

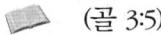 (골 3:8)

· 이제는 너희가 이 모든 것을 벗어 버리라 곧 분과 악의와 훼방과 너희 입의 부끄러운 말이라

· But now you must rid yourselves of all such things as these: anger, rage, malice, slander, and filthy language from your lips.

· νυνὶ δὲ ἀπόθεσθε καὶ ὑμεῖς τὰ πάντα, ὀργήν, θυμόν, κακίαν, βλασφημίαν, αἰσχρολογίαν ἐκ τοῦ στόματος ὑμῶν·

📖 (골 3:9)
- 너희가 서로 거짓말을 말라 옛 사람과 그 행위를 벗어 버리고
- Do not lie to each other, since you have taken off your old self with its practices
- μὴ ψεύδεσθε εἰς ἀλλήλους, ἀπεκδυσάμενοι τὸν παλαιὸν ἄνθρωπον σὺν ταῖς πράξεσιν αὐτοῦ

📖 (골 3:10)
- 새 사람을 입었으니 이는 **자기를 창조하신 자의 형상을 좇아 지식에까지 새롭게 하심을 받는 자니라**
- and have put on the new self, which is being renewed in knowledge in the image of its Creator.
- καὶ ἐνδυσάμενοι τὸν νέον τὸν ἀνακαινούμενον εἰς ἐπίγνωσιν κατ' εἰκόνα τοῦ κτίσαντος αὐτόν,

📖 (골 3:11)
- 거기는 헬라인과 유대인이나 할례당과 무할례당이나 야인이나 스구디아인이나 종이나 자유인이 분별이 있을 수 없나니 오직 그리스도는 만유시요 만유 안에 계시니라
- Here there is no Greek or Jew, circumcised or uncircumcised, barbarian, Scythian, slave or free, but Christ is all, and is in all.
- ὅπου οὐκ ἔνι Ἕλλην καὶ Ἰουδαῖος, περιτομὴ καὶ ἀκροβυστία, β-άρβαρος, Σκύθης, δοῦλος, ἐλεύθερος, ἀλλὰ [τὰ] πάντα καὶ ἐν πᾶσιν Χριστός.

📖 (골 3:12)
- 그러므로 너희는 하나님의 택하신 거룩하고 사랑하신 자처럼 긍

긍휼과 자비와 겸손과 온유와 오래 참음을 옷입고

· Therefore, as God's chosen people, holy and dearly loved, clothe yourselves with compassion, kindness, humility, gentleness and patience.

· Ἐνδύσασθε οὖν, ὡς ἐκλεκτοὶ τοῦ θεοῦ ἅγιοι καὶ ἠγαπημένοι, σπλάγχνα οἰκτιρμοῦ χρηστότητα ταπεινοφροσύνην πραΰτητα μακροθυμίαν,

 (골 3:13)
· 누가 뉘게 혐의가 있거든 서로 용납하여 피차 용서하되 주께서 너희를 용서하신 것과 같이 너희도 그리하고

· Bear with each other and forgive whatever grievances you may have against one another. Forgive as the Lord forgave you.

· ἀνεχόμενοι ἀλλήλων καὶ χαριζόμενοι ἑαυτοῖς ἐάν τις πρός τινα ἔχῃ μομφήν· καθὼς καὶ ὁ κύριος ἐχαρίσατο ὑμῖν, οὕτως καὶ ὑμεῖς·

[롬 1:14]

 (롬 1:14)
· 헬라인이나 야만이나 지혜 있는 자나 어리석은 자에게 다 내가 빚진 자라

· I am obligated both to Greeks and non-Greeks both to the wise and the foolish.

· Ἕλλησίν τε καὶ βαρβάροις, σοφοῖς τε καὶ ἀνοήτοις ὀφειλέτης εἰμί,

이는 율법과 선지자들에게 증거를 받은 것인데, 곧 **예수 그리스도를 믿음으로 말미암아 모든 믿는 자에게 미치는 하나님의 의**니 차별이 없다(롬 3:21-22). 이것이 복음이요 예수 그리스도의 의이다.

[롬 3:21-22]

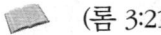 (롬 3:21)

· 이제는 **율법 외에 하나님의 한 의가 나타났으니** 율법과 선지자들에게 증거를 받은 것이라

· But now a righteousness from God, apart from law, has been made known, to which the Law and the Prophets testify.

· Νυνὶ δὲ χωρὶς νόμου δικαιοσύνη θεοῦ πεφανέρωται μαρτυρουμένη ὑπὸ τοῦ νόμου καὶ τῶν προφητῶν,

 (롬 3:22)

· 곧 **예수 그리스도를 믿음으로 말미암아 모든 믿는 자에게 미치는 하나님의 의**니 차별이 없느니라

· This righteousness from God comes through faith in Jesus Christ to all who believe. There is no difference,

· δικαιοσύνη δὲ θεοῦ διὰ πίστεως Ἰησοῦ Χριστοῦ εἰς πάντας τοὺς πιστεύοντας. οὐ γάρ ἐστιν διαστολή,

율법으로는 의롭다 함을 얻을 자가 없으므로 아들을 믿는 의를 통하여 구원을 얻게 하신다는 것이다(롬 3:21).

[롬 3:21]

 (롬 3:21)

· 이제는 율법 외에 하나님의 한 의가 나타났으니 율법과 선지자들에게 증거를 받은 것이라

· But now a righteousness from God, apart from law, has been made known, to which the Law and the Prophets testify.

· Νυνὶ δὲ χωρὶς νόμου δικαιοσύνη θεοῦ πεφανέρωται μαρτυρουμένη ὑπὸ τοῦ νόμου καὶ τῶν προφητῶν,

즉 율법으로가 아니라 복음의 법인 예수 그리스도를 믿는 믿음으로 구원을 이루시겠다는 뜻이다.

율법과 복음은 상충되며 서로 충돌하는가? 아니다. 이 둘은 하나님의 주도면밀하신 섭리와 거역할 수 없는 사랑과 은혜의 관계를 나타내는 상호 보완의 관계를 가지고 있다. 율법은 하나님의 엄위롭고 지엄한 공의를 나타내고, 누구에게든 공정하시다는 확고한 증거를 보여준다.

율법의 제정은 영원히 폐하여지지 않는다(마 5:17-18). 그렇다면 성경은 왜 율법은 변역되고 폐하여질 것이라 하였는가?(히 7:12, 18, 8:13, 10:9)

[마 5:17-18]

 (마 5:17)

· 내가 율법이나 선지자나 폐하러 온 줄로 생각지 말라 폐하러 온 것이 아니요 **완전케 하려 함이로라**

· "Do not think that I have come to abolish the Law or the Prophets; I have not come to abolish them but to fulfill them.

2. 폐하여진 법 그러나 영원한 법, 율법

· Μὴ νομίσητε ὅτι ἦλθον καταλῦσαι τὸν νόμον ἢ τοὺς προφήτας· οὐκ ἦλθον καταλῦσαι ἀλλὰ πληρῶσαι.

 (마 5:18)

· 진실로 너희에게 이르노니 천지가 없어지기 전에는 **율법의 일점 일획이라도 반드시 없어지지 아니하고 다 이루리라**

· I tell you the truth, until heaven and earth disappear, not the smallest letter, not the least stroke of a pen, will by any means disappear from the Law until everything is accomplished.

· ἀμὴν γὰρ λέγω ὑμῖν· ἕως ἂν παρέλθῃ ὁ οὐρανὸς καὶ ἡ γῆ, ἰῶτα ἓν ἢ μία κεραία οὐ μὴ παρέλθῃ ἀπὸ τοῦ νόμου, ἕως ἂν πάντα γένηται.

[히 7:12]

 (히 7:12)

· 제사 직분이 변역한즉 **율법도 반드시 변역**하리니

· For when there is a change of the priesthood, there must also be a change of the law.

· μετατιθεμένης γὰρ τῆς ἱερωσύνης ἐξ ἀνάγκης καὶ νόμου μετάθεσις γίνεται.

[히 7:18]

 (히 7:18)

· 전엣 계명이 연약하며 무익하므로 **폐**하고

· The former regulation is set aside because it was weak and useless

· ἀθέτησις μὲν γὰρ γίνεται προαγούσης ἐντολῆς διὰ τὸ αὐτῆς ἀσθενὲς καὶ ἀνωφελές·

[히 8:13]

 (히 8:13)

· **새 언약**이라 말씀하셨으매 **첫 것은 낡아지게 하신 것**이니 낡아지고 쇠하는 것은 없어져 가는 것이니라
· By calling this covenant "new", he has made the first one obsolete; and what is obsolete and aging will soon disappear.
· ἐν τῷ λέγειν Καινὴν πεπαλαίωκεν τὴν πρώτην· τὸ δὲ παλαιούμενον καὶ γηράσκον ἐγγὺς ἀφανισμοῦ.

[히 10:9]

 (히 10:9)

· 그 후에 말씀하시기를 보시옵소서 내가 하나님의 뜻을 행하러 왔나이다 하셨으니 그 **첫 것을 폐하심은 둘째 것을 세우려 하심**이니라
· Then he said, "Here I am, I have come to do your will." He sets aside the first to establish the second.
· τότε εἴρηκεν, Ἰδοὺ ἥκω τοῦ ποιῆσαι τὸ θέλημά σου. ἀναιρεῖ τὸ πρῶτον ἵνα τὸ δεύτερον στήσῃ.

히브리서 저자는 옛 계명이 무익하므로 폐하고(히 7:18), 제사 직분이 변역한즉 율법도 반드시 변역하리라고 하였다(히 7:12).

[히 7:12]

 (히 7:12)

- 제사 직분이 변역한즉 **율법도 반드시 변역**하리니
- For when there is a change of the priesthood, there must also be a change of the law.
- μετατιθεμένης γὰρ τῆς ἱερωσύνης ἐξ ἀνάγκης καὶ νόμου μετάθεσις γίνεται.

예수 그리스도는 더 좋은 언약의 보증이 되셨다(히 7:22). **첫 언약이 무흠하였더라면 둘째 것을 요구할 일이 없었을 것이라** 하였다(히 8:7).

[히 8:7]

 (히 8:7)

- 저 첫 언약이 무흠하였더면 둘째 것을 요구할 일이 없었으려니와
- For if there had been nothing wrong with that first covenant, no place would have been sought for another.
- Εἰ γὰρ ἡ πρώτη ἐκείνη ἦν ἄμεμπτος, οὐκ ἂν δευτέρας ἐζητεῖτο τόπος.

율법의 한계에 대한 성경적 주장들을 살펴보자.

예수님은 율법을 완성하고자 오신 분이다(마 5:17-18). 이는 첫 언약 계명이 완전치 않음을 나타내는데, 율법의 제한적 한계를 드러내는 것이다.

율법이 완전하다는 말은, 죄를 지적하고 **인간이 죄인임을 증명하는** 쓰임에는 완전하지만 인간을 완전하게 만드는 **구원에는** 완전하지 않다는 뜻이다.

[마 5:17-18]

 (마 5:17)
· 내가 율법이나 선지자나 폐하러 온 줄로 생각지 말라 폐하러 온 것이 아니요 **완전케** 하려 함이로라
· "Do not think that I have come to abolish the Law or the Prophets; I have not come to abolish them but to fulfill them.
· Μὴ νομίσητε ὅτι ἦλθον καταλῦσαι τὸν νόμον ἢ τοὺς προφήτας· οὐκ ἦλθον καταλῦσαι ἀλλὰ πληρῶσαι.

 (마 5:18)
· 진실로 너희에게 이르노니 천지가 없어지기 전에는 **율법의 일점 일획이라도 반드시 없어지지 아니하고 다 이루리라**
· I tell you the truth, until heaven and earth disappear, not the smallest letter, not the least stroke of a pen, will by any means disappear from the Law until everything is accomplished.
· ἀμὴν γὰρ λέγω ὑμῖν· ἕως ἂν παρέλθῃ ὁ οὐρανὸς καὶ ἡ γῆ, ἰῶτα ἓν ἢ μία κεραία οὐ μὴ παρέλθῃ ἀπὸ τοῦ νόμου, ἕως ἂν πάντα γένηται.

이는 완전한 법을 가진 나라라고 해서 그 법 아래 사는 국민이 완전해지지 않는 것과 같다. 예를 들어, 병원에서 진찰하고 병의 이름과 상태를 찾고 진료 기록을 만드는 것은 치료의 전 단계이지 치료를 하는 것이 아닌 것과 같다. 바

로 진찰은 율법으로, 치료는 복음이신 예수 그리스도로 하는 것이다.

복음은 율법을 훼손함이 아니라 완성된 사랑의 법 안에(롬 13:8-10) 율법을 흡수하는 것이다.

[롬 13:8-10]

 (롬 13:8)

· 피차 사랑의 빚 외에는 아무에게든지 아무 빚도 지지 말라 남을 **사랑하는 자는 율법을 다 이루었느니라**

· Let no debt remain outstanding, except the continuing debt to love one another, for he who loves his fellowman has fulfilled the law.

· Μηδενὶ μηδὲν ὀφείλετε εἰ μὴ τὸ ἀλλήλους ἀγαπᾶν· ὁ γὰρ ἀγαπῶν τὸν ἕτερον νόμον πεπλήρωκεν.

 (롬 13:9)

· 간음하지 말라, 살인하지 말라, 도적질하지 말라, 탐내지 말라 한 것과 그 외에 다른 계명이 있을지라도 **네 이웃을 네 자신과 같이 사랑하라 하신 그 말씀 가운데 다 들었느니라**

· The commandments, "Do not commit adultery", "Do not murder", "Do not steal", "Do not covet", and whatever other commandment there may be, are summed up in this one rule: "Love your neighbor as yourself."

· τὸ γὰρ Οὐ μοιχεύσεις, Οὐ φονεύσεις, Οὐ κλέψεις, Οὐκ ἐπιθυμήσεις, καὶ εἴ τις ἑτέρα ἐντολή, ἐν τῷ λόγῳ τούτῳ ἀνακεφαλαιοῦται [ἐν τῷ] Ἀγαπήσεις τὸν πλησίον σου ὡς σεαυτόν.

 (롬 13:10)

· 사랑은 이웃에게 악을 행치 아니하나니 그러므로 **사랑은 율법의 완성**이니라

· Love does no harm to its neighbor. Therefore love is the fulfillment of the law.

· ἡ ἀγάπη τῷ πλησίον κακὸν οὐκ ἐργάζεται· πλήρωμα οὖν νόμου ἡ ἀγάπη.

주인의 아들이 어렸을 때에는 몽학선생 아래 있었을지라도 장성하면 몽학선생 아래 있지 않음과 같은데, 곧 그 아래 있지는 않더라도 몽학선생의 가르침이 없어져 사라진 것이 아니라 장성한 자의 속에 흡수되어 남아 있음과 같다고 할 수 있다. 또 식물의 떡잎이 성장하면 없어지는 것 같으나 결국 그 식물의 바탕이었던 양분이 흡수됨과도 같다.

율법은 달과 같아서 밤에는 밝고 환하게 느껴지나 복음의 새 계명의 해가 돋으면 그 빛이 쇠락해져서 희미하게 보인다. 복음이신 예수 그리스도의 새 계명과의 관계가 그러하다.

이제 율법이 없어지지 않고 다 이루겠다고도 하고 폐하겠다고도 하는 이중적 표현을 좀더 자세히 알아보자!

믿음 안에, 즉 예수 안에 들어오지 않은 자들에게는 율법이 계속 유효하여 세상 끝까지 이루어지나 믿음 안에, 즉 예수 안에 들어온 자들에게는 율법의 효력이 쇠하여지고 폐하여지는 것이다.

또한 대한민국은 대한제국이나 조선의 후신인 나라요 새 나라라고 한다. 대한민국의 현재 국민이 대한제국이나 조선의 법에 얽매여 있거나 그 법을 지금

지키고 준수해야 한다는 것은 시대착오요 시행착오다. 현재의 나라가 대한 민국이면 그 뿌리였던 것은 인정하지만 국민이나 나라가 국토가 같다고 하여 옛 법을 지키는 것은 아니다. 옛 법인 율법을 예수 안에서 하나님의 백성 된 새사람에게 적용시키는 것은 어리석음이다.

3. 율법의 완성인 사랑의 계명

예수께서 제정하신 사랑의 새 계명은 율법의 완성을 주장하신 완벽한 것이다(롬 13:8-10; 갈 5:14).

[롬 13:8-10]

 (롬 13:8)

· 피차 사랑의 빚 외에는 아무에게든지 아무 빚도 지지 말라 **남을 사랑하는 자는 율법을 다 이루었느니라**

· Let no debt remain outstanding, except the continuing debt to love one another, for he who loves his fellowman has fulfilled the law.

· Μηδενὶ μηδὲν ὀφείλετε εἰ μὴ τὸ ἀλλήλους ἀγαπᾶν· ὁ γὰρ ἀγαπῶν τὸν ἕτερον νόμον πεπλήρωκεν.

 (롬 13:9)

· 간음하지 말라, 살인하지 말라, 도적질하지 말라, 탐내지 말라 한 것과 그 외에 다른 계명이 있을지라도 네 이웃을 네 자신과 같이 사랑하라 하신 그 말씀 가운데 다 들었느니라

· The commandments, "Do not commit adultery", "Do not murder", "Do not steal", "Do not covet", and whatever other commandment there may be, are summed up in this one rule: "Love your neighbor as yourself."

· τὸ γὰρ Οὐ μοιχεύσεις, Οὐ φονεύσεις, Οὐ κλέψεις, Οὐκ ἐπιθυμήσεις, καὶ εἴ τις ἑτέρα ἐντολή, ἐν τῷ λόγῳ τούτῳ ἀνακεφαλαιοῦται [ἐν τω] Ἀγαπήσεις τὸν πλησίον σου ὡς σεαυτόν.

 (롬 13:10)

· 사랑은 이웃에게 악을 행치 아니하나니 그러므로 사랑은 율법의 완성이니라

· Love does no harm to its neighbor. Therefore love is the fulfillment of the law.

· ἡ ἀγάπη τῷ πλησίον κακὸν οὐκ ἐργάζεται· πλήρωμα οὖν νόμου ἡ ἀγάπη.

[갈 5:14]

 (갈 5:14)

· 온 율법은 네 이웃 사랑하기를 네 몸같이 하라 하신 한 말씀에 이루었나니

· The entire law is summed up in a single command: "Love your neighbor as yourself."

· ὁ γὰρ πᾶς νόμος ἐν ἑνὶ λόγῳ πεπλήρωται, ἐν τῷ Ἀγαπήσεις τὸν πλησίον σου ὡς σεαυτόν.

마태복음 5장의 말씀들은 율법의 강화된 내용을 포함하고도 서기관과 바리새인의 의보다 더 나은 의를 이룰 수 있다. 하나님과 이웃을 사랑하는 그 속에 모든 계명이 다 들어 있기 때문이다. 갈라디아

서 5장 14절에 "온 율법은 네 이웃 사랑하기를 네 몸같이 하라 하신 한 말씀에 이루었나니"라고 말씀하고 있다.

이것은 너무나 많아 다 외울 수도 지킬 수도 없으며, 율법을 제정하시고 수여하신 하나님의 본래의 뜻이 사랑이기 때문이다.

한 율법사가 예수께 질문하여 가장 큰 계명을 물었을 때, 첫째는 하나님을 사랑하고, 둘째는 네 이웃을 네 몸같이 사랑하라고 하셨다(마 22:36-40). 이 두 계명이 온 율법과 선지자의 대강령이라고 하셨다.

[마 22:36-40]

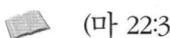 (마 22:36)
- 선생님이여 율법 중에 어느 계명이 크니이까
- "Teacher, which is the greatest commandment in the Law?"
- Διδάσκαλε, ποία ἐντολὴ μεγάλη ἐν τῷ νόμῳ

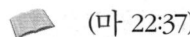 (마 22:37)
- 예수께서 가라사대 네 마음을 다하고 목숨을 다하고 뜻을 다하여 주 너의 하나님을 사랑하라 하셨으니
- Jesus replied: "'Love the Lord your God with all your heart and with all your soul and with all your mind.'
- ὁ δὲ ἔφη αὐτῷ, Ἀγαπήσεις κύριον τὸν θεόν σου ἐν ὅλῃ τῇ καρδίᾳ σου καὶ ἐν ὅλῃ τῇ ψυχῇ σου καὶ ἐν ὅλῃ τῇ διανοίᾳ σου·

 (마 22:38)
- 이것이 크고 첫째 되는 계명이요
- This is the first and greatest commandment.
- αὕτη ἐστὶν ἡ μεγάλη καὶ πρώτη ἐντολή.

📖 (마 22:39)
- 둘째는 그와 같으니 네 이웃을 네 몸과 같이 사랑하라 하셨으니
- And the second is like it: 'Love your neighbor as yourself.'
- δευτέρα δὲ ὁμοία αὐτῇ, Ἀγαπήσεις τὸν πλησίον σου ὡς σεαυτόν.

📖 (마 22:40)
- 이 두 계명이 온 율법과 선지자의 강령이니라
- All the Law and the Prophets hang on these two commandments."
- ἐν ταύταις ταῖς δυσὶν ἐντολαῖς ὅλος ὁ νόμος κρέμαται καὶ οἱ προφῆται.

율법의 수많은 조항들은 고기 잡는 투망(던져서 고기를 잡는 어망)의 수많은 추와 그물코와 같다. 추와 그물코를 손에 잡고서는 고기를 잡을 수 없으나, 새 계명인 사랑의 법은 그물 끝에 있는 줄과 같아서 줄을 잡아당기면 그물 전체가 원하는 자의 손에 들어와 고기를 잡을 수 있음과 같다.(※ 도표 ④ 투망 이론 참조)

율법의 최고 단계는 사랑이다. 또한 율법을 행하여 하나님을 기쁘시게 못하는 것은, 율법을 통해서는 인간이 하나님의 선하신 사랑의 뜻을 알 수도 이룰 수도 없기 때문이며, 이는 육법전서를 모두 외운 후에 법을 지키려 하는 것과 같다.

그러므로 성도들은 율법을 준수하고자 애쓰는 것보다 하나님께서 요구하신 사랑을 실행하는 것이 온 율법과 하나님을 기쁘시게 하는 예수 그리스도의 삶인 것을 깨달아야 한다. **사랑을 실행하면 온 율법을 한꺼번에 이루어내는 최고의 계명을 실천하는 것이 되기 때문이다**(롬 13:8-10; 갈 5:14).

[롬 13:8-10]

 (롬 13:8)

· 피차 사랑의 빚 외에는 아무에게든지 아무 빚도 지지 말라 남을 사랑하는 자는 율법을 다 이루었느니라

· Let no debt remain outstanding, except the continuing debt to love one another, for he who loves his fellowman has fulfilled the law.

· Μηδενὶ μηδὲν ὀφείλετε εἰ μὴ τὸ ἀλλήλους ἀγαπᾶν· ὁ γὰρ ἀγαπῶν τὸν ἕτερον νόμον πεπλήρωκεν.

 (롬 13:9)

· 간음하지 말라, 살인하지 말라, 도적질하지 말라, 탐내지 말라 한 것과 그 외에 다른 계명이 있을지라도 네 이웃을 네 자신과 같이 사랑하라 하신 그 말씀 가운데 다 들었느니라

· The commandments, "Do not commit adultery", "Do not murder", "Do not steal", "Do not covet", and whatever other commandment there may be, are summed up in this one rule: "Love your neighbor as yourself".

· τὸ γὰρ Οὐ μοιχεύσεις, Οὐ φονεύσεις, Οὐ κλέψεις, Οὐκ ἐπιθυμήσεις, καὶ εἴ τις ἑτέρα ἐντολή, ἐν τῷ λόγῳ τούτῳ ἀνακεφαλαιοῦται [ἐν τῷ] Ἀγαπήσεις τὸν πλησίον σου ὡς σεαυτόν.

 (롬 13:10)

· 사랑은 이웃에게 악을 행치 아니하나니 그러므로 사랑은 율법의 완성이니라

· Love does no harm to its neighbor. Therefore love is the fulfillment of the law.

· ἡ ἀγάπη τῷ πλησίον κακὸν οὐκ ἐργάζεται· πλήρωμα οὖν νόμου ἡ ἀγάπη.

[갈 5:14]

 (갈 5:14)

· 온 율법은 네 이웃 사랑하기를 네 몸같이 하라 하신 한 말씀에 이루었나니

· The entire law is summed up in a single command: "Love your neighbor as yourself."

· ὁ γὰρ πᾶς νόμος ἐν ἑνὶ λόγῳ πεπλήρωται, ἐν τῷ Ἀγαπήσεις τὸν πλησίον σου ὡς σεαυτόν.

그러므로 하나님은 율법의 준수 여부가 아닌 사랑과 믿음으로 하나님을 기쁘시게 하기를 원하셨다.

아브라함의 믿음처럼, 하나님의 선하심을 절대적으로 믿고 의심 없이 순종하며 **하나님을 신뢰하고 사랑하는 것을 율법의 의 위에(외에) 두셨다**(롬 3:21-22, 4:1-3).

[롬 3:21-22]

 (롬 3:21)

· 이제는 율법 외에 하나님의 한 의가 나타났으니 율법과 선지자들에게 증거를 받은 것이라

· But now a righteousness from God, apart from law, has been made known, to which the Law and the Prophets testify.

· Νυνὶ δὲ χωρὶς νόμου δικαιοσύνη θεοῦ πεφανέρωται μαρτυρουμένη ὑπὸ τοῦ νόμου καὶ τῶν προφητῶν,

 (롬 3:22)

· 곧 예수 그리스도를 믿음으로 말미암아 모든 믿는 자에게 미치는 하나님의 의니 차별이 없느니라

· This righteousness from God comes through faith in Jesus Christ to all who believe. There is no difference,

· δικαιοσύνη δὲ θεοῦ διὰ πίστεως Ἰησοῦ Χριστοῦ εἰς πάντας τοὺς πιστεύοντας. οὐ γάρ ἐστιν διαστολή,

[롬 4:1-3]

 (롬 4:1)

· 그런즉 육신으로 우리 조상 된 아브라함이 무엇을 얻었다 하리요

· What then shall we say that Abraham, our forefather, discovered in this matter?

· Τί οὖν ἐροῦμεν εὑρηκέναι Ἀβραὰμ τὸν προπάτορα ἡμῶν κατὰ σάρκα

 (롬 4:2)

· 만일 아브라함이 행위로써 의롭다 하심을 얻었으면 자랑할 것이 있으려니와 하나님 앞에서는 없느니라

· If, in fact, Abraham was justified by work, she had something to boast about-but not before God.

· εἰ γὰρ Ἀβραὰμ ἐξ ἔργων ἐδικαιώθη, ἔχει καύχημα, ἀλλ' οὐ πρὸς θεόν.

📖 (롬 4:3)

· 성경이 무엇을 말하느뇨 아브라함이 **하나님을 믿으매** 이것이 저에게 의로 여기신 바 되었느니라

· What does the Scripture say? "Abraham believed Godand it was credited to him as righteousness."

· τί γὰρ ἡ γραφὴ λέγει Ἐπίστευσεν δὲ Ἀβραὰμ τῷ θεῷ καὶ ἐ-λογίσθη αὐτῷ εἰς δικαιοσύνην.

율법이 옛 계명이기에 새 법은 새 계명이 된다. 예수께서는 새 계명을 우리에게 부여하셨는데 이는 옛 계명인 율법을 완성케 하신 사랑의 법이다.

4. 왜 율법이 아닌 믿음과 예수의 새 계명인가?

　인간의 범죄와 타락의 시초는 사탄의 꾀임에 빠져 사탄의 뜻에 동조하고 순종한 것이다. 사탄은 하나님의 선하심과 의로우심과 사랑을 의심(불신)케 하고 불순종하게 했다. 즉 믿음 없음이 불신앙과 불순종의 원인이었다.

　하나님은 "먹지 말라, 정녕 죽으리라!" 하셨다. 만약 인간이 하나님을 사랑하고, 믿고, 신뢰하고, 순종했다면 사탄이 "먹으라, 죽지 않는다. 눈이 밝아져 하나님 같아진다!" 했을 때 그 말에 넘어갔을까?

　하나님은 사탄의 하수인으로 전락한 인간을 회복시키시고 하나님의 사랑받는 자녀와 백성으로 부르시기 위하여, 믿음으로는 아브라함을, 순종으로는 예수 그리스도를 인류 구원의 중심으로 삼으셨다.

　그러므로 율법은 하나님의 사랑과 공의의 속성을 공포하기 위해 죄와 사망의 법을 위하여 제정된 것이요, 구원의 직접적인 도구가 아니라 간접적 필요 도구인 것이다. 즉 모든 이의 입을 막고(핑계 못함) 예수 그리스도께 나와 죄 사함을 입지 않으면 안 된다는 사실을 엄중히 선포하는 도구인 것이다.

　그러므로 하나님이 원하시는 의로움은 율법을 준수함으로 얻는 것이 아니라 믿음과 사랑으로 순종하는 아브라함의 믿음이다. 예수 그리스도의 믿음과 사랑의 순종을 하나님이 기뻐하시는 의로움으로 인정하고 받으시는 것이다.

5. 구원받은 성도의 율법 준수 여부

예수 그리스도로 구원받은 성도가 율법을 지켜야 하느냐 지키지 않아도 되느냐의 문제는 아직도 논란이 되고 있다.

구원받은 성도라도 복음의 자유함을 깊이 알기 전에는, 상속자라도 몽학선생 아래 있음같이, 율법의 기본 상식과 지식을 갖추기까지 율법의 기본 아래 있어야 마땅하다 하겠다.

이는 복음의 자유가 남용되거나 오용될 소지가 많기 때문이며, 어떠한 속박과 멍에와 무거운 짐 아래서 예수 그리스도로 자유함을 얻게 되었는지 알아야 하기 때문이다. *

오늘의 자유 민주주의 체제하에서도 인격과 기본 품성이 성숙되기 전의 미성년자에게는 자유의 권한을 일정 부분 제한하고 있다. 자유와 권한의 존속과 유지를 위한 책임과 의무의 기본 틀(율법의 기본적인 법)이 갖추어져야 마땅하기 때문이다.

그러나 예수 그리스도를 영접한 성도는 하나님께로서 났기에 하나님의 자녀요, 후사요, 천국의 상속자다(요 1:12-13).

[요 1:12-13]

 (요 1:12)
- 영접하는 자 곧 그 이름을 믿는 자들에게는 하나님의 자녀가 되는 권세를 주셨으니
- Yet to all who received him, to those who believed in his name, he gave the right to become children of God-
- ὅσοι δὲ ἔλαβον αὐτόν, ἔδωκεν αὐτοῖς ἐξουσίαν τέκνα θεοῦ γενέσθαι, τοῖς πιστεύουσιν εἰς τὸ ὄνομα αὐτοῦ,

 (요 1:13)
- 이는 혈통으로나 육정으로나 사람의 뜻으로 나지 아니하고 오직 **하나님께로서 난 자들**이니라
- children born not of natural descent, nor of human decision or a husband's will, but born of God.
- οἳ οὐκ ἐξ αἱμάτων οὐδὲ ἐκ θελήματος σαρκὸς οὐδὲ ἐκ θελήματος ἀνδρὸς ἀλλ' ἐκ θεοῦ ἐγεννήθησαν.

이와같이 구원받은 믿음의 성도들에게는 율법이 몽학선생이요 종이며, 일정 기간 후에 내어쫓아야 할 계집종과 그 아들이다.

이 법은 육체에 관한 땅의 법이요 영에 속한 하늘의 법이 아니다(갈 3:29).

[갈 3:29]

 (갈 3:29)
- 너희가 그리스도께 속한 자면 곧 아브라함의 자손이요 약속대로 유업을 이을 자니라

- If you belong to Christ, then you are Abraham's seed, and heirs according to the promise.
- εἰ δὲ ὑμεῖς Χριστοῦ, ἄρα τοῦ Ἀβραὰμ σπέρμα ἐστέ, κατ' ἐπαγγελίαν κληρονόμοι.

이 일정 기간은 얼마 동안일까?

하나님이 세상을 이처럼 사랑하신 뜻을 예수의 심령으로 깨닫고 그 사랑을 실천하고 따르고자 할 때, 즉 성령의 도우심을 자기 이익이 아닌 주를 위하여 구하기 시작할 즈음이라고 본다. 곧 신앙에 철이 들어 권리, 자유, 특권을 주장하기보다도 사랑받음에 감사할 줄 아는 때다. 육신의 요구대로가 아닌 성령의 뜻에 따라 성령의 열매를 맺는 삶을 살 때다.

이것이 영으로 사는 성숙한 그리스도인의 삶이며, 율법의 삶이 아닌 예수 그리스도의 복음으로 사는 율법의 완성된 사랑의 삶이다. 이같이 성숙한 성도의 삶은 율법의 요구가 예수 안에서 끝이난 것이다(롬 10:4).

[롬 10:4]

 (롬 10:4)

- 그리스도는 모든 믿는 자에게 의를 이루기 위하여 율법의 마침이 되시니라
- Christ is the end of the law so that there may be righteousness for everyone who believes.
- τέλος γὰρ νόμου Χριστὸς εἰς δικαιοσύνην παντὶ τῷ πιστεύοντι.

또한 이 사람의 삶은 **예수 안에서 율법은 폐하여지고 새 계명인**

사랑의 법 안에 사는 삶이다(롬 7:6; 골 2:12-15).

[롬 7:6]

 (롬 7:6)

· 이제는 우리가 얽매였던 것에 대하여 죽었으므로 율법에서 벗어 났으니 이러므로 우리가 영의 새로운 것으로 섬길 것이요 의문의 묵은 것으로 아니할지니라

· But now, by dying to what once bound us, we have been released from the law so that we serve in the new way of the Spirit, and not in the old way of the written code.

· νυνὶ δὲ κατηργήθημεν ἀπὸ τοῦ νόμου ἀποθανόντες ἐν ᾧ κατειχόμεθα, ὥστε δουλεύειν ἡμᾶς ἐν καινότητι πνεύματος καὶ οὐ παλαιότητι γράμματος.

[골 2:12-15]

 (골 2:12)

· 너희가 침례로 **그리스도와 함께 장사한 바 되고** 또 죽은 자들 가운데서 그를 일으키신 하나님의 역사를 믿음으로 말미암아 그 안에서 함께 일으키심을 받았느니라

· having been buried with him in baptism and raised with him through your faith in the power of God, who raised him from the dead.

· συνταφέντες αὐτῷ ἐν τῷ βαπτισμῷ, ἐν ᾧ καὶ συνηγέρθητε διὰ τῆς πίστεως τῆς ἐνεργείας τοῦ θεοῦ τοῦ ἐγείραντος αὐτὸν ἐκ

νεκρῶν·

 (골 2:13)

· 또 너희의 범죄와 육체의 무할례로 죽었던 너희를 하나님이 그와 함께 살리시고 우리에게 모든 죄를 사하시고

· When you were dead in your sins and in the uncircumcision of your sinful nature, God made you alive with Christ. He forgave us all our sins,

· καὶ ὑμᾶς νεκροὺς ὄντας [ἐν] τοῖς παραπτώμασιν καὶ τῇ ἀκροβυστίᾳ τῆς σαρκὸς ὑμῶν, συνεζωοποίησεν ὑμᾶς σὺν αὐτῷ, χαρισάμενος ἡμῖν πάντα τὰ παραπτώματα.

 (골 2:14)

· 우리를 거스리고 우리를 대적하는 **의문에 쓴 증서를 도말**하시고 제하여 버리사 십자가에 못 박으시고

· having canceled the written code, with its regulations, that was against us and that stood opposed to us; he took it away, nailing it to the cross.

· ἐξαλείψας τὸ καθ' ἡμῶν χειρόγραφον τοῖς δόγμασιν ὃ ἦν ὑπεναντίον ἡμῖν, καὶ αὐτὸ ἦρκεν ἐκ τοῦ μέσου προσηλώσας αὐτὸ τῷ σταυρῷ·

 (골 2:15)

· **정사와 권세를 벗어 버려** 밝히 드러내시고 십자가로 승리하셨느니라

· And having disarmed the powers and authoritie, she made a public spectacle of them, triumphing over them by the cross.

· ἀπεκδυσάμενος τὰς ἀρχὰς καὶ τὰς ἐξουσίας ἐδειγμάτισεν ἐν παρρησία, θριαμβεύσας αὐτοὺς ἐν αὐτῷ.

이와 같은 성령의 열매를 맺는 이들을 제지할 **세상의 법(율법)**이 없다(갈 5:22-23).

성령의 인도하시는 바가 되면 율법 아래 있지 아니하리라(갈 5:18).

[갈 5:22-23]

 (갈 5:22)
- 오직 성령의 열매는 사랑과 희락과 화평과 오래 참음과 자비와 양선과 충성과
- But the fruit of the Spirit is love, joy, peace, patience, kindness, goodness, faithfulness,
- Ὁ δὲ καρπὸς τοῦ πνεύματός ἐστιν ἀγάπη χαρὰ εἰρήνη, μακροθυμία χρηστότης ἀγαθωσύνη, πίστις

 (갈 5:23)
- 온유와 절제니 이 같은 것을 **금지할 법**(또는 율법)이 없느니라
- gentleness and self-control. Against such things there is no law.
- πραΰτης ἐγκράτεια· κατὰ τῶν τοιούτων οὐκ ἔστιν νόμος.

이같이 자기의 뜻이 포기되고 주의 뜻이 덧입혀진 사람을 옛 사람이 죽고 새사람으로 거듭난 자라고 한다(롬 6:1-6; 골 2:12-15). 골로새서는 이를 '그리스도의 할례'라고 하였다.

[롬 6:1-6]

 (롬 6:1)

• 그런즉 우리가 무슨 말 하리요 은혜를 더하게 하려고 죄에 거하겠느뇨

• What shall we say, then? Shall we go on sinning so that grace may increase?

• Τί οὖν ἐροῦμεν; ἐπιμένωμεν τῇ ἁμαρτίᾳ, ἵνα ἡ χάρις πλεονάσῃ;

📖 (롬 6:2)

• 그럴 수 없느니라 죄에 대하여 죽은 우리가 어찌 그 가운데 더 살리요

• By no means! We died to sin; how can we live in it any longer?

• μὴ γένοιτο. οἵτινες ἀπεθάνομεν τῇ ἁμαρτίᾳ, πῶς ἔτι ζήσομεν ἐν αὐτῇ;

📖 (롬 6:3)

• 무릇 그리스도 예수와 합하여 침례를 받은 우리는 그의 죽으심과 합하여 침례 받은 줄을 알지 못하느뇨

• Or don't you know that all of us who were baptized into Christ Jesus were baptized into his death?

• ἢ ἀγνοεῖτε ὅτι, ὅσοι ἐβαπτίσθημεν εἰς Χριστὸν Ἰησοῦν, εἰς τὸν θάνατον αὐτοῦ ἐβαπτίσθημεν;

📖 (롬 6:4)

• 그러므로 우리가 그의 죽으심과 합하여 침례를 받음으로 그와 함께 장사되었나니 이는 아버지의 영광으로 말미암아 그리스도를 죽은 자 가운데서 살리심과 같이 **우리로 또한 새 생명 가운데서 행하게 하려 함이니라**

• We were therefore buried with him through baptism into death in order that, just as Christ was raised from the dead through the glory of the Father, we too may live a new life.

· συνετάφημεν οὖν αὐτῷ διὰ τοῦ βαπτίσματος εἰς τὸν θάνατον, ἵνα ὥσπερ ἠγέρθη Χριστὸς ἐκ νεκρῶν διὰ τῆς δόξης τοῦ πατρός, οὕτως καὶ ἡμεῖς ἐν καινότητι ζωῆς περιπατήσωμεν.

📖 (롬 6:5)

· 만일 우리가 그의 죽으심을 본받아 연합한 자가 되었으면 또한 그의 부활을 본받아 연합한 자가 되리라

· If we have been united with him like this in his death, we will certainly also be united with him in his resurrection.

· εἰ γὰρ σύμφυτοι γεγόναμεν τῷ ὁμοιώματι τοῦ θανάτου αὐτοῦ, ἀλλὰ καὶ τῆς ἀναστάσεως ἐσόμεθα·

📖 (롬 6:6)

· 우리가 알거니와 우리 옛 사람이 예수와 함께 십자가에 못 박힌 것은 죄의 몸이 멸하여 다시는 우리가 죄에게(또는 율법에) 종 노릇 하지 아니하려 함이니

· For we know that our old self was crucified with him so that the body of sin might be done away with, that we should no longer be slaves to sin-

· τοῦτο γινώσκοντες ὅτι ὁ παλαιὸς ἡμῶν ἄνθρωπος συνεσταυρώθη, ἵνα καταργηθῇ τὸ σῶμα τῆς ἁμαρτίας, τοῦ μηκέτι δουλεύειν ἡμᾶς τῇ ἁμαρτίᾳ·

[골 2:12-15]

 (골 2:12)

· 너희가 침례로 그리스도와 함께 장사한 바 되고 또 죽은 자들 가운데서 그를 일으키신 하나님의 역사를 믿음으로 말미암아 그 안에서 함께 일으키심을 받았느니라

· having been buried with him in baptism and raised with him through your faith in the power of God, who raised him from the dead.

· συνταφέντες αὐτῷ ἐν τῷ βαπτισμῷ, ἐν ᾧ καὶ συνηγέρθητε διὰ τῆς πίστεως τῆς ἐνεργείας τοῦ θεοῦ τοῦ ἐγείραντος αὐτὸν ἐκ νεκρῶν·

 (골 2:13)

· 또 너희의 범죄와 육체의 무할례로 **죽었던 너희를 하나님이 그와 함께 살리시고 우리에게 모든 죄를 사하시고**

· When you were dead in your sins and in the uncircumcision of your sinful nature, God made you alive with Christ. He forgave us all our sins,

· καὶ ὑμᾶς νεκροὺς ὄντας [ἐν] τοῖς παραπτώμασιν καὶ τῇ ἀκροβυστίᾳ τῆς σαρκὸς ὑμῶν, συνεζωοποίησεν ὑμᾶς σὺν αὐτῷ, χαρισάμενος ἡμῖν πάντα τὰ παραπτώματα.

 (골 2:14)

· 우리를 거스리고 우리를 대적하는 **의문에 쓴 증서를** 도말하시고 제하여 버리사 십자가에 못 박으시고

· having canceled the written code, with its regulations, that was against us and that stood opposed to us; he took it away, nailing it to the cross.

· ἐξαλείψας τὸ καθ' ἡμῶν χειρόγραφον τοῖς δόγμασιν ὃ ἦν ὑπεναντίον ἡμῖν, καὶ αὐτὸ ἦρκεν ἐκ τοῦ μέσου προσηλώσας αὐτὸ τῷ σταυρῷ·

 (골 2:15)

· 정사와 권세를 벗어 버려 밝히 드러내시고 십자가로 승리하셨느니라

· And having disarmed the powers and authoritie, she made a public spectacle of them, triumphing over them by the cross.

· ἀπεκδυσάμενος τὰς ἀρχὰς καὶ τὰς ἐξουσίας ἐδειγμάτισεν ἐν παρρησίᾳ, θριαμβεύσας αὐτοὺς ἐν αὐτῷ.

그러므로 성숙하고 거듭난 성도에게 '율법을 따라 행하고 율법의 요구를 준행해야 한다'고 말하는 것은 대학생이며 성년이 된 어른에게 유치원 법과 초등학생 법(약하고 천한 초등 학문)으로 살아가라고 하는 것과 같다.

바울 사도는 갈라디아서에서 할례와 율법의 조항들을 다시 행하여 살라고 가르치거나 이를 따르려는 자들을 향해 "너희가 어찌하여 약하고 천한 초등 학문으로 돌아가서 저희에게 **종 노릇** 하려느냐"고 질책하였다(갈 4:9).

[갈 4:9]

 (갈 4:9)

· 이제는 너희가 하나님을 알 뿐더러 하나님의 아신 바 되었거늘 어찌하여 다시 약하고 천한 초등 학문으로 돌아가서 다시 저희에게 종

노릇 하려 하느냐

· But now that you know God-or rather are known by God-how is it that you are turning back to those weak and miserable principles? Do you wish to be enslaved by them all over again?

· νῦν δὲ γνόντες θεόν, μᾶλλον δὲ γνωσθέντες ὑπὸ θεοῦ, πῶς ἐπιστρέφετε πάλιν ἐπὶ τὰ ἀσθενῆ καὶ πτωχὰ στοιχεῖα? οἷς πάλιν ἄνωθεν δουλεύειν θέλετε?

옛 사람이 죽었기에 옛 법 아래서 해방되었고 자유하게 되었다(롬 7:1-6).

[롬 7:1-6]

 (롬 7:1)

· 형제들아 내가 법 아는 자들에게 말하노니 너희는 율법이 사람의 살 동안만 그를 주관하는 줄 알지 못하느냐

· Do you not know, brothers-for I am speaking to men who know the law-that the law has authority over a man only as long as he lives?

· Ἢ ἀγνοεῖτε, ἀδελφοί, γινώσκουσιν γὰρ νόμον λαλῶ, ὅτι ὁ νόμος κυριεύει τοῦ ἀνθρώπου ἐφ' ὅσον χρόνον ζῇ?

 (롬 7:2)

· 남편 있는 여인이 그 남편 생전에는 법으로 그에게 매인 바 되나 만일 그 남편이 죽으면 남편의 법에서 벗어났느니라

· For example, by law a married woman is bound to her husband as long as he is alive, but if her husband dies, she is released from the law of marriage.

• ἡ γὰρ ὕπανδρος γυνὴ τῷ ζῶντι ἀνδρὶ δέδεται νόμῳ· ἐὰν δὲ ἀποθάνῃ ὁ ἀνήρ, κατήργηται ἀπὸ τοῦ νόμου τοῦ ἀνδρός.

📖 (롬 7:3)

• 그러므로 만일 그 남편 생전에 다른 남자에게 가면 음부라 이르되 남편이 죽으면 그 법에서 자유케 되나니 다른 남자에게 갈지라도 음부가 되지 아니하느니라

• So then, if she marries another man while her husband is still alive, she is called an adulteress. But if her husband dies, she is released from that law and is not an adulteress, even though she marries another man.

• ἄρα οὖν ζῶντος τοῦ ἀνδρὸς μοιχαλὶς χρηματίσει ἐὰν γένηται ἀνδρὶ ἑτέρῳ· ἐὰν δὲ ἀποθάνῃ ὁ ἀνήρ, ἐλευθέρα ἐστὶν ἀπὸ τοῦ νόμου, τοῦ μὴ εἶναι αὐτὴν μοιχαλίδα γενομένην ἀνδρὶ ἑτέρῳ.

📖 (롬 7:4)

• 그러므로 내 형제들아 너희도 그리스도의 몸으로 말미암아 율법에 대하여 죽임을 당하였으니 이는 다른 이 곧 죽은 자 가운데서 살아나신 이에게 가서 우리로 하나님을 위하여 열매를 맺히게 하려 함이니라

• So, my brothers, you also died to the law through the body of Christ, that you might belong to another, to him who was raised from the dead, in order that we might bear fruit to God.

• ὥστε, ἀδελφοί μου, καὶ ὑμεῖς ἐθανατώθητε τῷ νόμῳ διὰ τοῦ σώματος τοῦ Χριστοῦ, εἰς τὸ γενέσθαι ὑμᾶς ἑτέρῳ, τῷ ἐκ νεκρῶν ἐγερθέντι, ἵνα καρποφορήσωμεν τῷ θεῷ.

📖 (롬 7:5)

- 우리가 육신에 있을 때에는 **율법으로 말미암는 죄의 정욕**이 우리 지체 중에 역사하여 우리로 **사망을 위하여 열매**를 맺게 하였더니

- For when we were controlled by the sinful nature, the sinful passions aroused by the law were at work in our bodies, so that we bore fruit for death.

- ὅτε γὰρ ἦμεν ἐν τῇ σαρκί, τὰ παθήματα τῶν ἁμαρτιῶν τὰ διὰ τοῦ νόμου ἐνηργεῖτο ἐν τοῖς μέλεσιν ἡμῶν, εἰς τὸ καρποφορῆσαι τῷ θανάτῳ·

📖 (롬 7:6)

- 이제는 우리가 **얽매였던 것에 대하여 죽었으므로 율법**에서 벗어났으니 이러므로 우리가 **영의 새로운 것으로 섬길 것이요 의문의 묵은 것으로 아니할지니라**

- But now, by dying to what once bound us, we have been released from the law so that we serve in the new way of the Spirit, and not in the old way of the written code.

- νυνὶ δὲ κατηργήθημεν ἀπὸ τοῦ νόμου ἀποθανόντες ἐν ᾧ κατειχόμεθα, ὥστε δουλεύειν ἡμᾶς ἐν καινότητι πνεύματος καὶ οὐ παλαιότητι γράμματος.

그러므로 영의 새로운 것으로 섬길 것이요 의문의 묵은 것으로 아니함이라 하였다(롬 7:6).

[롬 7:6]

 (롬 7:6)

· 이제는 우리가 얽매였던 것에 대하여 죽었으므로 율법에서 벗어 났으니 이러므로 우리가 영의 새로운 것으로 섬길 것이요 의문의 묵은 것으로 아니할지니라

· But now, by dying to what once bound us, we have been released from the law so that we serve in the new way of the Spirit, and not in the old way of the written code.

· νυνὶ δὲ κατηργήθημεν ἀπὸ τοῦ νόμου ἀποθανόντες ἐν ᾧ κατειχόμεθα, ὥστε δουλεύειν ἡμᾶς ἐν καινότητι πνεύματος καὶ οὐ παλαιότητι γράμματος.

예수와 함께 부활한 새사람은 이전 것(율법)은 지나갔으니 보라 새 것이 되었노라 하였다(고후 5:17).

[고후 5:17]

 (고후 5:17)

· 그런즉 누구든지 그리스도 안에 있으면 새로운 피조물이라 이전 것은 지나갔으니 보라 새것이 되었도다

· Therefore, if anyone is in Christ, he is a new creation; the old has gone, the new has come!

· ὥστε εἴ τις ἐν Χριστῷ, καινὴ κτίσις· τὰ ἀρχαῖα παρῆλθεν, ἰδοὺ γέγονεν καινά·

예수 그리스도의 초청은 바로 "수고하고 무거운 짐 진 자들아 다 내게로 오라 내가 너희를 쉬게 하리라 이는 내 멍에는 쉽고 내 짐은 가벼움이라"(마 11:28-30) 하고 부르신 것이다.

[마 11:28-30]

 (마 11:28)

· 수고하고 무거운 짐 진 자들아 다 내게로 오라 내가 너희를 쉬게 하리라

· "Come to me, all you who are weary and burdened, and I will give you rest.

· Δεῦτε πρός με πάντες οἱ κοπιῶντες καὶ πεφορτισμένοι, κἀγὼ ἀ-ναπαύσω ὑμᾶς.

 (마 11:29)

· 나는 마음이 온유하고 겸손하니 나의 멍에를 메고 내게 배우라 그러면 너희 마음이 쉼을 얻으리니

· Take my yoke upon you and learn from me, for I am gentle and humble in heart, and you will find rest for your souls.

· ἄρατε τὸν ζυγόν μου ἐφ᾽ ὑμᾶς καὶ μάθετε ἀπ᾽ ἐμοῦ, ὅτι πραΰς εἰμι καὶ ταπεινὸς τῇ καρδίᾳ, καὶ εὑρήσετε ἀνάπαυσιν ταῖς ψυχαῖς ὑμῶν·

 (마 11:30)

· 이는 내 멍에는 쉽고 내 짐은 가벼움이라 하시니라

· For my yoke is easy and my burden is light."

· ὁ γὰρ ζυγός μου χρηστὸς καὶ τὸ φορτίον μου ἐλαφρόν ἐστιν.

그리스도 예수의 사람들은 무거운 율법의 짐을 내려놓고 예수의 사랑의 계명을 지고 따라야 한다.

6. 율법주의를 이용한 사탄의 계략

1) 사탄도 성경을 이용한다

과거 사탄의 전략은 공포와 위협과 폭력과 파괴로 하나님의 백성을 공격하는 것이었다.

그 전략이 이제는 많이 변화되고 세련되게 발전하여 예수님을 속이고 넘어지게 하고자 사용했던 **변조된 성경 말씀의 방법**들로 바뀌었다(마 4:1-11).

[마 4:1-11]

 (마 4:1)
- 그때에 예수께서 성령에게 이끌리어 마귀에게 시험을 받으러 광야로 가사
- Then Jesus was led by the Spirit into the desert to be tempted by the devil.
- Τότε ὁ Ἰησοῦς ἀνήχθη εἰς τὴν ἔρημον ὑπὸ τοῦ πνεύματος πειρασθῆναι ὑπὸ τοῦ διαβόλου.

 (마 4:2)
- 사십 일을 밤낮으로 금식하신 후에 주리신지라
- After fasting forty days and forty nights, he was hungry.
- καὶ νηστεύσας ἡμέρας τεσσεράκοντα καὶ νύκτας τεσσεράκοντα,

ὕστερον ἐπείνασεν.

 (마 4:3)

· 시험하는 자가 예수께 나아와서 가로되 네가 만일 하나님의 아들이어든 명하여 이 돌들이 떡덩이가 되게 하라

· The tempter came to him and said, "If you are the Son of God, tell these stones to become bread."

· Καὶ προσελθὼν ὁ πειράζων εἶπεν αὐτῷ, Εἰ υἱὸς εἶ τοῦ θεοῦ, εἰπὲ ἵνα οἱ λίθοι οὗτοι ἄρτοι γένωνται.

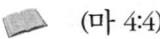 (마 4:4)

· 예수께서 대답하여 가라사대 기록되었으되 사람이 떡으로만 살 것이 아니요 **하나님의 입으로 나오는 모든 말씀으로 살 것**이라 하였느니라 하시니

· Jesus answered, "It is written: 'Man does not live on bread alone, but on every word that comes from the mouth of God.'"

· ὁ δὲ ἀποκριθεὶς εἶπεν, Γέγραπται, Οὐκ ἐπ' ἄρτῳ μόνῳ ζήσεται ὁ ἄνθρωπος, ἀλλ' ἐπὶ παντὶ ῥήματι ἐκπορευομένῳ διὰ στόματος θεοῦ.

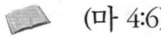 (마 4:5)

· 이에 마귀가 예수를 거룩한 성으로 데려다가 성전 꼭대기에 세우고

· Then the devil took him to the holy city and had him stand on the highest point of the temple.

· Τότε παραλαμβάνει αὐτὸν ὁ διάβολος εἰς τὴν ἁγίαν πόλιν καὶ ἔστησεν αὐτὸν ἐπὶ τὸ πτερύγιον τοῦ ἱεροῦ

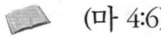 (마 4:6)

· 가로되 네가 만일 하나님의 아들이어든 뛰어내리라 기록하였으되

저가 너를 위하여 그 사자들을 명하시리니 **저희가 손으로 너를 받들어 발이 돌에 부딪히지 않게 하리로다 하였느니라**

· "If you are the Son of God", he said, "throw yourself down. For it is written: "'He will command his angels concerning you, and they will lift you up in their hands, so that you will not strike your foot against a stone.'"

· καὶ λέγει αὐτῷ, Εἰ υἱὸς εἶ τοῦ θεοῦ, βάλε σεαυτὸν κάτω· γέγραπται γὰρ ὅτι Τοῖς ἀγγέλοις αὐτοῦ ἐντελεῖται περὶ σοῦ καὶ ἐπὶ χειρῶν ἀροῦσίν σε, μήποτε προσκόψῃς πρὸς λίθον τὸν πόδα σου.

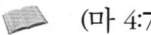 (마 4:7)

· 예수께서 이르시되 또 기록되었으되 **주 너의 하나님을 시험치 말라** 하였느니라 하신대

· Jesus answered him, "It is also written: 'Do not put the Lord your God to the test.'"

· ἔφη αὐτῷ ὁ Ἰησοῦς, Πάλιν γέγραπται, Οὐκ ἐκπειράσεις κύριον τὸν θεόν σου.

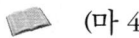 (마 4:8)

· 마귀가 또 그를 데리고 지극히 높은 산으로 가서 천하 만국과 그 영광을 보여

· Again, the devil took him to a very high mountain and showed him all the kingdoms of the world and their splendor.

· Πάλιν παραλαμβάνει αὐτὸν ὁ διάβολος εἰς ὄρος ὑψηλὸν λίαν καὶ δείκνυσιν αὐτῷ πάσας τὰς βασιλείας τοῦ κόσμου καὶ τὴν δόξαν αὐτῶν

(마 4:9)

- 가로되 만일 내게 엎드려 경배하면 이 모든 것을 네게 주리라
- "All this I will give you", he said, "if you will bow down and worship me."
- καὶ εἶπεν αὐτῷ, Ταῦτά σοι πάντα δώσω, ἐὰν πεσὼν προσκυνήσῃς μοι.

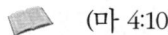 (마 4:10)

- 이에 예수께서 말씀하시되 사단아 물러가라 기록되었으되 **주 너의 하나님께 경배하고 다만 그를 섬기라 하였느니라**
- Jesus said to him, "Away from me, Satan! For it is written: 'Worship the Lord your God, and serve him only.'"
- Τότε λέγει αὐτῷ ὁ Ἰησοῦς, Ὕπαγε, Σατανᾶ· γέγραπται γάρ, Κύριον τὸν θεόν σου προσκυνήσεις καὶ αὐτῷ μόνῳ λατρεύσεις.

(마 4:11)

- 이에 마귀는 예수를 떠나고 천사들이 나아와서 수종드니라
- Then the devil left him, and angels came and attended him.
- Τότε ἀφίησιν αὐτὸν ὁ διάβολος, καὶ ἰδοὺ ἄγγελοι προσῆλθον καὶ διηκόνουν αὐτῷ.

예수님을 시험하던 마귀는 시편(91:11-12)을 인용하였다. 그러나 본뜻을 벗어난 오적용이었기에 예수님은 사탄을 거절하시고 물리치셨다. 예를 들어, '붙들어'는 수평적 이동의 때를 말하나 마귀의 오적용된 말 '받들어'는 수직적인 것, 곧 위에서 아래로 뛰어내릴 때의 변조된 말이었다.

[시 91:11-12]

   (시 91:11)

· 저가 너를 위하여 그 사자들을 명하사 네 모든 길에 너를 지키게 하심이라

· For he will command his angels concerning you to guard you in all your ways;

· οτι τοις αγγελοις αυτου εντελειται περι σου του διαφυλαξαι σε εν πασαις ταις οδοις σου

   (시 91:12)

· 저희가 그 손으로 너를 붙들어 발이 돌에 부딪히지 않게 하리로다

· they will lift you up in their hands, so that you will not strike your foot against a stone.

· επι χειρων αρουσιν σε μηποτε προσκοψης προς λιθον τον ποδα σου

2) 율법을 준수하라는 사탄의 계략

바울은 "우리가 전한 복음 외에 하늘에서 온 천사라도 **다른 복음**을 전하면 저주를 받을지어다. 다시 말하노니 저주를 받을지어다"라고 거듭 못을 박으며 **다른 복음**은 없다고 말했다. 다만 가만히 들어온 어떤 자들이 우리가 가진 자유를 엿보고 우리에게 율법의 굴레를 씌워 종을 삼고자 하는데 이 같은 자들은 우리를 이익의 재료로 삼으려 함이라고 하였다(갈 1:7-9, 2:4; 벧후 2:1-3).

[갈 1:7-9]

 (갈 1:7)

· 다른 복음은 없나니 다만 어떤 사람들이 너희를 요란케 하여 그리스도의 복음을 변하려 함이라

· which is really no gospel at all. Evidently some people are throwing you into confusion and are trying to pervert the gospel of Christ.

· ὃ οὐκ ἔστιν ἄλλο, εἰ μή τινές εἰσιν οἱ ταράσσοντες ὑμᾶς καὶ θέλοντες μεταστρέψαι τὸ εὐαγγέλιον τοῦ Χριστοῦ.

(갈 1:8)

· 그러나 우리나 혹 하늘로부터 온 천사라도 우리가 너희에게 전한 복음 외에 다른 복음을 전하면 저주를 받을지어다

· But even if we or an angel from heaven should preach a gospel other than the one we preached to you, let him be eternally condemned!

· ἀλλὰ καὶ ἐὰν ἡμεῖς ἢ ἄγγελος ἐξ οὐρανοῦ εὐαγγελίζηται [ὑμῖν] παρ' ὃ εὐηγγελισάμεθα ὑμῖν, ἀνάθεμα ἔστω.

(갈 1:9)

· 우리가 전에 말하였거니와 내가 지금 다시 말하노니 만일 누구든지 너희의 받은 것 외에 다른 복음을 전하면 저주를 받을지어다

· As we have already said, so now I say again: If anybody is preaching to you a gospel other than what you accepted, let him be eternally condemned!

· ὡς προειρήκαμεν καὶ ἄρτι πάλιν λέγω, εἴ τις ὑμᾶς εὐαγγελίζεται παρ' ὃ παρελάβετε, ἀνάθεμα ἔστω.

[갈 2:4]

 (갈 2:4)

· 이는 가만히 들어온 거짓 형제 까닭이라 저희가 가만히 들어온 것은 그리스도 예수 안에서 우리의 가진 자유를 엿보고 우리를 종으로 삼고자 함이로되

· This matter arose because some false brothers had infiltrated our ranks to spy on the freedom we have in Christ Jesus and to make us slaves.

· διὰ δὲ τοὺς παρεισάκτους ψευδαδέλφους, οἵτινες παρεισῆλθον κατασκοπῆσαι τὴν ἐλευθερίαν ἡμῶν ἣν ἔχομεν ἐν Χριστῷ Ἰησοῦ, ἵνα ἡμᾶς καταδουλώσουσιν,

[벧후 2:1-3]

 (벧후 2:1)

· 그러나 민간에 또한 거짓 선지자들이 일어났었나니 이와 같이 너희 중에도 거짓 선생들이 있으리라 저희는 **멸망케 할 이단을 가만히 끌어들여 자기들을 사신 주를 부인하고 임박한 멸망을 스스로 취하는** 자들이라

· But there were also false prophets among the people, just as there will be false teachers among you. They will secretly introduce destructive heresies, even denying the sovereign Lord who bought them-bringing swift destruction on themselves.

· Ἐγένοντο δὲ καὶ ψευδοπροφῆται ἐν τῷ λαῷ, ὡς καὶ ἐν ὑμῖν ἔσονται ψευδοδιδάσκαλοι, οἵτινες παρεισάξουσιν αἱρέσεις ἀπωλείας καὶ τὸν ἀγοράσαντα αὐτοὺς δεσπότην ἀρνούμενοι. ἐπάγοντες ἑαυτοῖς ταχινὴν ἀπώλειαν,

 (벧후 2:2)

· 여럿이 저희 호색하는 것을 좇으리니 이로 인하여 진리의 도가 훼방을 받을 것이요

· Many will follow their shameful ways and will bring the way of truth into disrepute.

· καὶ πολλοὶ ἐξακολουθήσουσιν αὐτῶν ταῖς ἀσελγείαις δι' οὓς ἡ ὁδὸς τῆς ἀληθείας βλασφημηθήσεται,

 (벧후 2:3)

· 저희가 탐심을 인하여 지은 말을 가지고 너희로 이를 삼으니 저희 심판은 옛적부터 지체하지 아니하며 저희 멸망은 자지 아니하느니라

· In their greed these teachers will exploit you with stories they have made up. Their condemnation has long been hanging over them, and their destruction has not been sleeping.

· καὶ ἐν πλεονεξίᾳ πλαστοῖς λόγοις ὑμᾶς ἐμπορεύσονται, οἷς τὸ κρίμα ἔκπαλαι οὐκ ἀργεῖ καὶ ἡ ἀπώλεια αὐτῶν οὐ νυστάζει.

바울이 말한 **다른 복음**은 구약의 율법을 말하는데, 이는 율법의 행위와 할례의 문제였다. **성경에 없는 것을 가지고 말하는 것이 아니기에 갈라디아 성도들이 거짓 교사들의 가르침에 흔들려 예수 그리스도의 복음에 혼선을 빚었다.** 바울은 바로 이것을 교훈하였다.

지금 이 시대에도 성경에 등장하는 율법을 인용하여 **율법의 굴레에서 자유**

하게 된 성도들을 다시 율법의 굴레 아래 멍에를 메우고 자기 이익(땅의 영광과 인기와 추앙과 헌금 갈취와 복종)을 위하여 이용하는 사람들이 있다.

그들은 예수 그리스도의 십자가의 공로를 훼손하고, 성도를 율법의 두려움과 공포로 협박하여 노예 삼는다.

갈라디아서를 복음의 자유의 헌장이라 별명을 붙였는데, 이것은 이 시대에도 살아 있는 주의 말씀으로 성령께서 바울을 통하여 기록해 주신 중요한 복음이다.

7. 왜 율법을 따라서는 안 되는가?

　예수님의 비유를 통해 낡은 옷에 생베 조각을 붙여서는 안 되고, 새 포도주를 낡은 가죽부대에 넣어서도 안 되는 것은 옷이 당겨져 더 해어지고 새 포도주가 낡은 가죽 부대를 터뜨려 둘 다 못쓰게 되기 때문이라고 하셨다(마 9:16-17).
　이는 사탄의 술책으로 성도를 망하게 하려 함이다.

[마 9:16-17]

 (마 9:16)
· 생베 조각을 낡은 옷에 붙이는 자가 없나니 이는 기운 것이 그 옷을 당기어 해어짐이 더하게 됨이요
· "No one sews a patch of unshrunk cloth on an old garment, for the patch will pull away from the garment, making the tear worse.
· οὐδεὶς δὲ ἐπιβάλλει ἐπίβλημα ῥάκους ἀγνάφου ἐπὶ ἱματίῳ παλαιῷ· αἴρει γὰρ τὸ πλήρωμα αὐτοῦ ἀπὸ τοῦ ἱματίου καὶ χεῖρον σχίσμα γίνεται.

 (마 9:17)
· 새 포도주를 낡은 가죽 부대에 넣지 아니하나니 그렇게 하면 부대가 터져 포도주도 쏟아지고 부대도 버리게 됨이라 새 포도주는 새 부대에 넣어야 둘이 다 보전되느니라

· Neither do men pour new wine into old wineskins. If they do, the skins will burst, the wine will run out and the wineskins will be ruined. No, they pour new wine into new wineskins, and both are preserved."

· οὐδὲ βάλλουσιν οἶνον νέον εἰς ἀσκοὺς παλαιούς· εἰ δὲ μή γε, ῥήγνυνται οἱ ἀσκοὶ καὶ ὁ οἶνος ἐκχεῖται καὶ οἱ ἀσκοὶ ἀπόλλυνται· ἀλλὰ βάλλουσιν οἶνον νέον εἰς ἀσκοὺς καινούς, καὶ ἀμφότεροι συντηροῦνται.

율법에 복음을 찢어 붙여서는 안 되고, 율법의 행위에 복음의 행함을 넣어 보관하려 해도 안 된다는 말씀이다.

이 시대는 사랑과 긍휼을 원하는 시대다. 사랑과 긍휼은 죄인들과 병든 자를 위하여 오신 의원이신 주 예수께서 요구하시는 새 법인 사랑 실천의 삶이다(마 9:13).

[마 9:13]

 (마 9:13)

· 너희는 가서 내가 **긍휼**을 원하고 **제사**(율법)를 원치 아니하노라 하신 뜻이 무엇인지 배우라 내가 의인을 부르러 온 것이 아니요 죄인을 부르러 왔노라 하시니라

· But go and learn what this means: 'I desire mercy not sacrifice.' For I have not come to call the righteous, but sinners."

· πορευθέντες δὲ μάθετε τί ἐστιν, Ἔλεος θέλω καὶ οὐ θυσίαν· οὐ γὰρ ἦλθον καλέσαι δικαίους ἀλλὰ ἁμαρτωλούς.

그러므로 사탄의 술수를 간파하자.

우리의 신앙과 믿음을, 곧 포도주와 부대 그리고 생베와 낡은 옷 둘 다를 못 쓰게 만들고자 하는 사탄의 계략에 속지 말라! 율법을 행하여 의로움을 얻을 자가 없다(갈 3:10-11).

[갈 3:10-11]

 (갈 3:10)

· 무릇 **율법 행위에 속한 자들은 저주 아래 있나니** 기록된 바 누구든지 율법책에 기록된 대로 온갖 일을 항상 행하지 아니하는 자는 저주 아래 있는 자라 하였음이라

· All who rely on observing the law are under a curse, for it is written: "Cursed is everyone who does not continue to do everything written in the Book of the Law."

· ὅσοι γὰρ ἐξ ἔργων νόμου εἰσίν, ὑπὸ κατάραν εἰσίν· γέγραπται γὰρ ὅτι Ἐπικατάρατος πᾶς ὃς οὐκ ἐμμένει πᾶσιν τοῖς γεγραμμένοις ἐν τῷ βιβλίῳ τοῦ νόμου τοῦ ποιῆσαι αὐτά.

 (갈 3:11)

· 또 하나님 앞에서 아무나 **율법으로 말미암아 의롭게 되지 못할 것이 분명하니** 이는 의인이 믿음으로 살리라 하였음이니라

· Clearly no one is justified before God by the law, because, "The righteous will live by faith."

· ὅτι δὲ ἐν νόμῳ οὐδεὶς δικαιοῦται παρὰ τῷ θεῷ δῆλον, ὅτι Ὁ δίκαιος ἐκ πίστεως ζήσεται·

이룰 수 없는 율법을 '이룰 수 있고, 지킬 수 있으며, 지켜야 구원도 상급도 받는다'는 말은 사탄의 명백한 거짓말이다(갈 4:21-31).

[갈 4:21-31]

 (갈 4:21)
- 내게 말하라 율법 아래 있고자 하는 자들아 율법을 듣지 못하였느냐
- Tell me, you who want to be under the law, are you not aware of what the law says?
- Λέγετέ μοι, οἱ ὑπὸ νόμον θέλοντες εἶναι, τὸν νόμον οὐκ ἀκούετε;

 (갈 4:22)
- 기록된 바 아브라함이 두 아들이 있으니 하나는 계집종에게서 하나는 자유하는 여자에게서 났다 하였으나
- For it is written that Abraham had two sons, one by the slave woman and the other by the free woman.
- γέγραπται γὰρ ὅτι Ἀβραὰμ δύο υἱοὺς ἔσχεν, ἕνα ἐκ τῆς παιδίσκης καὶ ἕνα ἐκ τῆς ἐλευθέρας.

 (갈 4:23)
- 계집종에게서는 육체를 따라 났고 자유하는 여자에게서는 약속으로 말미암았느니라
- His son by the slave woman was born in the ordinary way; but his son by the free woman was born as the result of a promise.
- ἀλλ' ὁ μὲν ἐκ τῆς παιδίσκης κατὰ σάρκα γεγέννηται, ὁ δὲ ἐκ τῆς ἐλευθέρας δι' ἐπαγγελίας.

📖 (갈 4:24)

· 이것은 비유니 이 여자들은 두 언약이라 하나는 시내 산으로부터 종을 낳은 자니 곧 하가라

· These things may be taken figuratively, for the women represent two covenants. One covenant is from Mount Sinai and bears children who are to be slaves: This is Hagar.

· ἅτινά ἐστιν ἀλληγορούμενα· αὗται γάρ εἰσιν δύο διαθῆκαι, μία μὲν ἀπὸ ὄρους Σινᾶ εἰς δουλείαν γεννῶσα, ἥτις ἐστὶν Ἁγάρ.

📖 (갈 4:25)

· 이 하가는 아라비아에 있는 시내 산으로 지금 있는 예루살렘과 같은 데니 저가 그 자녀들로 더불어 종 노릇 하고

· Now Hagar stands for Mount Sinai in Arabia and corresponds to the present city of Jerusalem, because she is in slavery with her children.

· τὸ δὲ Ἁγὰρ Σινᾶ ὄρος ἐστὶν ἐν τῇ Ἀραβίᾳ· συστοιχεῖ δὲ τῇ νῦν Ἰερουσαλήμ, δουλεύει γὰρ μετὰ τῶν τέκνων αὐτῆς.

📖 (갈 4:26)

· 오직 위에 있는 예루살렘은 자유자니 곧 우리 어머니라

· But the Jerusalem that is above is free, and she is our mother.

· ἡ δὲ ἄνω Ἰερουσαλὴμ ἐλευθέρα ἐστίν, ἥτις ἐστὶν μήτηρ ἡμῶν·

📖 (갈 4:27)

· 기록된 바 잉태치 못한 자여 즐거워하라 구로치 못한 자여 소리질러 외치라 이는 홀로 사는 자의 자녀가 남편 있는 자의 자녀보다 많음이라 하였으니

- For it is written: "Be glad, O barren woman who bears no children; break forth and cry aloud, you who have no labor pains; because more are the children of the desolate woman than of her who has a husband."
- γέγραπται γάρ, Εὐφράνθητι, στεῖρα ἡ οὐ τίκτουσα, ῥῆξον καὶ βόησον, ἡ οὐκ ὠδίνουσα· ὅτι πολλὰ τὰ τέκνα τῆς ἐρήμου μᾶλλον ἢ τῆς ἐχούσης τὸν ἄνδρα.

📖 (갈 4:28)

- 형제들아 너희는 이삭과 같이 약속의 자녀라
- Now you, brothers, like Isaac, are children of promise.
- ὑμεῖς δέ, ἀδελφοί, κατὰ Ἰσαὰκ ἐπαγγελίας τέκνα ἐστέ.

📖 (갈 4:29)

- 그러나 그때에 육체를 따라 난 자가 성령을 따라 난 자를 핍박한 것같이 이제도 그러하도다
- At that time the son born in the ordinary way persecuted the son born by the power of the Spirit. It is the same now.
- ἀλλ' ὥσπερ τότε ὁ κατὰ σάρκα γεννηθεὶς ἐδίωκεν τὸν κατὰ πνεῦμα, οὕτως καὶ νῦν.

📖 (갈 4:30)

- 그러나 성경이 무엇을 말하느뇨 계집종과 그 아들을 내어쫓으라 계집종의 아들이 자유하는 여자의 아들로 더불어 유업을 얻지 못하리라 하였느니라
- But what does the Scripture say? "Get rid of the slave woman and her son,for the slave woman's son will never share in the in-

heritance with the free woman's son."

- ἀλλὰ τί λέγει ἡ γραφή ''Ἔκβαλε τὴν παιδίσκην καὶ τὸν υἱὸν αὐτῆς· οὐ γὰρ μὴ κληρονομήσει ὁ υἱὸς τῆς παιδίσκης μετὰ τοῦ υἱοῦ τῆς ἐλευθέρας.

📖 (갈 4:31)

- 그런즉 형제들아 우리는 계집종의 자녀가 아니요 자유하는 여자의 자녀니라
- Therefore, brothers, we are not children of the slave woman, but of the free woman.
- διό, ἀδελφοί, οὐκ ἐσμὲν παιδίσκης τέκνα ἀλλὰ τῆς ἐλευθέρας.

계집종의 자녀가 자유하는 여자의 자녀와 유업을 얻지 못하리라 하였느니라(갈 4:30 하).

율법과 새 계명인 새 법의 양립과 공존이 불가하다 함은 율법의 필요와 가치를 무효화시키는 것이 아니다.

새 계명에 옛 법을 억지로 붙이거나 보관하는 것은 안 된다는 예수님의 교훈이다.

옛것과 새것을 내어오는 지혜로운 종의 말씀은 교훈을 위하여는 옛것을 사용하지만 새 법 아래 있는 자를 얽매기 위한 것으로는 안 된다는 것이다.

8. 그림자를 붙들지 말라

[골 2:17-23]

 (골 2:17)
- 이것들은 **장래 일의 그림자**이나 **몸은 그리스도의 것**이니라
- These are a shadow of the things that were to come; the reality, however, is found in Christ.
- ἅ ἐστιν σκιὰ τῶν μελλόντων, τὸ δὲ σῶμα τοῦ Χριστοῦ.

 (골 2:18)
- 누구든지 일부러 겸손함과 천사 숭배함을 인하여 너희 상을 **빼앗지 못하게 하라** 저가 **그 본 것을 의지**하여 **그 육체의 마음을 좇아 헛되이 과장**하고
- Do not let anyone who delights in false humility and the worship of angels disqualify you for the prize. Such a person goes into great detail about what he has seen, and his unspiritual mind puffs him up with idle notions.
- μηδεὶς ὑμᾶς καταβραβευέτω θέλων ἐν ταπεινοφροσύνῃ καὶ θρησκείᾳ τῶν ἀγγέλων, ἃ ἑόρακεν ἐμβατεύων, εἰκῇ φυσιούμενος ὑπὸ τοῦ νοὸς τῆς σαρκὸς αὐτοῦ,

 (골 2:19)
- **머리를 붙들지 아니하는지라** 온몸이 머리로 말미암아 마디와 힘줄로 공급함을 얻고 연합하여 하나님이 자라게 하심으로 자라느니라

· He has lost connection with the Head, from whom the whole body, supported and held together by its ligaments and sinews, grows as God causes it to grow.

· καὶ οὐ κρατῶν τὴν κεφαλήν, ἐξ οὗ πᾶν τὸ σῶμα διὰ τῶν ἁφῶν καὶ συνδέσμων ἐπιχορηγούμενον καὶ συμβιβαζόμενον αὔξει τὴν αὔξησιν τοῦ θεοῦ.

 (골 2:20)

· 너희가 세상의 초등 학문에서 그리스도와 함께 죽었거든 어찌하여 세상에 사는 것과 같이 의문에 순종하느냐

· Since you died with Christ to the basic principles of this world, why, as though you still belonged to it, do you submit to its rules:

· Εἰ ἀπεθάνετε σὺν Χριστῷ ἀπὸ τῶν στοιχείων τοῦ κόσμου, τί ὡς ζῶντες ἐν κόσμῳ δογματίζεσθε

 (골 2:21)

· **곧 붙잡지도 말고 맛보지도 말고 만지지도 말라 하는 것이니**

· "Do not handle! Do not taste! Do not touch!"

· Μὴ ἅψῃ μηδὲ γεύσῃ μηδὲ θίγῃs,

 (골 2:22)

· (이 모든 것은 쓰는 대로 부패에 돌아가리라) 사람의 명과 가르침을 좇느냐

· These are all destined to perish with use, because they are based on human commands and teachings.

· ἅ ἐστιν πάντα εἰς φθορὰν τῇ ἀποχρήσει, κατὰ τὰ ἐντάλματα καὶ διδασκαλίας τῶν ἀνθρώπων,

(골 2:23)

- 이런 것들은 **자의적 숭배와 겸손과 몸을 괴롭게 하는 데** 지혜 있는 모양이나 오직 육체 좇는 것을 금하는 데는 유익이 조금도 없느니라

- Such regulations indeed have an appearance of wisdom, with their self-imposed worship, their false humility and their harsh treatment of the body, but they lack any value in restraining sensual indulgence.

- ἅτινά ἐστιν λόγον μὲν ἔχοντα σοφίας ἐν ἐθελοθρησκίᾳ καὶ ταπεινοφροσύνῃ [καὶ] ἀφειδίᾳ σώματος, οὐκ ἐν τιμῇ τινι πρὸς πλησμονὴν τῆς σαρκός.

구약의 모든 예법과 형식, 모양과 규례, 상징과 교훈들은 오실 예수 그리스도의 그림자다(요 5:39).

율법, 성막, 성전, 절기, 안식일조차도 예수의 그림자로서 오실 메시아가 행하실 사역의 성격과 방법 그리고 각 부분의 의미와 가치와 특성을 조명하여 깨우치려는 하나님 아버지의 자애로운 배려와 가르치심이다(골 2:17; 히 1:1-2, 8:5, 9:24, 10:1).

[골 2:17]

(골 2:17)

- 이것들은 장래 일의 그림자이나 몸은 그리스도의 것이니라

- These are a shadow of the things that were to come; the reality, however, is found in Christ.

· ἅ ἐστιν σκιὰ τῶν μελλόντων, τὸ δὲ σῶμα τοῦ Χριστοῦ.

[히 1:1-2]

 (히 1:1)

· 옛적에 선지자들로 여러 부분과 여러 모양으로 우리 조상들에게 말씀하신 하나님이

· In the past God spoke to our forefathers through the prophets at many times and in various ways,

· Πολυμερῶς καὶ πολυτρόπως πάλαι ὁ θεὸς λαλήσας τοῖς πατράσιν ἐν τοῖς προφήταις

 (히 1:2)

· 이 모든 날 마지막에 아들로 우리에게 말씀하셨으니 이 아들을 만유의 후사로 세우시고 또 저로 말미암아 모든 세계를 지으셨느니라

· but in these last days he has spoken to us by his Son, whom he appointed heir of all things, and through whom he made the universe.

· ἐπ' ἐσχάτου τῶν ἡμερῶν τούτων ἐλάλησεν ἡμῖν ἐν υἱῷ, ὃν ἔθηκεν κληρονόμον πάντων, δι' οὗ καὶ ἐποίησεν τοὺς αἰῶνας·

[히 8:5]

 (히 8:5)

· 저희가 섬기는 것은 하늘에 있는 것의 모형과 그림자라 모세가 장막을 지으려 할 때에 지시하심을 얻음과 같으니 가라사대 삼가 모든 것을 산에서 네게 보이던 본을 좇아 지으라 하셨느니라(※ 도표 ① 참조)

· They serve at a sanctuary that is a copy and shadow of what is in heaven. This is why Moses was warned when he was about to build the tabernacle: "See to it that you make everything according to the pattern shown you on the mountain."

· οἵτινες ὑποδείγματι καὶ σκιᾷ λατρεύουσιν τῶν ἐπουρανίων, καθὼς κεχρημάτισται Μωϋσῆς μέλλων ἐπιτελεῖν τὴν σκηνήν, Ὅρα γάρ φησιν, ποιήσεις πάντα κατὰ τὸν τύπον τὸν δειχθέντα σοι ἐν τῷ ὄρει·

[히 9:24]

 (히 9:24)

· 그리스도께서는 **참 것의 그림자인 손으로 만든 성소에 들어가지 아니하시고 오직 참 하늘에 들어가사** 이제 우리를 위하여 하나님 앞에 나타나시고

· For Christ did not enter a man-made sanctuary that was only a copy of the true one; he entered heaven itself, now to appear for us in God's presence.

· οὐ γὰρ εἰς χειροποίητα εἰσῆλθεν ἅγια Χριστός, ἀντίτυπα τῶν ἀληθινῶν, ἀλλ᾽ εἰς αὐτὸν τὸν οὐρανόν, νῦν ἐμφανισθῆναι τῷ προσώπῳ τοῦ θεοῦ ὑπὲρ ἡμῶν·

[히 10:1]

 (히 10:1)

· 율법은 장차 오는 좋은 일의 그림자요 **참 형상이 아니므로** 해마다 늘 드리는 바 같은 제사로는 나아오는 자들을 언제든지 온전케

할 수 없느니라

· The law is only a shadow of the good things that are coming- not the realities themselves. For this reason it can never, by the same sacrifices repeated endlessly year after year, make perfect those who draw near to worship.

· Σκιὰν γὰρ ἔχων ὁ νόμος τῶν μελλόντων ἀγαθῶν, οὐκ αὐτὴν τὴν εἰκόνα τῶν πραγμάτων, κατ᾽ ἐνιαυτὸν ταῖς αὐταῖς θυσίαις ἃς προ- σφέρουσιν εἰς τὸ διηνεκὲς οὐδέποτε δύναται τοὺς προσερχομένους τελειῶσαι·

그림자는 본체를 알려주는 윤곽(그 어떤 것의 이미지)일 뿐 실체나 본질은 아니라는 것이다. 즉 모세가 "나와 같은 선지자 하나를 너희 형제 중에서 일으 키시리니 너희는 그의 말을 들으라"라고 했을 때 '나와 같은'이 모세의 삶의 정황과 비슷함을 가리키는 것일 뿐 모세 자신이 아닌 것과 같다(엘리야와 침례 요한).

그럼에도 불구하고 그림자(모세, 율법, 안식일)를 따르느라 본체이신 예수 그리스도를 붙들지 않고 따르지 않는 것은 구약의 율법을 붙드느라 예수를 따르지 않던 예수님 당시의 율법사, 제사장, 바리새인과 무엇이 다르겠는가?

오늘날 안식일을 주장하기 위해 안식일의 주인 되신 예수 그리스도를 안식 일 그림자 속에 묶어 두려는 어리석은 자들이 있다.

안식일을 높이느라 그림자에 불과한 율법의 일부를 주장하다 보니 '예수께서 안식일을 위하여 오셨다'는 해괴한 주장까지 거침없이 하는 지경에 이르렀다.

이런 주장과 비슷한 예를 들어 보자. 만약 '하나님이 사람을 만드실 때 장차 안경에 알이 두 개 달릴 것을 아시고 사람의 눈을 두 개로 지으셨다'고 한다면 참으로 우스울 것이며,

또한 그림자를 만들고자 사람을 지으셨다고 한다면 무식한 변론이 될 것이다. 이러한 말은 논리가 성립되지 않는 초등학생들의 어법이다. 왜 이렇게까지 되는 것일까? 논리가 잘못되어서 이 같은 결과를 가져온 것이다.

그러나 이러한 주장을 따르는 원인은 '보았다' 하는 자, 즉 사탄의 술수에 속아 넘어간 결과다(제4계명이 환하게 빛나며 다가오는 환상을 보았다고 한 엘렌 화이트).

이 여자에 관한 성경의 예언을 보자.
누가 철학과 헛된 속임수로 너희를 노략(빼앗아 감, 강탈)할까 주의하라. 이것이 사람의 유전(장로들의 유전, 사람의 가르침)과 세상의 초등 학문(율법과 예수 그리스도의 새 계명이 아닌 모든 교훈)을 좇음이요 그리스도를 좇음이 아니로다.

[골 2:8]

 (골 2:8)

· 누가 철학과 헛된 속임수로 너희를 노략할까 주의하라 이것이 사람의 유전과 세상의 초등 학문을 좇음이요 **그리스도를 좇음이 아니니라**

· See to it that no one takes you captive through hollow and deceptive philosophy, which depends on human tradition and the basic principles of this world rather than on Christ.

· βλέπετε μή τις ὑμᾶς ἔσται ὁ συλαγωγῶν διὰ τῆς φιλοσοφίας καὶ κενῆς ἀπάτης κατὰ τὴν παράδοσιν τῶν ἀνθρώπων, κατὰ τὰ στοιχεῖα τοῦ κόσμου καὶ οὐ κατὰ Χριστόν·

그러므로 먹고 마시는 것과 절기나 월삭이나 안식일을 인하여 누구든지(이 여자, 엘렌 화이트) 너희를 폄론(깎아내리거나 왈가왈부)하지 못하게 하라. ·

이것(먹는 것, 마시는 것, 절기, 월삭, 안식일)들은 장래 일의 그림자(그림자에 속하는 안식일로 폄론을 일으키는 것을 볼 때 예수 그리스도를 따르게 하는 존재가 아니라는 것이 분명함)이다.

몸은 그리스도의 것이니라.

[골 2:16-17]

 (골 2:16)

· 그러므로 먹고 마시는 것과 절기나 월삭이나 안식일을 인하여 누구든지 너희를 폄론하지 못하게 하라

· Therefore do not let anyone judge you by what you eat or drink, or with regard to a religious festival, a New Moon celebration or a Sabbath day.

· Μὴ οὖν τις ὑμᾶς κρινέτω ἐν βρώσει καὶ ἐν πόσει ἢ ἐν μέρει ἑορτῆς ἢ νεομηνίας ἢ σαββάτων·

 (골 2:17)

· 이것들은 장래 일의 그림자이나 몸은 그리스도의 것이니라

- These are a shadow of the things that were to come; the reality, however, is found in Christ.
- ἅ ἐστιν σκιὰ τῶν μελλόντων, τὸ δὲ σῶμα τοῦ Χριστοῦ.

누구든지 일부러 겸손함(고의적으로 겸손을 가장하는 거짓 술수)으로 너희 상을 빼앗지 못하게 하라.

저(엘렌 화이트)가 그 본 것(환상: 사탄이 보여준 것- 예수 그리스도의 말씀과 상반되고 거치는 내용을 볼 때 분명함)을 의지하여(성경이 제시하는 말씀이나 예수 그리스도보다 환상을 더 의지하여) 예수 그리스도를 배척하게 한다.

성경은 "그 본 것을 의지하여 그 육체의 마음을 좇아 헛되이 과장하고(본 것보다 더 많이 말하여) 머리(말씀과 예수 그리스도)를 붙들지[예수께 연합치(요 15:1-12)] 아니함이라" 하였다(골 2:18-19).

[요 15:1-12]

 (요 15:1)
- 내가 참 포도나무요 내 아버지는 그 농부라
- "I am the true vine and my Father is the gardener.
- Ἐγώ εἰμι ἡ ἄμπελος ἡ ἀληθινὴ καὶ ὁ πατήρ μου ὁ γεωργός ἐστιν.

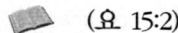 (요 15:2)
- 무릇 **내게 있어** 과실을 맺지 아니하는 가지는 아버지께서 이를 제해 버리시고 무릇 과실을 맺는 가지는 더 과실을 맺게 하려 하여 이를 깨끗게 하시느니라

· He cuts off every branch in me that bears no fruit, while every branch that does bear fruit he prunes so that it will be even more fruitful.

· πᾶν κλῆμα ἐν ἐμοὶ μὴ φέρον καρπὸν αἴρει αὐτό, καὶ πᾶν τὸ καρπὸν φέρον καθαίρει αὐτὸ ἵνα καρπὸν πλείονα φέρῃ.

📖 (요 15:3)

· 너희는 내가 **일러 준 말로** 이미 **깨끗하였으니**

· You are already clean because of the word I have spoken to you.

· ἤδη ὑμεῖς καθαροί ἐστε διὰ τὸν λόγον ὃν λελάληκα ὑμῖν·

📖 (요 15:4)

· **내 안에 거하라** 나도 너희 안에 거하리라 가지가 포도나무에 붙어 있지 아니하면 절로 과실을 맺을 수 없음같이 너희도 **내 안에 있지 아니하면** 그러하리라

· Remain in me and I will remain in you. No branch can bear fruit by itself; it must remain in the vine. Neither can you bear fruit unless you remain in me.

· μείνατε ἐν ἐμοί, κἀγὼ ἐν ὑμῖν. καθὼς τὸ κλῆμα οὐ δύναται καρπὸν φέρειν ἀφ' ἑαυτοῦ ἐὰν μὴ μένῃ ἐν τῇ ἀμπέλῳ, οὕτως οὐδὲ ὑμεῖς ἐὰν μὴ ἐν ἐμοὶ μένητε.

📖 (요 15:5)

· 나는 포도나무요 너희는 가지니 저가 **내 안에**, 내가 **저 안에** 있으면 이 사람은 과실을 많이 맺나니 **나를 떠나서는** 너희가 아무것도 할 수 없음이라

- "I am the vine: you are the branches. If a man remains in me and I in him, he will bear much fruit; apart from me you can do nothing.
- ἐγώ εἰμι ἡ ἄμπελος, ὑμεῖς τὰ κλήματα. ὁ μένων ἐν ἐμοὶ κἀγὼ ἐν αὐτῷ, οὗτος φέρει καρπὸν πολύν, ὅτι χωρὶς ἐμοῦ οὐ δύνασθε ποιεῖν οὐδέν.

📖 (요 15:6)
- 사람이 **내 안에 거하지 아니하면** 가지처럼 밖에 버리워 말라지나니 사람들이 이것을 모아다가 불에 던져 사르느니라
- If anyone does not remain in me, he is like a branch that is thrown away and withers; such branches are picked up, thrown into the fire and burned.
- ἐὰν μή τις μένῃ ἐν ἐμοί, ἐβλήθη ἔξω ὡς τὸ κλῆμα καὶ ἐξηράνθη καὶ συνάγουσιν αὐτὰ καὶ εἰς τὸ πῦρ βάλλουσιν καὶ καίεται.

📖 (요 15:7)
- 너희가 **내 안에 거하고 내 말이 너희 안에 거하면** 무엇이든지 원하는 대로 구하라 그리하면 이루리라
- If you remain in me and my words remain in you, ask whatever you wish, and it will be given you.
- ἐὰν μείνητε ἐν ἐμοὶ καὶ τὰ ῥήματά μου ἐν ὑμῖν μείνῃ, ὃ ἐὰν θέλητε αἰτήσασθε, καὶ γενήσεται ὑμῖν.

📖 (요 15:8)
- 너희가 **과실을 많이 맺으면** 내 아버지께서 영광을 받으실 것이요 **너희가 내 제자가** 되리라

· This is to my Father's glory that you bear much fruit, showing yourselves to be my disciples.

· ἐν τούτῳ ἐδοξάσθη ὁ πατήρ μου, ἵνα καρπὸν πολὺν φέρητε καὶ γένησθε ἐμοὶ μαθηταί.

📖 (요 15:9)

· 아버지께서 나를 사랑하신 것같이 나도 너희를 사랑하였으니 **나의 사랑 안에 거하라**

· "As the Father has loved me, so have I loved you. Now remain in my love.

· καθὼς ἠγάπησέν με ὁ πατήρ, κἀγὼ ὑμᾶς ἠγάπησα· μείνατε ἐν τῇ ἀγάπῃ τῇ ἐμῇ.

📖 (요 15:10)

· 내가 아버지의 계명을 지켜 그의 사랑 안에 거하는 것같이 너희도 **내 계명을 지키면 내 사랑 안에 거하리라**

· If you obey my commands, you will remain in my love, just as I have obeyed my Father's commands and remain in his love.

· ἐὰν τὰς ἐντολάς μου τηρήσητε, μενεῖτε ἐν τῇ ἀγάπῃ μου, καθὼς ἐγὼ τὰς ἐντολὰς τοῦ πατρός μου τετήρηκα καὶ μένω αὐτοῦ ἐν τῇ ἀγάπῃ.

📖 (요 15:11)

· 내가 이것을 너희에게 이름은 내 기쁨이 **너희 안에 있어 너희 기쁨을 충만하게 하려 함이니라**

· I have told you this so that my joy may be in you and that your joy may be complete.

- Ταῦτα λελάληκα ὑμῖν ἵνα ἡ χαρὰ ἡ ἐμὴ ἐν ὑμῖν ᾖ καὶ ἡ χαρὰ ὑμῶν πληρωθῇ.

(요 15:12)
- 내 계명은 곧 내가 너희를 사랑한 것같이 너희도 서로 사랑하라 하는 이것이니라
- My command is this: Love each other as I have loved you.
- αὕτη ἐστὶν ἡ ἐντολὴ ἡ ἐμή, ἵνα ἀγαπᾶτε ἀλλήλους καθὼς ἠγάπησα ὑμᾶς.

[골 2:18-19]

(골 2:18)
- 누구든지 일부러 겸손함과 천사 숭배함을 인하여 너희 상을 빼앗지 못하게 하라 저가 그 본 것을 의지하여 그 **육체의 마음을 좇아** 헛되이 과장하고
- Do not let anyone who delights in false humility and the worship of angels disqualify you for the prize. Such a person goes into great detail about what he has seen, and his unspiritual mind puffs him up with idle notions.
- μηδεὶς ὑμᾶς καταβραβευέτω θέλων ἐν ταπεινοφροσύνῃ καὶ θρησκείᾳ τῶν ἀγγέλων, ἃ ἑόρακεν ἐμβατεύων, εἰκῇ φυσιούμενος ὑπὸ τοῦ νοὸς τῆς σαρκὸς αὐτοῦ,

(골 2:19)
- 머리를 붙들지 아니하는지라 온몸이 머리로 말미암아 마디와 힘줄로 공급함을 얻고 연합하여 하나님이 자라게 하심으로 자라느니라

· He has lost connection with the Head, from whom the whole body, supported and held together by its ligaments and sinews, grows as God causes it to grow.

· καὶ οὐ κρατῶν τὴν κεφαλήν, ἐξ οὗ πᾶν τὸ σῶμα διὰ τῶν ἁφῶν καὶ συνδέσμων ἐπιχορηγούμενον καὶ συμβιβαζόμενον αὔξει τὴν αὔξησιν τοῦ θεοῦ.

육체의 마음을 따르는 자에게 보게 하는(환상) 자는 사탄이다. 육신의 생각은 사망(롬 8:6)이기 때문이다.

[롬 8:6]

 (롬 8:6)

· 육신의 생각은 사망이요 영의 생각은 생명과 평안이니라
· The mind of sinful man is death, but the mind controlled by the Spirit is life and peace;
· τὸ γὰρ φρόνημα τῆς σαρκὸς θάνατος, τὸ δὲ φρόνημα τοῦ πνεύματος ζωὴ καὶ εἰρήνη·

시험 산에서 마귀가 예수께 세상의 왕들이 땅의 영광을 누리는 것을 보여주며(사탄도 환상을 보여줄 능력이 충분하다) 유혹하였을 때, 예수님은 그것이 참된 영적 실상(참된 환상이나 아버지께서 주시는 환상이나 꿈, 곧 비전)이 아님을 아시고 물리치셨으며 거절하셨다(마 4:8-10).

[마 4:8-10]

📖 (마 4:8)

· 마귀가 또 그를 데리고 지극히 높은 산으로 가서 천하 만국과 그 영광을 보여

· Again, the devil took him to a very high mountain and showed him all the kingdoms of the world and their splendor.

· Πάλιν παραλαμβάνει αὐτὸν ὁ διάβολος εἰς ὄρος ὑψηλὸν λίαν καὶ δείκνυσιν αὐτῷ πάσας τὰς βασιλείας τοῦ κόσμου καὶ τὴν δόξαν αὐτῶν

📖 (마 4:9)

· 가로되 만일 내게 엎드려 경배하면 이 모든 것을 네게 주리라

· "All this I will give you", he said, "if you will bow down and worship me".

· καὶ εἶπεν αὐτῷ, Ταῦτά σοι πάντα δώσω, ἐὰν πεσὼν προσκυνήσῃς μοι.

📖 (마 4:10)

· 이에 예수께서 말씀하시되 사단아 물러가라 기록되었으되 주 너의 하나님께 경배하고 다만 그를 섬기라 하였느니라

· Jesus said to him, "Away from me, Satan! For it is written: 'Worship the Lord your God and serve him only.'"

· τότε λέγει αὐτῷ ὁ Ἰησοῦς, Ὕπαγε, Σατανᾶ· γέγραπται γάρ, Κύριον τὸν θεόν σου προσκυνήσεις καὶ αὐτῷ μόνῳ λατρεύσεις.

그럼에도 어떤 자, 곧 엘렌 화이트는 그 본 것을 의지하여 헛되이 과장하고, 머리 된 예수를 붙들지 않고 사탄이 제시한 그림자(사탄이 제시한 환상, 거짓

꿈)를 따라갔다.

    마귀도 환상을 사용하며 자기를 광명의 천사로 가장하는 것이 결코 어려운 일이 아님을 깊이 명심해야 한다(마 4:8; 고후 11:14).

[마 4:8]

 (마 4:8)

· 마귀가 또 그를 데리고 지극히 높은 산으로 가서 천하 만국과 그 영광을 보여

· Again, the devil took him to a very high mountain and showed him all the kingdoms of the world and their splendor.

· Πάλιν παραλαμβάνει αὐτὸν ὁ διάβολος εἰς ὄρος ὑψηλὸν λίαν καὶ δείκνυσιν αὐτῷ πάσας τὰς βασιλείας τοῦ κόσμου καὶ τὴν δόξαν αὐτῶν

[고후 11:14]

 (고후 11:14)

· 이것이 이상한 일이 아니라 사단도 자기를 광명의 천사로 가장하나니

· And no wonder, for Satan himself masquerades as an angel of light.

· καὶ οὐ θαῦμα· αὐτὸς γὰρ ὁ Σατανᾶς μετασχηματίζεται εἰς ἄγγελον φωτός.

머리를 붙들지 아니하는지라(골 2:16-19).
구원 주 되신 예수 그리스도께 붙지 않고 떨어진 자이다. 포도나무 비유에

서 원줄기 되신 예수께 붙지 않은 가지는 버려지고 말라져 불에 던져 살라진다고 하였다(요 15:5-6).

[요 15:5-6]

 (요 15:5)

· 나는 포도나무요 너희는 가지니 **저가 내 안에, 내가 저 안에** 있으면 이 사람은 과실을 많이 맺나니 나를 떠나서는 너희가 아무것도 할 수 없음이라

· "I am the vine; you are the branches. If a man remains in me and I in him, he will bear much fruit; apart from me you can do nothing.

· ἐγώ εἰμι ἡ ἄμπελος, ὑμεῖς τὰ κλήματα. ὁ μένων ἐν ἐμοὶ κἀγὼ ἐν αὐτῷ, οὗτος φέρει καρπὸν πολύν, ὅτι χωρὶς ἐμοῦ οὐ δύνασθε ποιεῖν οὐδέν.

 (요 15:6)

· 사람이 **내 안에** 거하지 아니하면 가지처럼 밖에 버리워 말라지나니 사람들이 이것을 모아다가 불에 던져 사르느니라

· If anyone does not remain in me, he is like a branch that is thrown away and withers; such branches are picked up, thrown into the fire and burned.

· ἐὰν μή τις μένῃ ἐν ἐμοί, ἐβλήθη ἔξω ὡς τὸ κλῆμα καὶ ἐξηράνθη καὶ συνάγουσιν αὐτὰ καὶ εἰς τὸ πῦρ βάλλουσιν καὶ καίεται.

[골 2:16-19]

 (골 2:16)

· 그러므로 먹고 마시는 것과 절기나 월삭이나 안식일을 인하여 누구든지 너희를 폄론하지 못하게 하라

· Therefore do not let anyone judge you by what you eat or drink, or with regard to a religious festivala New Moon celebration or a Sabbath day.

· Μὴ οὖν τις ὑμᾶς κρινέτω ἐν βρώσει καὶ ἐν πόσει ἢ ἐν μέρει ἑορτῆς ἢ νεομηνίας ἢ σαββάτων·

 (골 2:17)

· 이것들은 장래 일의 그림자이나 **몸은 그리스도의 것**이니라

· These are a shadow of the things that were to come; the reality, however, is found in Christ.

· ἅ ἐστιν σκιὰ τῶν μελλόντων, τὸ δὲ σῶμα τοῦ Χριστοῦ.

 (골 2:18)

· 누구든지 일부러 겸손함과 천사 숭배함을 인하여 너희 상을 빼앗지 못하게 하라 저가 그 본 것을 의지하여 그 **육체의 마음을 좇아 헛되이 과장하고**

· Do not let anyone who delights in false humility and the worship of angels disqualify you for the prize. Such a person goes into great detail about what he has seen, and his unspiritual mind puffs him up with idle notions.

· μηδεὶς ὑμᾶς καταβραβευέτω θέλων ἐν ταπεινοφροσύνῃ καὶ θρησκείᾳ τῶν ἀγγέλων, ἃ ἑόρακεν ἐμβατεύων, εἰκῇ φυσιούμενος ὑπὸ τοὗ νοὸς τῆς σαρκὸς αὐτοῦ,

 (골 2:19)

· **머리(예수)를 붙들지 아니하는지라** 온몸이 머리로 말미암아 마디와 힘줄로 공급함을 얻고 연합하여 하나님이 자라게 하심으로 자라느니라

· He has lost connection with the Head, from whom the whole body, supported and held together by its ligaments and sinews, grows as God causes it to grow.

· καὶ οὐ κρατῶν τὴν κεφαλήν, ἐξ οὗ πᾶν τὸ σῶμα διὰ τῶν ἁφῶν καὶ συνδέσμων ἐπιχορηγούμενον καὶ συμβιβαζόμενον αὔξει τὴν αὔξησιν τοῦ θεοῦ.

온몸이 머리(예수 그리스도)로 말미암아 마디와 힘줄로 공급함을 얻고 연합하여 하나님이 자라게 하심으로 자란다. 너희가 세상의 초등학문에서 그리스도와 함께 죽었거든 어찌하여 세상에 사는 것과 같이 의문(율법)에 순종하느냐? 곧 붙잡지도 말고 맛보지도 말고 만지지도 말라 하는 것이니 이 모든 것들은 쓰는 대로 부패에 돌아가리라 하였다(골 2:19-22).

[골 2:19-22]

 (골 2:19)

· 머리를 붙들지 아니하는지라 온몸이 머리로 말미암아 마디와 힘줄로 공급함을 얻고 연합하여 하나님이 자라게 하심으로 자라느니라

· He has lost connection with the Head, from whom the whole

body, supported and held together by its ligaments and sinews, grows as God causes it to grow.

- καὶ οὐ κρατῶν τὴν κεφαλήν, ἐξ οὗ πᾶν τὸ σῶμα διὰ τῶν ἁφῶν καὶ συνδέσμων ἐπιχορηγούμενον καὶ συμβιβαζόμενον αὔξει τὴν αὔξησιν τοῦ θεοῦ.

📖 (골 2:20)
- 너희가 세상의 초등 학문에서 그리스도와 함께 죽었거든 어찌하여 세상에 사는 것과 같이 **의문**에 순종하느냐
- Since you died with Christ to the basic principles of this world, why, as though you still belonged to it, do you submit to its rules:
- Εἰ ἀπεθάνετε σὺν Χριστῷ ἀπὸ τῶν στοιχείων τοῦ κόσμου, τί ὡς ζῶντες ἐν κόσμῳ δογματίζεσθε

📖 (골 2:21)
- 곧 붙잡지도 말고 맛보지도 말고 만지지도 말라 하는 것이니
- "Do not handle! Do not taste! Do not touch!"
- Μὴ ἅψῃ μηδὲ γεύσῃ μηδὲ θίγῃς,

📖 (골 2:22)
- (이 모든 것은 쓰는 대로 부패에 돌아가리라) **사람의 명과 가르침**을 좇느냐
- These are all destined to perish with use, because they are based on human commands and teachings.
- ἅ ἐστιν πάντα εἰς φθορὰν τῇ ἀποχρήσει, κατὰ τὰ ἐντάλματα καὶ διδασκαλίας τῶν ἀνθρώπων,

엘렌 화이트는 쓰는 대로 부패에 돌아갈 사탄적 가르침을 안식교 위에 쏟아 부었고, 그 후예들은 충성스럽게 그 일들을 수행하고 있다.

사람(엘렌 화이트)의 명과 가르침을 좇느냐? 이런 것들은 자의적 숭배(인간이 고안하여 만든 그럴듯한 신앙의 형태와 습관, 고행, 금기시하는 음식, 행동 등 외견상 좋아 보일 수 있으나 구원과는 아무 상관이 없는 행위)와 겸손(가식적 겸손. 자의적 숭배의 행동들을 통해 타 종교인과 비교하며 우월감을 표하고 자랑스러워한다. 이것은 겸손을 가장한 교만이다), 육체의 본성(육신의 정욕, 오욕. 곧 식욕, 탐욕, 명예욕, 성욕, 권력욕이다)을 막는 데는 유익(도움이나 능력)이 조금도 없다고 하였다.

그림자는 본체를 설명하고 증명하고 가르치는 보조제의 역할을 할 뿐이다.
본체이신 그리스도께서 오신 후에는 더 이상 그림자를 따르거나 붙들어서는 안 된다(골 2:17-23; 히 10:1).

[골 2:17-23]

 (골 2:17)
· 이것들은 장래 일의 그림자이나 몸은 그리스도의 것이니라
· These are a shadow of the things that were to come; the reality, however, is found in Christ.
· ἅ ἐστιν σκιὰ τῶν μελλόντων, τὸ δὲ σῶμα τοῦ Χριστοῦ.

 (골 2:18)
· 누구든지 일부러 겸손함과 천사 숭배함을 인하여 너희 상을 빼앗지 못하게 하라 저가 그 본 것을 의지하여 그 육체의 마음을 좇아 헛되이 과장하고

· Do not let anyone who delights in false humility and the worship of angels disqualify you for the prize. Such a person goes into great detail about what he has seen, and his unspiritual mind puffs him up with idle notions.

· μηδεὶς ὑμᾶς καταβραβευέτω θέλων ἐν ταπεινοφροσύνῃ καὶ θρησκείᾳ τῶν ἀγγέλων, ἃ ἑόρακεν ἐμβατεύων, εἰκῇ φυσιούμενος ὑπὸ τοῦ νοὸς τῆς σαρκὸς αὐτοῦ,

(골 2:19)

· 머리를 붙들지 아니하는지라 온몸이 머리로 말미암아 마디와 힘줄로 공급함을 얻고 연합하여 하나님이 자라게 하심으로 자라느니라

· He has lost connection with the Head, from whom the whole body, supported and held together by its ligaments and sinews, grows as God causes it to grow.

· καὶ οὐ κρατῶν τὴν κεφαλήν, ἐξ οὗ πᾶν τὸ σῶμα διὰ τῶν ἁφῶν καὶ συνδέσμων ἐπιχορηγούμενον καὶ συμβιβαζόμενον αὔξει τὴν αὔξησιν τοῦ θεοῦ.

(골 2:20)

· 너희가 세상의 초등 학문에서 그리스도와 함께 죽었거든 어찌하여 세상에 사는 것과 같이 의문에 순종하느냐

· Since you died with Christ to the basic principles of this world, why, as though you still belonged to it, do you submit to its rules:

· Εἰ ἀπεθάνετε σὺν Χριστῷ ἀπὸ τῶν στοιχείων τοῦ κόσμου, τί ὡς ζῶντες ἐν κόσμῳ δογματίζεσθε

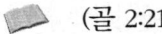 (골 2:21)

- 곧 붙잡지도 말고 맛보지도 말고 만지지도 말라 하는 것이니
- "Do not handle! Do not taste! Do not touch!"
- Μὴ ἅψῃ μηδὲ γεύσῃ μηδὲ θίγῃς,

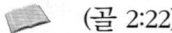 (골 2:22)

- (이 모든 것은 쓰는 대로 부패에 돌아가리라) 사람의 명과 가르침을 좇느냐
- These are all destined to perish with use, because they are based on human commands and teachings.
- ἅ ἐστιν πάντα εἰς φθορὰν τῇ ἀποχρήσει, κατὰ τὰ ἐντάλματα καὶ διδασκαλίας τῶν ἀνθρώπων,

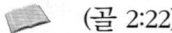 (골 2:23)

- 이런 것들은 자의적 숭배와 겸손과 몸을 괴롭게 하는 데 지혜 있는 모양이나 오직 육체 좇는 것을 금하는 데는 유익이 조금도 없느니라
- Such regulations indeed have an appearance of wisdom, with their self-imposed worship, their false humility and their harsh treatment of the body, but they lack any value in restraining sensual indulgence.
- ἅτινά ἐστιν λόγον μὲν ἔχοντα σοφίας ἐν ἐθελοθρησκίᾳ καὶ ταπεινοφροσύνῃ [καὶ] ἀφειδίᾳ σώματος, οὐκ ἐν τιμῇ τινι πρὸς πλησμονὴν τῆς σαρκός.

[히 10:1]

 (히 10:1)

- 율법은 장차 오는 좋은 일의 그림자요 참 형상이 아니므로 해마

다 늘 드리는 바 같은 제사로는 나아오는 자들을 언제든지 온전케 할 수 없느니라

· The law is only a shadow of the good things that are coming- not the realities themselves. For this reason it can never, by the same sacrifices repeated endlessly year after year, make perfect those who draw near to worship.

· Σκιὰν γὰρ ἔχων ὁ νόμος τῶν μελλόντων ἀγαθῶν, οὐκ αὐτὴν τὴν εἰκόνα τῶν πραγμάτων, κατ' ἐνιαυτὸν ταῖς αὐταῖς θυσίαις ἃς προσφέρουσιν εἰς τὸ διηνεκὲς οὐδέποτε δύναται τοὺς προσερχομένους τελειῶσαι·

그림자를 따르는 것은 약하고 천한 초등 학문을 따르는 것이므로 반드시 사탄의 전략에 빠져 이용당할 수밖에 없다(갈 4:9-11).

[갈 4:9-11]

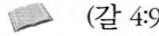 (갈 4:9)

· 이제는 너희가 하나님을 알 뿐더러 하나님의 아신 바 되었거늘 어찌하여 다시 약하고 천한 초등 학문으로 돌아가서 다시 저희에게 종노릇 하려 하느냐

· But now that you know God-or rather are known by God-how is it that you are turning back to those weak and miserable principles? Do you wish to be enslaved by them all over again?

· νῦν δὲ γνόντες θεόν, μᾶλλον δὲ γνωσθέντες ὑπὸ θεοῦ, πῶς ἐπιστρέφετε πάλιν ἐπὶ τὰ ἀσθενῆ καὶ πτωχὰ στοιχεῖα οἷς πάλιν ἄνωθεν δουλεύειν θέλετε

📖 (갈 4:10)
- 너희가 **날**과 달과 절기와 해를 삼가 지키니
- You are observing special days and months and seasons and years!
- ἡμέρας παρατηρεῖσθε καὶ μῆνας καὶ καιροὺς καὶ ἐνιαυτούς,

📖 (갈 4:11)
- 내가 너희를 위하여 수고한 것이 헛될까 두려워하노라
- I fear for you, that somehow I have wasted my efforts on you.
- φοβοῦμαι ὑμᾶς μή πως εἰκῇ κεκοπίακα εἰς ὑμᾶς.

왜 그림자에 불과한 율법과 형식 날, 달, 절기 등에 집착할까?

사탄은 본질을 가리기 위하여 여러가지로 예수 그리스도를 따르지 못하게 한다.

사탄의 노림수에 속지 말라. 그림자의 본체이신 예수(머리)를 붙들라.

9. 옛 계명을 행함으로 새 계명을 거절하게 한다

새 계명은 완성된 법이다.

예수 그리스도의 사람들은 사랑의 새 계명을 지킴으로 **온 율법을** 이루며 산다(갈 5:14; 롬 13:8-10).

[갈 5:14]

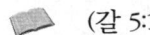 (갈 5:14)

· 온 율법은 네 이웃 사랑하기를 네 몸같이 하라 하신 한 말씀에 이루었나니

· The entire law is summed up in a single command: "Love your neighbor as yourself."

· ὁ γὰρ πᾶς νόμος ἐν ἑνὶ λόγῳ πεπλήρωται, ἐν τῷ Ἀγαπήσεις τὸν πλησίον σου ὡς σεαυτόν.

[롬 13:8-10]

 (롬 13:8)

· 피차 사랑의 빚 외에는 아무에게든지 아무 빚도 지지 말라 **남을 사랑하는 자는 율법을 다 이루었느니라**

· Let no debt remain outstanding, except the continuing debt to love one another, for he who loves his fellowman has fulfilled the law.

· Μηδενὶ μηδὲν ὀφείλετε εἰ μὴ τὸ ἀλλήλους ἀγαπᾶν· ὁ γὰρ ἀγαπῶν τὸν ἕτερον νόμον πεπλήρωκεν.

📖 (롬 13:9)

· 간음하지 말라, 살인하지 말라, 도적질하지 말라, 탐내지 말라 한 것과 그 외에 다른 계명이 있을지라도 네 이웃을 네 자신과 같이 사랑하라 하신 그 말씀 가운데 다 들었느니라

· The commandments "Do not commit adultery", "Do not murder, ", "Do not steal", "Do not covet", and whatever other commandment there may be are summed up in this one rule: "Love your neighbor as yourself."

· τὸ γὰρ Οὐ μοιχεύσεις, Οὐ φονεύσεις, Οὐ κλέψεις, Οὐκ ἐπιθυμήσεις, καὶ εἴ τις ἑτέρα ἐντολή, ἐν τῷ λόγῳ τούτῳ ἀνακεφαλαιοῦται [ἐν τῷ] Ἀ-γαπήσεις τὸν πλησίον σου ὡς σεαυτόν.

📖 (롬 13:10)

· 사랑은 이웃에게 악을 행치 아니하나니 그러므로 사랑은 율법의 완성이니라

· Love does no harm to its neighbor. Therefore love is the fulfillment of the law.

· ἡ ἀγάπη τῷ πλησίον κακὸν οὐκ ἐργάζεται· πλήρωμα οὖν νόμου ἡ ἀγάπη.

이 계명은 예수께서 완성하셔서 우리에게 주신 새롭고 쉽고 가벼운 것이다. 즉 멍에가 쉽고 짐이 가벼워진, 개량되고 완전해진 법이다(마 11:28-30).

[마 11:28-30]

 (마 11:28)
- 수고하고 무거운 짐 진 자들아 다 내게로 오라 내가 너희를 쉬게 하리라
- "Come to me, all you who are weary and burdened, and I will give you rest."
- Δεῦτε πρός με πάντες οἱ κοπιῶντες καὶ πεφορτισμένοι, κἀγὼ ἀναπαύσω ὑμᾶς.

 (마 11:29)
- 나는 마음이 온유하고 겸손하니 나의 멍에를 메고 내게 배우라 그러면 너희 마음이 쉼을 얻으리니
- Take my yoke upon you and learn from me, for I am gentle and humble in heart, and you will find rest for your souls.
- ἄρατε τὸν ζυγόν μου ἐφ᾽ ὑμᾶς καὶ μάθετε ἀπ᾽ ἐμοῦ, ὅτι πραΰς εἰμι καὶ ταπεινὸς τῇ καρδίᾳ, καὶ εὑρήσετε ἀνάπαυσιν ταῖς ψυχαῖς ὑμῶν·

 (마 11:30)
- 이는 내 멍에는 쉽고 내 짐은 가벼움이라 하시니라
- For my yoke is easy and my burden is light."
- ὁ γὰρ ζυγός μου χρηστὸς καὶ τὸ φορτίον μου ἐλαφρόν ἐστιν.

또한 예수 그리스도의 피로 완성된 법이다(롬 10:4).

[롬 10:4]

 (롬 10:4)

· 그리스도는 모든 믿는 자에게 의를 이루기 위하여 율법의 마침이 되시니라

· Christ is the end of the law so that there may be righteousness for everyone who believes.

· τέλος γὰρ νόμου Χριστὸς εἰς δικαιοσύνην παντὶ τῷ πιστεύοντι.

율법과 계명을 힘들어하는 사람들을 긍휼과 사랑으로 온순히 인도하시는 은혜로운 초청이시다(마 11:28-30). "수고하고 무거운 짐 진 자들아, 다 내게로 오라!"

[마 11:28-30]

 (마 11:28)

· 수고하고 무거운 짐 진 자들아 다 내게로 오라 내가 너희를 쉬게 하리라

· "Come to me, all you who are weary and burdened, and I will give you rest.

· Δεῦτε πρός με πάντες οἱ κοπιῶντες καὶ πεφορτισμένοι, κἀγὼ ἀναπαύσω ὑμᾶς.

 (마 11:29)

· 나는 마음이 온유하고 겸손하니 나의 멍에를 메고 내게 배우라

그러면 너희 마음이 쉼을 얻으리니
- Take my yoke upon you and learn from me, for I am gentle and humble in heart, and you will find rest for your souls.
- ἄρατε τὸν ζυγόν μου ἐφ' ὑμᾶς καὶ μάθετε ἀπ' ἐμοῦ, ὅτι πραΰς εἰμι καὶ ταπεινὸς τῇ καρδίᾳ, καὶ εὑρήσετε ἀνάπαυσιν ταῖς ψυχαῖς ὑμῶν·

 (마 11:30)
- 이는 내 멍에는 쉽고 내 짐은 가벼움이라 하시니라
- For my yoke is easy and my burden is light."
- ὁ γὰρ ζυγός μου χρηστὸς καὶ τὸ φορτίον μου ἐλαφρόν ἐστιν.

비행기를 타고 미국을 오가는 시대에 걸어서 오고 가라 한다면 시대착오적 명령이 될 것이다.
이는 하나님의 사랑과 희생을 통하여 제정된 새 계명이다(요 3:16).

[요 3:16]
 (요 3:16)
- 하나님이 세상을 이처럼 사랑하사 **독생자를 주셨으니** 이는 저를 믿는 자마다 멸망치 않고 영생을 얻게 하려 하심이니라
- "For God so loved the world that he gave his one and only Son, that whoever believes in him shall not perish but have eternal life.
- Οὕτως γὰρ ἠγάπησεν ὁ θεὸς τὸν κόσμον, ὥστε τὸν υἱὸν τὸν μονογενῆ ἔδωκεν, ἵνα πᾶς ὁ πιστεύων εἰς αὐτὸν μὴ ἀπόληται ἀλλ' ἔχῃ ζωὴν αἰώνιον.

그럼에도 이 사랑의 초청을 거절하고 율법을 고집한다면, 이는 왕의 혼인잔치를 통해 베풀 왕의 호의와 사랑을 거절한 어떤 이들이 진멸당한 것과 같게 될 것이다(마 22:1-8).

[마 22:1-8]

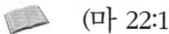 (마 22:1)
- 예수께서 다시 비유로 대답하여 가라사대
- Jesus spoke to them again in parables, saying:
- Καὶ ἀποκριθεὶς ὁ Ἰησοῦς πάλιν εἶπεν ἐν παραβολαῖς αὐτοῖς λέγων,

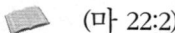 (마 22:2)
- 천국은 마치 자기 아들을 위하여 혼인잔치를 베푼 어떤 임금과 같으니
- "The kingdom of heaven is like a king who prepared a wedding banquet for his son.
- Ὡμοιώθη ἡ βασιλεία τῶν οὐρανῶν ἀνθρώπῳ βασιλεῖ, ὅστις ἐποίησεν γάμους τῷ υἱῷ αὐτοῦ.

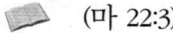 (마 22:3)
- 그 종들을 보내어 그 청한 사람들을 혼인잔치에 오라 하였더니 오기를 싫어하거늘
- He sent his servants to those who had been invited to the banquet to tell them to come, but they refused to come.
- καὶ ἀπέστειλεν τοὺς δούλους αὐτοῦ καλέσαι τοὺς κεκλημένους εἰς τοὺς γάμους, καὶ οὐκ ἤθελον ἐλθεῖν.

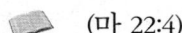 (마 22:4)

· 다시 다른 종들을 보내며 가로되 청한 사람들에게 이르기를 내가 오찬을 준비하되 나의 소와 살진 짐승을 잡고 모든 것을 갖추었으니 혼인잔치에 오소서 하라 하였더니

· "Then he sent some more servants and said, 'Tell those who have been invited that I have prepared my dinner: My oxen and fattened cattle have been butchered, and everything is ready. Come to the wedding banquet.'

· πάλιν ἀπέστειλεν ἄλλους δούλους λέγων, Εἴπατε τοῖς κεκλημένοις, Ἰδοὺ τὸ ἄριστόν μου ἡτοίμακα, οἱ ταῦροί μου καὶ τὰ σιτιστὰ τεθυμένα καὶ πάντα ἕτοιμα· δεῦτε εἰς τοὺς γάμους.

📖 (마 22:5)

· 저희가 돌아보지도 않고 하나는 자기 밭으로, 하나는 자기 상업차로 가고

· "But they paid no attention and went off-one to his field, another to his business.

· οἱ δὲ ἀμελήσαντες ἀπῆλθον, ὃς μὲν εἰς τὸν ἴδιον ἀγρόν, ὃς δὲ ἐπὶ τὴν ἐμπορίαν αὐτοῦ·

📖 (마 22:6)

· 그 남은 자들은 종들을 잡아 능욕하고 죽이니

· The rest seized his servants, mistreated them and killed them.

· οἱ δὲ λοιποὶ κρατήσαντες τοὺς δούλους αὐτοῦ ὕβρισαν καὶ ἀπέκτειναν.

📖 (마 22:7)

· 임금이 노하여 군대를 보내어 그 살인한 자들을 진멸하고 그 동

네를 불사르고

- The king was enraged. He sent his army and destroyed those murderers and burned their city.
- ὁ δὲ βασιλεὺς ὠργίσθη καὶ πέμψας τὰ στρατεύματα αὐτοῦ ἀπώλεσεν τοὺς φονεῖς ἐκείνους καὶ τὴν πόλιν αὐτῶν ἐνέπρησεν.

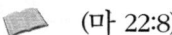 (마 22:8)

- 이에 종들에게 이르되 혼인잔치는 예비되었으나 청한 사람들은 합당치 아니하니
- "Then he said to his servants, 'The wedding banquet is ready, but those I invited did not deserve to come.
- τότε λέγει τοῖς δούλοις αὐτοῦ, Ὁ μὲν γάμος ἕτοιμός ἐστιν, οἱ δὲ κεκλημένοι οὐκ ἦσαν ἄξιοι·

또한 예수 그리스도로 옷 입지 않고 예복을 거절한 채 잔치에 참석하였다가 쫓겨난 어리석은 손님과 같아질 것이다(마 22:11-13).

[마 22:11-13]

 (마 22:11)

- 임금이 손을 보러 들어올새 거기서 예복을 입지 않은 한 사람을 보고
- "But when the king came in to see the guests, he noticed a man there who was not wearing wedding clothes.
- εἰσελθὼν δὲ ὁ βασιλεὺς θεάσασθαι τοὺς ἀνακειμένους εἶδεν ἐκεῖ ἄνθρωπον οὐκ ἐνδεδυμένον ἔνδυμα γάμου,

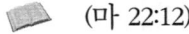 (마 22:12)
· 가로되 친구여 어찌하여 예복을 입지 않고 여기 들어왔느냐 하니 저가 유구무언이어늘
· 'Friend', he asked, 'how did you get in here without wedding clothes?' The man was speechless.
· καὶ λέγει αὐτῷ, Ἑταῖρε, πῶς εἰσῆλθες ὧδε μὴ ἔχων ἔνδυμα γάμου ὁ δὲ ἐφιμώθη.

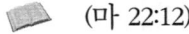 (마 22:13)
· 임금이 사환들에게 말하되 그 수족을 결박하여 바깥 어두움에 내어던지라 거기서 슬피 울며 이를 갊이 있으리라 하니라
· "Then the king told the attendants, 'Tie him hand and foot, and throw him outside, into the darkness, where there will be weeping and gnashing of teeth'.
· τότε ὁ βασιλεὺς εἶπεν τοῖς διακόνοις, Δήσαντες αὐτοῦ πόδας καὶ χεῖρας ἐκβάλετε αὐτὸν εἰς τὸ σκότος τὸ ἐξώτερον· ἐκεῖ ἔσται ὁ κλαυθμὸς καὶ ὁ βρυγμὸς τῶν ὀδόντων.

이 옷은 신분과 계급과 선하고 악함의 모든 상태를 유보하고 덮어 주는 것으로 믿기만 하면 누구든지 용서받는 예수 그리스도의 구원의 옷이며 칭의의 옷이다(요 3:16; 갈 3:27).

[요 3:16]

 (요 3:16)
· 하나님이 세상을 이처럼 사랑하사 **독생자를 주셨으니** 이는 저를

믿는 자마다 멸망치 않고 **영생을 얻게 하려** 하심이니라

· "For God so loved the world that he gave his one and only Son, that whoever believes in him shall not perish but have eternal life.

· Οὕτως γὰρ ἠγάπησεν ὁ θεὸς τὸν κόσμον, ὥστε τὸν υἱὸν τὸν μονογενῆ ἔδωκεν, ἵνα πᾶς ὁ πιστεύων εἰς αὐτὸν μὴ ἀπόληται ἀλλ' ἔχῃ ζωὴν αἰώνιον.

[갈 3:27]

 (갈 3:27)

· 누구든지 그리스도와 합하여 침례를 받은 자는 **그리스도로 옷입었느니라**

· for all of you who were baptized into Christ have clothed yourselves with Christ.

· ὅσοι γὰρ εἰς Χριστὸν ἐβαπτίσθητε, Χριστὸν ἐνεδύσασθε.

왜 예복을 입지 않았을까? 자신의 옷이 더 좋아보였거나, 예복이 마음에 들지 않았거나, 경홀히 여겨 귀찮고 거추장스럽게 여겼거나, 그 옷의 중요한 의미를 알지 못했을 수 있다.

자신의 옷은 자기 행위(아담과 하와가 나뭇잎으로 만든 옷과 같음), 즉 율법의 옷이다.

이것이 바로 "예수 그리스도를 밟고(왕이 제공한, 곧 예수 그리스도의 칭의의 예복을 거절함),

자기를 거룩하게 한 언약의 피(보혈의 공로)를 부정한 것(완전치 않은 것)으로 여기고,

은혜(값없이 주시는 구원, 예수 십자가의 구속의 선물)의 성령을 욕되게 하는 자"가 당연히 받을 형벌이다(히 10:29).

[히 10:29]

 (히 10:29)

· 하물며 하나님 아들을 밟고 자기를 거룩하게 한 언약의 피를 부정한 것으로 여기고 은혜의 성령을 욕되게 하는 자의 당연히 받을 형벌이 얼마나 더 중하겠느냐 너희는 생각하라

· How much more severely do you think a man deserves to be punished who has trampled the Son of God under foot, who has treated as an unholy thing the blood of the covenant that sanctified him, and who has insulted the Spirit of grace?

· πόσῳ δοκεῖτε χείρονος ἀξιωθήσεται τιμωρίας ὁ τὸν υἱὸν τοῦ θεοῦ καταπατήσας καὶ τὸ αἷμα τῆς διαθήκης κοινὸν ἡγησάμενος, ἐν ᾧ ἡγιάσθη, καὶ τὸ πνεῦμα τῆς χάριτος ἐνυβρίσας

예수 그리스도로 옷을 입은(구원받은) 성도에게 다시 **율법을 행함으로 구원을 이루라**는 교훈은 '구원의 옷을 벗고 자기 행위의 옷을 입으라'는 사탄적 교훈이다.

주의 잔치에 초청받은 성도를 구원의 잔치에서 쫓겨나게 하려는, 사탄의 사악하기 그지없는 거짓말이다.

10. 그릇된 사람의 교훈과 비뚤어진 신앙

[사 29:13-15]

 (사 29:13)
· 주께서 가라사대 이 백성이 입으로는 나를 가까이하며 입술로는 나를 존경하나 **그 마음은 내게서 멀리 떠났나니** 그들이 나를 경외함은 **사람의 계명으로 가르침을 받았을 뿐이라**
· The Lord says: "These people come near to me with their mouth and honor me with their lips, but their hearts are far from me. Their worship of me is made up only of rules taught by men.
· και ειπεν κυριος εγγιζει μοι ο λαος ουτος τοις χειλεσιν αυτων τιμωσιν με η δε καρδια αυτων πορρω απεχει απ εμου ματην δε σεβονται με διδασκοντες ενταλματα ανθρωπων και διδασκαλιας

 (사 29:14)
· 그러므로 내가 이 백성 중에 기이한 일 곧 기이하고 가장 기이한 일을 다시 행하리니 그들 중의 지혜자의 지혜가 없어지고 명철자의 총명이 가리워지리라
· Therefore once more I will astound these people with wonder upon wonder; the wisdom of the wise will perish, the intelligence of the intelligent will vanish."
· δια τουτο ιδου εγω προσθησω του μεταθειναι τον λαον τουτον κ-

150 안식일 논쟁을 끝내라

αι μεταθησω αυτους και απολω την σοφιαν των σοφων και την συ- νεσιν των συνετων κρυψω

 (사 29:15)

· 화 있을진저 자기의 도모를 여호와께 깊이 숨기려 하는 자여 그 일을 어두운 데서 행하며 이르기를 누가 우리를 보랴 누가 우리를 알랴 하니

· Woe to those who go to great depths to hide their plans from the LORD, who do their work in darkness and think, "Who sees us? Who will know?"

· ουαι οι βαθεως βουλην ποιουντες και ου δια κυριου ουαι οι εν κ- ρυφη βουλην ποιουντες και εσται εν σκοτει τα εργα αυτων και ερο- υσιν τις ημας εωρακεν και τις ημας γνωσεται η α ημεις ποιουμεν

[마 15:8-9]

 (마 15:8)

· 이 백성이 입술로는 나를 존경하되 마음은 내게서 멀도다

· "'These people honor me with their lips, but their hearts are far from me.

· Ὁ λαὸς οὗτος τοῖς χείλεσίν με τιμᾷ, ἡ δὲ καρδία αὐτῶν πόρρω ἀπέχει ἀπ' ἐμοῦ·

 (마 15:9)

· 사람의 계명으로 교훈을 삼아 가르치니 나를 헛되이 경배하는도 다 하였느니라 하시고

· They worship me in vain; their teachings are but rules taught by men.'"

· μάτην δὲ σέβονταί με διδάσκοντες διδασκαλίας ἐντάλματα ἀνθρώπων.

[행 28:25-27]

 (행 28:25)

· 서로 맞지 아니하여 흩어질 때에 바울이 한 말로 일러 가로되 성령이 선지자 이사야로 너희 조상들에게 말씀하신 것이 옳도다

· They disagreed among themselves and began to leave after Paul had made this final statement: "The Holy Spirit spoke the truth to your forefathers when he said through Isaiah the prophet:

· ἀσύμφωνοι δὲ ὄντες πρὸς ἀλλήλους ἀπελύοντο εἰπόντος τοῦ Παύλου ῥῆμα ἕν, ὅτι Καλῶς τὸ πνεῦμα τὸ ἅγιον ἐλάλησεν διὰ Ἠσαΐου τοῦ προφήτου πρὸς τοὺς πατέρας ὑμῶν

 (행 28:26)

· 일렀으되 이 백성에게 가서 말하기를 너희가 듣기는 들어도 도무지 깨닫지 못하며 보기는 보아도 도무지 알지 못하는도다

· "'Go to this people and say, "You will be ever hearing but never understanding; you will be ever seeing but never perceiving."

· λέγων, Πορεύθητι πρὸς τὸν λαὸν τοῦτον καὶ εἰπόν, Ἀκοῇ ἀκούσετε καὶ οὐ μὴ συνῆτε καὶ βλέποντες βλέψετε καὶ οὐ μὴ ἴδητε·

 (행 28:27)

· 이 백성들의 마음이 완악하여져서 그 귀로는 둔하게 듣고 그 눈을 감았으니 이는 눈으로 보고 귀로 듣고 마음으로 깨달아 돌아와

나의 고침을 받을까 함이라 하였으니

· For this people's heart has become calloused; they hardly hear with their ears, and they have closed their eyes. Otherwise they might see with their eyes, hear with their ears, understand with their hearts and turn and I would heal them'.

· ἐπαχύνθη γὰρ ἡ καρδία τοῦ λαοῦ τούτου καὶ τοῖς ὠσὶν βαρέως ἤκουσαν καὶ τοὺς ὀφθαλμοὺς αὐτῶν ἐκάμμυσαν· μήποτε ἴδωσιν τοῖς ὀφθαλμοῖς καὶ τοῖς ὠσὶν ἀκούσωσιν καὶ τῇ καρδίᾳ συνῶσιν καὶ ἐπιστρέψωσιν, καὶ ἰάσομαι αὐτούς.

예수께서 바리새인, 사두개인, 율법사, 제사장을 질타하며 책망하신 것은 그들의 교훈과 신앙이 가식과 외식과 어리석은 열심으로 하나님을 오해하게 하고 왜곡된 분으로 만들었기 때문이다(사 29:13-15).

예수께서 서기관과 바리새인들을 책망하신 것은 그들이 **율법에 첨부하여** 가르친 유전(사람의 교훈)을 따름으로 하나님의 말씀을 폐하였기 때문이었다(마 15:1-20).

[마 15:1-20]

 (마 15:1)

· 그때에 바리새인과 서기관들이 예루살렘으로부터 예수께 나아와 가로되

· Then some Pharisees and teachers of the law came to Jesus from Jerusalem and asked,

· Τότε προσέρχονται τῷ Ἰησοῦ ἀπὸ Ἱεροσολύμων Φαρισαῖοι καὶ γραμματεῖς λέγοντες,

📖 (마 15:2)

· 당신의 제자들이 어찌하여 장로들의 유전을 범하나이까 떡 먹을 때에 손을 씻지 아니하나이다

· "Why do your disciples break the tradition of the elders? They don't wash their hands before they eat!"

· Διὰ τί οἱ μαθηταί σου παραβαίνουσιν τὴν παράδοσιν τῶν πρεσβυτέρων οὐ γὰρ νίπτονται τὰς χεῖρας [αὐτῶν] ὅταν ἄρτον ἐσθίωσιν.

📖 (마 15:3)

· 대답하여 가라사대 너희는 어찌하여 너희 유전으로 하나님의 계명을 범하느뇨

· Jesus replied, "And why do you break the command of God for the sake of your tradition?

· ὁ δὲ ἀποκριθεὶς εἶπεν αὐτοῖς, Διὰ τί καὶ ὑμεῖς παραβαίνετε τὴν ἐντολὴν τοῦ θεοῦ διὰ τὴν παράδοσιν ὑμῶν

📖 (마 15:4)

· 하나님이 이르셨으되 네 부모를 공경하라 하시고 또 아비나 어미를 훼방하는 자는 반드시 죽으리라 하셨거늘

· For God said, 'Honor your father and mother' and, 'Anyone who curses his father or mother must be put to death'.

· ὁ γὰρ θεὸς εἶπεν, Τίμα τὸν πατέρα καὶ τὴν μητέρα, καί, Ὁ κακολογῶν πατέρα ἢ μητέρα θανάτῳ τελευτάτω.

📖 (마 15:5)

- 너희는 가로되 누구든지 아비에게나 어미에게 말하기를 내가 드려 유익하게 할 것이 하나님께 드림이 되었다고 하기만 하면
- But you say that if a man says to his father or mother 'Whatever help you might otherwise have received from me is a gift devoted to God',
- ὑμεῖς δὲ λέγετε, Ὃς ἂν εἴπῃ τῷ πατρὶ ἢ τῇ μητρί, Δῶρον ὃ ἐὰν ἐξ ἐμοῦ ὠφεληθῇς,

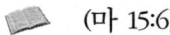 (마 15:6)
- 그 부모를 공경할 것이 없다 하여 너희 유전으로 하나님의 말씀을 폐하는도다
- he is not to 'honor his father' with it. Thus you nullify the word of God for the sake of your tradition.
- οὐ μὴ τιμήσει τὸν πατέρα αὐτοῦ· καὶ ἠκυρώσατε τὸν λόγον τοῦ θεοῦ διὰ τὴν παράδοσιν ὑμῶν.

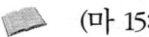 (마 15:7)
- 외식하는 자들아 이사야가 너희에게 대하여 잘 예언하였도다 일렀으되
- You hypocrites! Isaiah was right when he prophesied about you:
- ὑποκριταί, καλῶς ἐπροφήτευσεν περὶ ὑμῶν Ἡσαΐας λέγων,

(마 15:8)
- 이 백성이 입술로는 나를 존경하되 마음은 내게서 멀도다
- "'These people honor me with their lips, but their hearts are far from me.
- Ὁ λαὸς οὗτος τοῖς χείλεσίν με τιμᾷ, ἡ δὲ καρδία αὐτῶν πόρρω

ἀπέχει ἀπ' ἐμοῦ·

 (마 15:9)

- 사람의 계명으로 교훈을 삼아 가르치니 나를 헛되이 경배하는도다 하였느니라 하시고
- They worship me in vain; their teachings are but rules taught by men.'"
- μάτην δὲ σέβονταί με διδάσκοντες διδασκαλίας ἐντάλματα ἀνθρώπων.

 (마 15:10)

- 무리를 불러 이르시되 듣고 깨달으라
- Jesus called the crowd to him and said, "Listen and understand.
- Καὶ προσκαλεσάμενος τὸν ὄχλον εἶπεν αὐτοῖς, Ἀκούετε καὶ συνίετε·

 (마 15:11)

- 입에 들어가는 것이 사람을 더럽게 하는 것이 아니라 입에서 나오는 그것이 사람을 더럽게 하는 것이니라
- What goes into a man's mouth does not make him 'unclean,' but what comes out of his mouth, that is what makes him 'unclean.'"
- οὐ τὸ εἰσερχόμενον εἰς τὸ στόμα κοινοῖ τὸν ἄνθρωπον, ἀλλὰ τὸ ἐκπορευόμενον ἐκ τοῦ στόματος τοῦτο κοινοῖ τὸν ἄνθρωπον.

 (마 15:12)

- 이에 제자들이 나아와 가로되 바리새인들이 이 말씀을 듣고 걸림이 된 줄 아시나이까
- Then the disciples came to him and asked, "Do you know that

the Pharisees were offended when they heard this?"

· Τότε προσελθόντες οἱ μαθηταὶ λέγουσιν αὐτῷ, Οἶδας ὅτι οἱ Φαρισαῖοι ἀκούσαντες τὸν λόγον ἐσκανδαλίσθησαν

📖 (마 15:13)

· 예수께서 대답하여 가라사대 심은 것마다 내 천부께서 심으시지 않은 것은 뽑힐 것이니

· He replied, "Every plant that my heavenly Father has not planted will be pulled up by the roots.

· ὁ δὲ ἀποκριθεὶς εἶπεν, Πᾶσα φυτεία ἣν οὐκ ἐφύτευσεν ὁ πατήρ μου ὁ οὐράνιος ἐκριζωθήσεται.

📖 (마 15:14)

· 그냥 두어라 저희는 소경이 되어 소경을 인도하는 자로다 만일 소경이 소경을 인도하면 둘이 다 구덩이에 빠지리라 하신대

· Leave them; they are blind guides. If a blind man leads a blind man, both will fall into a pit."

· ἄφετε αὐτούς· τυφλοί εἰσιν ὁδηγοί [τυφλῶν]· τυφλὸς δὲ τυφλὸν ἐὰν ὁδηγῇ, ἀμφότεροι εἰς βόθυνον πεσοῦνται.

📖 (마 15:15)

· 베드로가 대답하여 가로되 이 비유를 우리에게 설명하여 주옵소서

· Peter said, "Explain the parable to us."

· Ἀποκριθεὶς δὲ ὁ Πέτρος εἶπεν αὐτῷ, Φράσον ἡμῖν τὴν παραβολὴν [ταύτην]

📖 (마 15:16)

· 예수께서 가라사대 너희도 아직까지 깨달음이 없느냐

· "Are you still so dull?" Jesus asked them.

· ὁ δὲ εἶπεν, Ἀκμὴν καὶ ὑμεῖς ἀσύνετοί ἐστε

 (마 15:17)

· 입으로 들어가는 모든 것은 배로 들어가서 뒤로 내어 버려지는 줄을 알지 못하느냐

· "Don't you see that whatever enters the mouth goes into the stomach and then out of the body?

· οὐ νοεῖτε ὅτι πᾶν τὸ εἰσπορευόμενον εἰς τὸ στόμα εἰς τὴν κοιλίαν χωρεῖ καὶ εἰς ἀφεδρῶνα ἐκβάλλεται

 (마 15:18)

· 입에서 나오는 것들은 마음에서 나오나니 이것이야말로 사람을 더럽게 하느니라

· But the things that come out of the mouth come from the heart, and these make a man 'unclean.'

· τὰ δὲ ἐκπορευόμενα ἐκ τοῦ στόματος ἐκ τῆς καρδίας ἐξέρχεται, κἀκεῖνα κοινοῖ τὸν ἄνθρωπον.

 (마 15:19)

· 마음에서 나오는 것은 악한 생각과 살인과 간음과 음란과 도적질과 거짓 증거와 훼방이니

· For out of the heart come evil thoughts, murder, adultery, sexual immorality, theft, false testimony, slander.

· ἐκ γὰρ τῆς καρδίας ἐξέρχονται διαλογισμοὶ πονηροί, φόνοι, μοιχεῖαι, πορνεῖαι, κλοπαί, ψευδομαρτυρίαι, βλασφημίαι.

 (마 15:20)

- 이런 것들이 사람을 더럽게 하는 것이요 씻지 않은 손으로 먹는 것은 사람을 더럽게 하지 못하느니라
- These are what make a man 'unclean'; but eating with unwashed hands does not make him 'unclean.'"
- ταῦτά ἐστιν τὰ κοινοῦντα τὸν ἄνθρωπον, τὸ δὲ ἀνίπτοις χερσὶν φαγεῖν οὐ κοινοῖ τὸν ἄνθρωπον.

예수께서 이사야의 예언을 인용하며 "이 백성이 입술로는 나를 존경하되 마음은 내게서 멀도다 사람의 계명으로 교훈을 삼아 가르치니 나를 헛되이 경배하는도다" 하심은 무슨 까닭일까? 사람의 계명을 따르느라 하나님의 말씀을 거역하면서 자신들이 가장 하나님을 잘 믿고 사는 자들이라고 착각하였기 때문이다(사 29:13; 마 15:20).

이들의 대표적 어리석음은 첫째로 "성전으로 맹세함은 아무 일 없거니와 성전의 금으로 맹세하면 지켜야 한다"고 한 것이었으며, 둘째로 "제단으로 맹세하면 아무 일 없거니와 그 위의 예물로 하면 지킬지라"고 한 것이었다.

또한 셋째는 십일조의 덜 중요한 부분과 대접의 겉만 닦는 행위였다.

이로 인해 주께서는 그들을 회칠한 무덤, 곧 선지자의 피 흘린 자손임을 부정하는 것 등을 '사람의 교훈' 때문에 비뚤어진 신앙의 결과라 책망하셨다(마 23:1-39).

[마 23:1-39]

 (마 23:1)
- 이에 예수께서 무리와 제자들에게 말씀하여 가라사대

- Then Jesus said to the crowds and to his disciples:
- Τότε ὁ Ἰησοῦς ἐλάλησεν τοῖς ὄχλοις καὶ τοῖς μαθηταῖς αὐτοῦ

📖 (마 23:2)
- 서기관들과 바리새인들이 모세의 자리에 앉았으니
- "The teachers of the law and the Pharisees sit in Moses' seat.
- λέγων, Ἐπὶ τῆς Μωϋσέως καθέδρας ἐκάθισαν οἱ γραμματεῖς καὶ οἱ Φαρισαῖοι.

📖 (마 23:3)
- 그러므로 무엇이든지 저희의 말하는 바는 행하고 지키되 저희의 하는 행위는 본받지 말라 저희는 말만 하고 행치 아니하며
- So you must obey them and do everything they tell you. But do not do what they do, for they do not practice what they preach.
- πάντα οὖν ὅσα ἐὰν εἴπωσιν ὑμῖν ποιήσατε καὶ τηρεῖτε, κατὰ δὲ τὰ ἔργα αὐτῶν μὴ ποιεῖτε· λέγουσιν γὰρ καὶ οὐ ποιοῦσιν.

📖 (마 23:4)
- 또 무거운 짐을 묶어 사람의 어깨에 지우되 자기는 이것을 한 손가락으로도 움직이려 하지 아니하며
- They tie up heavy loads and put them on men's shoulders, but they themselves are not willing to lift a finger to move them.
- δεσμεύουσιν δὲ φορτία βαρέα [καὶ δυσβάστακτα] καὶ ἐπιτιθέασιν ἐπὶ τοὺς ὤμους τῶν ἀνθρώπων, αὐτοὶ δὲ τῷ δακτύλῳ αὐτῶν οὐ θέλουσιν κινῆσαι αὐτά.

📖 (마 23:5)
- 저희 모든 행위를 사람에게 보이고자 하여 하나니 곧 그 차는 경

문을 넓게 하며 옷술을 크게 하고

· "Everything they do is done for men to see: They make their phylacteries wide and the tassels on their garments long;

· πάντα δὲ τὰ ἔργα αὐτῶν ποιοῦσιν πρὸς τὸ θεαθῆναι τοῖς ἀνθρώποις· πλατύνουσιν γὰρ τὰ φυλακτήρια αὐτῶν καὶ μεγαλύνουσιν τὰ κράσπεδα,

📖 (마 23:6)

· 잔치의 상석과 회당의 상좌와

· they love the place of honor at banquets and the most important seats in the synagogues;

· φιλοῦσιν δὲ τὴν πρωτοκλισίαν ἐν τοῖς δείπνοις καὶ τὰς πρωτοκαθεδρίας ἐν ταῖς συναγωγαῖς

📖 (마 23:7)

· 시장에서 문안 받는 것과 사람에게 랍비라 칭함을 받는 것을 좋아하느니라

· they love to be greeted in the marketplaces and to have men call them 'Rabbi.'

· καὶ τοὺς ἀσπασμοὺς ἐν ταῖς ἀγοραῖς καὶ καλεῖσθαι ὑπὸ τῶν ἀνθρώπων, Ῥαββί.

📖 (마 23:8)

· 그러나 너희는 랍비라 칭함을 받지 말라 너희 선생은 하나이요 너희는 다 형제니라

· "But you are not to be called 'Rabbi', for you have only one Master and you are all brothers.

· ὑμεῖς δὲ μὴ κληθῆτε, Ῥαββί· εἷς γάρ ἐστιν ὑμῶν ὁ διδάσκαλος, πάντες δὲ ὑμεῖς ἀδελφοί ἐστε.

📖 (마 23:9)

· 땅에 있는 자를 아비라 하지 말라 너희 아버지는 하나이시니 곧 하늘에 계신 자시니라

· And do not call anyone on earth 'father', for you have one Father, and he is in heaven.

· καὶ πατέρα μὴ καλέσητε ὑμῶν ἐπὶ τῆς γῆς, εἷς γάρ ἐστιν ὑμῶν ὁ πατὴρ ὁ οὐράνιος.

📖 (마 23:10)

· 또한 지도자라 칭함을 받지 말라 너희 지도자는 하나이니 곧 그리스도니라

· Nor are you to be called 'teacher', for you have one Teacher, the Christ.

· μηδὲ κληθῆτε καθηγηταί, ὅτι καθηγητὴς ὑμῶν ἐστιν εἷς ὁ Χριστός.

📖 (마 23:11)

· 너희 중에 큰 자는 너희를 섬기는 자가 되어야 하리라

· The greatest among you will be your servant.

· ὁ δὲ μείζων ὑμῶν ἔσται ὑμῶν διάκονος.

📖 (마 23:12)

· 누구든지 자기를 높이는 자는 낮아지고 누구든지 자기를 낮추는 자는 높아지리라

· For whoever exalts himself will be humbled, and whoever

humbles himself will be exalted.

· ὅστις δὲ ὑψώσει ἑαυτὸν ταπεινωθήσεται καὶ ὅστις ταπεινώσει ἑαυτὸν ὑψωθήσεται.

 (마 23:13)

· 화 있을진저 외식하는 서기관들과 바리새인들이여 너희는 천국 문을 사람들 앞에서 닫고 너희도 들어가지 않고 들어가려 하는 자도 들어가지 못하게 하는도다

· "Woe to you, teachers of the law and Pharisees, you hypocrites! You shut the kingdom of heaven in men's faces. You yourselves do not enter, nor will you let those enter who are trying to.

· Οὐαὶ δὲ ὑμῖν, γραμματεῖς καὶ Φαρισαῖοι ὑποκριταί, ὅτι κλείετε τὴν βασιλείαν τῶν οὐρανῶν ἔμπροσθεν τῶν ἀνθρώπων· ὑμεῖς γὰρ οὐκ εἰσέρχεσθε οὐδὲ τοὺς εἰσερχομένους ἀφίετε εἰσελθεῖν.

 (마 23:14)

· (없음)

 (마 23:15)

· 화 있을진저 외식하는 서기관들과 바리새인들이여 너희는 교인 하나를 얻기 위하여 바다와 육지를 두루 다니다가 생기면 너희보다 **배나 더 지옥 자식이 되게 하는도다**

· "Woe to you, teachers of the law and Pharisees, you hypocrites! You travel over land and sea to win a single convert, and when he becomes one, you make him twice as much a son of hell as you are.

· Οὐαὶ ὑμῖν, γραμματεῖς καὶ Φαρισαῖοι ὑποκριταί, ὅτι περιάγετε τὴ-

ν θάλασσαν καὶ τὴν ξηρὰν ποιῆσαι ἕνα προσήλυτον, καὶ ὅταν γένητ-
αι ποιεῖτε αὐτὸν υἱὸν γεέννης διπλότερον ὑμῶν.

 (마 23:16)

· 화 있을진저 소경 된 인도자여 너희가 말하되 누구든지 성전으로 맹세하면 아무 일 없거니와 성전의 금으로 맹세하면 지킬지라 하는도다

· "Woe to you, blind guides! You say, 'If anyone swears by the temple, it means nothing; but if anyone swears by the gold of the temple, he is bound by his oath'.

· Οὐαὶ ὑμῖν, ὁδηγοὶ τυφλοὶ οἱ λέγοντες, Ὃς ἂν ὀμόσῃ ἐν τῷ ναῷ, οὐδέν ἐστιν· ὃς δ' ἂν ὀμόσῃ ἐν τῷ χρυσῷ τοῦ ναοῦ, ὀφείλει.

 (마 23:17)

· 우맹이요 소경들이여 어느 것이 크뇨 그 금이냐 금을 거룩하게 하는 성전이냐

· You blind fools! Which is greater: the gold, or the temple that makes the gold sacred?

· μωροὶ καὶ τυφλοί, τίς γὰρ μείζων ἐστίν, ὁ χρυσὸς ἢ ὁ ναὸς ὁ ἁγιάσας τὸν χρυσόν.

 (마 23:18)

· 너희가 또 이르되 누구든지 제단으로 맹세하면 아무 일 없거니와 그 위에 있는 예물로 맹세하면 지킬지라 하는도다

· You also say, 'If anyone swears by the altar, it means nothing; but if anyone swears by the gift on it, he is bound by his oath.'

· καί, Ὃς ἂν ὀμόσῃ ἐν τῷ θυσιαστηρίῳ, οὐδέν ἐστιν· ὃς δ' ἂν ὀμὅση ἐν τῷ δώρῳ τῷ ἐπάνω αὐτοῦ, ὀφείλει.

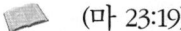 (마 23:19)

· 소경들이여 어느 것이 크뇨 그 예물이냐 예물을 거룩하게 하는 제단이냐

· You blind men! Which is greater: the gift, or the altar that makes the gift sacred?

· τυφλοί, τί γὰρ μεῖζον, τὸ δῶρον ἢ τὸ θυσιαστήριον τὸ ἁγιάζον τὸ δῶρον

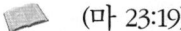 (마 23:20)

· 그러므로 제단으로 맹세하는 자는 제단과 그 위에 있는 모든 것으로 맹세함이요

· Therefore, he who swears by the altar swears by it and by everything on it.

· ὁ οὖν ὀμόσας ἐν τῷ θυσιαστηρίῳ ὀμνύει ἐν αὐτῷ καὶ ἐν πᾶσι τοῖς ἐπάνω αὐτοῦ·

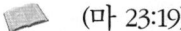 (마 23:21)

· 또 성전으로 맹세하는 자는 성전과 그 안에 계신 이로 맹세함이요

· And he who swears by the temple swears by it and by the one who dwells in it.

· καὶ ὁ ὀμόσας ἐν τῷ ναῷ ὀμνύει ἐν αὐτῷ καὶ ἐν τῷ κατοικοῦντι αὐτόν,

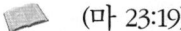 (마 23:22)

· 또 하늘로 맹세하는 자는 하나님의 보좌와 그 위에 앉으신 이로 맹세함이니라

· And he who swears by heaven swears by God's throne and by the one who sits on it.

· καὶ ὁ ὀμόσας ἐν τῷ οὐρανῷ ὀμνύει ἐν τῷ θρόνῳ τοῦ θεοῦ καὶ ἐν τῷ καθημένῳ ἐπάνω αὐτοῦ.

 (마 23:23)

· 화 있을진저 외식하는 서기관들과 바리새인들이여 너희가 박하와 회향과 근채의 십일조를 드리되 율법의 더 중한 바 의와 인과 신은 버렸도다 그러나 이것도 행하고 저것도 버리지 말아야 할지니라

· "Woe to you, teachers of the law and Pharisees, you hypocrites! You give a tenth of your spices-mint, dill and cummin. But you have neglected the more important matters of the law-justice, mercy and faithfulness. You should have practiced the latter, without neglecting the former.

· Οὐαὶ ὑμῖν, γραμματεῖς καὶ Φαρισαῖοι ὑποκριταί, ὅτι ἀποδεκατοῦτε τὸ ἡδύοσμον καὶ τὸ ἄνηθον καὶ τὸ κύμινον καὶ ἀφήκατε τὰ βαρύτερα τοῦ νόμου, τὴν κρίσιν καὶ τὸ ἔλεος καὶ τὴν πίστιν· ταῦτα [δὲ] ἔδει ποιῆσαι κἀκεῖνα μὴ ἀφιέναι.

 (마 23:24)

· 소경 된 인도자여 하루살이는 걸러내고 약대는 삼키는도다

· You blind guides! You strain out a gnat but swallow a camel.

· ὁδηγοὶ τυφλοί, οἱ διϋλίζοντες τὸν κώνωπα, τὴν δὲ κάμηλον καταπίνοντες.

 (마 23:25)

· 화 있을진저 외식하는 서기관들과 바리새인들이여 잔과 대접의

겉은 깨끗이 하되 그 안에는 탐욕과 방탕으로 가득하게 하는도다

· "Woe to you, teachers of the law and Pharisees, you hypocrites! You clean the outside of the cup and dish, but inside they are full of greed and self-indulgence.

· Οὐαὶ ὑμῖν, γραμματεῖς καὶ Φαρισαῖοι ὑποκριταί, ὅτι καθαρίζετε τὸ ἔξωθεν τοῦ ποτηρίου καὶ τῆς παροψίδος, ἔσωθεν δὲ γέμουσιν ἐξ ἁρπαγῆς καὶ ἀκρασίας.

📖 (마 23:26)

· 소경 된 바리새인아 너는 먼저 안을 깨끗이 하라 그리하면 겉도 깨끗하리라

· Blind Pharisee! First clean the inside of the cup and dish, and then the outside also will be clean.

· Φαρισαῖε τυφλέ, καθάρισον πρῶτον τὸ ἐντὸς τοῦ ποτηρίου, ἵνα γένηται καὶ τὸ ἐκτὸς αὐτοῦ καθαρόν.

📖 (마 23:27)

· 화 있을진저 외식하는 서기관들과 바리새인들이여 회칠한 무덤 같으니 겉으로는 아름답게 보이나 그 안에는 죽은 사람의 뼈와 모든 더러운 것이 가득하도다

· "Woe to you, teachers of the law and Pharisees, you hypocrites! You are like whitewashed tombs, which look beautiful on the outside but on the inside are full of dead men's bones and everything unclean.

· Οὐαὶ ὑμῖν, γραμματεῖς καὶ Φαρισαῖοι ὑποκριταί, ὅτι παρομοιάζετε τάφοις κεκονιαμένοις, οἵτινες ἔξωθεν μὲν φαίνονται ὡραῖοι, ἔσωθεν δὲ γέμουσιν ὀστέων νεκρῶν καὶ πάσης ἀκαθαρσίας.

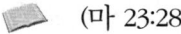 (마 23:28)

· 이와 같이 너희도 겉으로는 사람에게 옳게 보이되 안으로는 외식과 불법이 가득하도다

· In the same way, on the outside you appear to people as righteous but on the inside you are full of hypocrisy and wickedness.

· οὕτως καὶ ὑμεῖς ἔξωθεν μὲν φαίνεσθε τοῖς ἀνθρώποις δίκαιοι, ἔσωθεν δέ ἐστε μεστοὶ ὑποκρίσεως καὶ ἀνομίας.

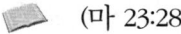 (마 23:29)

· 화 있을진저 외식하는 서기관들과 바리새인들이여 너희는 선지자들의 무덤을 쌓고 의인들의 비석을 꾸미며 가로되

· "Woe to you, teachers of the law and Pharisees, you hypocrites! You build tombs for the prophets and decorate the graves of the righteous.

· Οὐαὶ ὑμῖν, γραμματεῖς καὶ Φαρισαῖοι ὑποκριταί, ὅτι οἰκοδομεῖτε τοὺς τάφους τῶν προφητῶν καὶ κοσμεῖτε τὰ μνημεῖα τῶν δικαίων,

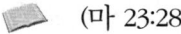 (마 23:30)

· 만일 우리가 조상 때에 있었더면 우리는 저희가 선지자의 피를 흘리는 데 참예하지 아니하였으리라 하니

· And you say, 'If we had lived in the days of our forefathers, we would not have taken part with them in shedding the blood of the prophets'.

· καὶ λέγετε, Εἰ ἤμεθα ἐν ταῖς ἡμέραις τῶν πατέρων ἡμῶν, οὐκ ἂν ἤμεθα αὐτῶν κοινωνοὶ ἐν τῷ αἵματι τῶν προφητῶν.

📖 (마 23:31)
· 그러면 너희가 선지자를 죽인 자의 자손 됨을 스스로 증거함이로다
· So you testify against yourselves that you are the descendants of those who murdered the prophets.
· ὥστε μαρτυρεῖτε ἑαυτοῖς ὅτι υἱοί ἐστε τῶν φονευσάντων τοὺς προφήτας.

📖 (마 23:32)
· 너희가 너희 조상의 양을 채우라
· Fill up, then, the measure of the sin of your forefathers!
· καὶ ὑμεῖς πληρώσατε τὸ μέτρον τῶν πατέρων ὑμῶν.

📖 (마 23:33)
· 뱀들아 독사의 새끼들아 너희가 어떻게 지옥의 판결을 피하겠느냐
· "You snakes! You brood of vipers! How will you escape being condemned to hell?
· ὄφεις, γεννήματα ἐχιδνῶν, πῶς φύγητε ἀπὸ τῆς κρίσεως τῆς γεέννης

📖 (마 23:34)
· 그러므로 내가 너희에게 선지자들과 지혜 있는 자들과 서기관들을 보내매 너희가 그중에서 더러는 죽이고 십자가에 못 박고 그중에 더러는 너희 회당에서 채찍질하고 이 동네에서 저 동네로 구박하리라
· Therefore I am sending you prophets and wise men and teachers. Some of them you will kill and crucify; others you will flog in your synagogues and pursue from town to town.
· διὰ τοῦτο ἰδοὺ ἐγὼ ἀποστέλλω πρὸς ὑμᾶς προφήτας καὶ σοφο-

υς καὶ γραμματεῖς· ἐξ αὐτῶν ἀποκτενεῖτε καὶ σταυρώσετε καὶ ἐξ αὐτῶν μαστιγώσετε ἐν ταῖς συναγωγαῖς ὑμῶν καὶ διώξετε ἀπὸ πόλεως εἰς πόλιν·

📖 (마 23:35)

· 그러므로 의인 아벨의 피로부터 성전과 제단 사이에서 너희가 죽인 바라갸의 아들 사가랴의 피까지 땅 위에서 흘린 의로운 피가 다 너희에게 돌아가리라

· And so upon you will come all the righteous blood that has been shed on earth, from the blood of righteous Abel to the blood of Zechariah son of Berekiah, whom you murdered between the temple and the altar.

· ὅπως ἔλθῃ ἐφ' ὑμᾶς πᾶν αἷμα δίκαιον ἐκχυννόμενον ἐπὶ τῆς γῆς ἀπὸ τοῦ αἵματος Ἅβελ τοῦ δικαίου ἕως τοῦ αἵματος Ζαχαρίου υἱοῦ Βαραχίου, ὃν ἐφονεύσατε μεταξὺ τοῦ ναοῦ καὶ τοῦ θυσιαστηρίου.

📖 (마 23:36)

· 내가 진실로 너희에게 이르노니 이것이 다 이 세대에게 돌아가리라

· I tell you the truth, all this will come upon this generation.

· ἀμὴν λέγω ὑμῖν, ἥξει ταῦτα πάντα ἐπὶ τὴν γενεὰν ταύτην.

📖 (마 23:37)

· 예루살렘아 예루살렘아 선지자들을 죽이고 네게 파송된 자들을 돌로 치는 자여 암탉이 그 새끼를 날개 아래 모음같이 내가 네 자녀를 모으려 한 일이 몇 번이냐 그러나 너희가 원치 아니하였도다

· "O Jerusalem, Jerusalem, you who kill the prophets and stone those sent to you, how often I have longed to gather your children together, as a hen gathers her chicks under her wings, but you were not willing.

- Ἰερουσαλὴμ Ἰερουσαλήμ, ἡ ἀποκτείνουσα τοὺς προφήτας καὶ λιθοβολοῦσα τοὺς ἀπεσταλμένους πρὸς αὐτήν, ποσάκις ἠθέλησα ἐπισυναγαγεῖν τὰ τέκνα σου, ὃν τρόπον ὄρνις ἐπισυνάγει τὰ νοσσία αὐτῆς ὑπὸ τὰς πτέρυγας, καὶ οὐκ ἠθελήσατε.

 (마 23:38)
- 보라 너희 집이 황폐하여 버린 바 되리라
- Look, your house is left to you desolate.
- ἰδοὺ ἀφίεται ὑμῖν ὁ οἶκος ὑμῶν ἔρημος.

 (마 23:39)
- 내가 너희에게 이르노니 이제부터 너희는 찬송하리로다 주의 이름으로 오시는 이여 할 때까지 나를 보지 못하리라 하시니라
- For I tell you, you will not see me again until you say, 'Blessed is he who comes in the name of the Lord.'"
- λέγω γὰρ ὑμῖν, οὐ μή με ἴδητε ἀπ' ἄρτι ἕως ἂν εἴπητε, Εὐλογημένος ὁ ἐρχόμενος ἐν ὀνόματι κυρίου.

예수께서는 그 같은 사람의 교훈을 따르는 신앙의 결과를 충실히 본받는 자들을 "뱀들아, 독사의 새끼들아"라고 질타하시고 "너희가 어떻게 지옥의 판결을 피하겠느냐"라고 판결하셨다(마 23:33).

[마 23:33]

　(마 23:33)

· 뱀들아 독사의 새끼들아 너희가 어떻게 지옥의 판결을 피하겠느냐

· "You snakes! You brood of vipers! How will you escape being condemned to hell?

· ὄφεις, γεννήματα ἐχιδνῶν, πῶς φύγητε ἀπὸ τῆς κρίσεως τῆς γεέννης

크게 분류하면, 작은 것으로 큰 것을 회피함이며 하나님의 교훈이 크고 막중함에도 사람의 작은 교훈으로 회피하려는 약삭빠름을 지적하셨다.

그러면서 '고르반'의 예를 드셨다(막 7:1-23).

[막 7:1-23]

　(막 7:1)

· 바리새인들과 또 서기관 중 몇이 예루살렘에서 와서 예수께 모였다가

· The Pharisees and some of the teachers of the law who had come from Jerusalem gathered around Jesus and

· Καὶ συνάγονται πρὸς αὐτὸν οἱ Φαρισαῖοι καί τινες τῶν γραμματέων ἐλθόντες ἀπὸ Ἱεροσολύμων.

　(막 7:2)

· 그의 제자 중 몇 사람의 부정한 손 곧 씻지 아니한 손으로 떡 먹는 것을 보았더라

• saw some of his disciples eating food with hands that were "unclean", that is unwashed.

• καὶ ἰδόντες τινὰς τῶν μαθητῶν αὐτοῦ ὅτι κοιναῖς χερσίν, τοῦτ' ἔστιν ἀνίπτοις, ἐσθίουσιν τοὺς ἄρτους

📖 (막 7:3)

• (바리새인들과 모든 유대인들이 장로들의 유전을 지키어 손을 부지런히 씻지 않으면 먹지 아니하며

• (The Pharisees and all the Jews do not eat unless they give their hands a ceremonial washing, holding to the tradition of the elders.

• -οἱ γὰρ Φαρισαῖοι καὶ πάντες οἱ Ἰουδαῖοι ἐὰν μὴ πυγμῇ νίψωνται τὰς χεῖρας οὐκ ἐσθίουσιν, κρατοῦντες τὴν παράδοσιν τῶν πρεσβυτέρων,

📖 (막 7:4)

• 또 시장에서 돌아와서는 물을 뿌리지 않으면 먹지 아니하며 그 외에도 여러 가지를 지키어 오는 것이 있으니 잔과 주발과 놋그릇을 씻음이러라)

• When they come from the marketplace they do not eat unless they wash. And they observe many other traditions, such as the washing of cups, pitchers and kettles.)

• καὶ ἀπ' ἀγορᾶς ἐὰν μὴ βαπτίσωνται οὐκ ἐσθίουσιν, καὶ ἄλλα πολλά ἐστιν ἃ παρέλαβον κρατεῖν, βαπτισμοὺς ποτηρίων καὶ ξεστῶν καὶ χαλκίων [καὶ κλινῶν]-

📖 (막 7:5)

• 이에 바리새인들과 서기관들이 예수께 묻되 어찌하여 당신의 제

자들은 장로들의 유전을 준행치 아니하고 부정한 손으로 떡을 먹나이까

· So the Pharisees and teachers of the law asked Jesus, "Why don't your disciples live according to the tradition of the elders instead of eating their food with 'unclean' hands?"

· καὶ ἐπερωτῶσιν αὐτὸν οἱ Φαρισαῖοι καὶ οἱ γραμματεῖς, Διὰ τί οὐ περιπατοῦσιν οἱ μαθηταί σου κατὰ τὴν παράδοσιν τῶν πρεσβυτέρων, ἀλλὰ κοιναῖς χερσὶν ἐσθίουσιν τὸν ἄρτον

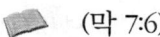 (막 7:6)

· 가라사대 이사야가 너희 외식하는 자에 대하여 잘 예언하였도다 기록하였으되 이 백성이 **입술로는 나를 존경하되 마음은 내게서 멀도다**

· He replied, "Isaiah was right when he prophesied about you hypocrites: as it is written: "'These people honor me with their lips, but their hearts are far from me.

· ὁ δὲ εἶπεν αὐτοῖς, Καλῶς ἐπροφήτευσεν Ἠσαΐας περὶ ὑμῶν τῶν ὑποκριτῶν, ὡς γέγραπται [ὅτι] Οὗτος ὁ λαὸς τοῖς χείλεσίν με τιμᾷ, ἡ δὲ καρδία αὐτῶν πόρρω ἀπέχει ἀπ' ἐμοῦ·

(막 7:7)

· 사람의 계명으로 교훈을 삼아 가르치니 나를 헛되이 경배하는도다 하였느니라

· They worship me in vain; their teachings are but rules taught by men'.

· μάτην δὲ σέβονταί με διδάσκοντες διδασκαλίας ἐντάλματα ἀνθρώπων.

 (막 7:8)
- **너희가 하나님의 계명은 버리고 사람의 유전을 지키느니라**
- You have let go of the commands of God and are holding on to the traditions of men".
- ἀφέντες τὴν ἐντολὴν τοῦ θεοῦ κρατεῖτε τὴν παράδοσιν τῶν ἀνθρώπων.

 (막 7:9)
- 또 가라사대 너희가 **너희 유전을 지키려고 하나님의 계명을 잘 저버리는도다**
- And he said to them: "You have a fine way of setting aside the commands of God in order to observe your own traditions!
- Καὶ ἔλεγεν αὐτοῖς, Καλῶς ἀθετεῖτε τὴν ἐντολὴν τοῦ θεοῦ, ἵνα τὴν παράδοσιν ὑμῶν στήσητε.

 (막 7:10)
- 모세는 네 부모를 공경하라 하고 또 아비나 어미를 훼방하는 자는 반드시 죽으리라 하였거늘
- For Moses said, 'Honor your father and your mother', and, 'Anyone who curses his father or mother must be put to death.'
- Μωϋσῆς γὰρ εἶπεν, Τίμα τὸν πατέρα σου καὶ τὴν μητέρα σου, καί, Ὁ κακολογῶν πατέρα ἢ μητέρα θανάτῳ τελευτάτω.

 (막 7:11)
- 너희는 가로되 사람이 아비에게나 어미에게나 말하기를 내가 드려 유익하게 할 것이 고르반 곧 하나님께 드림이 되었다고 하기만 하

면 그만이라 하고

· But you say that if a man says to his father or mother: 'Whatever help you might otherwise have received from me is Corban' (that is, a gift devoted to God),

· ὑμεῖς δὲ λέγετε, Ἐὰν εἴπῃ ἄνθρωπος τῷ πατρὶ ἢ τῇ μητρί, Κορβᾶν, ὅ ἐστιν, Δῶρον, ὃ ἐὰν ἐξ ἐμοῦ ὠφεληθῇς,

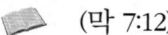 (막 7:12)

· 제 아비나 어미에게 다시 아무것이라도 하여 드리기를 허하지 아니하여

· then you no longer let him do anything for his father or mother.

· οὐκέτι ἀφίετε αὐτὸν οὐδὲν ποιῆσαι τῷ πατρὶ ἢ τῇ μητρί,

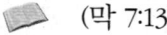 (막 7:13)

· 너희의 전한 유전으로 하나님의 말씀을 폐하며 또 이 같은 일을 많이 행하느니라 하시고

· Thus you nullify the word of God by your tradition that you have handed down. And you do many things like that."

· ἀκυροῦντες τὸν λόγον τοῦ θεοῦ τῇ παραδόσει ὑμῶν ᾗ παρεδώκατε· καὶ παρόμοια τοιαῦτα πολλὰ ποιεῖτε.

(막 7:14)

· 무리를 다시 불러 이르시되 너희는 다 내 말을 듣고 깨달으라

· Again Jesus called the crowd to him and said, "Listen to me, everyone, and understand this.

· Καὶ προσκαλεσάμενος πάλιν τὸν ὄχλον ἔλεγεν αὐτοῖς, Ἀκούσατέ μου πάντες καὶ σύνετε.

📄 (막 7:15)

· 무엇이든지 밖에서 사람에게로 들어가는 것은 능히 사람을 더럽게 하지 못하되

· Nothing outside a man can make him 'unclean' by going into him. Rather, it is what comes out of a man that makes him 'unclean.'"

· οὐδέν ἐστιν ἔξωθεν τοῦ ἀνθρώπου εἰσπορευόμενον εἰς αὐτὸν ὃ δύναται κοινῶσαι αὐτόν, ἀλλὰ τὰ ἐκ τοῦ ἀνθρώπου ἐκπορευόμενά ἐστιν τὰ κοινοῦντα τὸν ἄνθρωπον.

📄 (막 7:16)

· 사람 안에서 나오는 것이 사람을 더럽게 하는 것이니라 하시고

· If anyone has ears to hear, let him hear.

· εἴ τις ἔχει ὦτα ἀκούειν ἀκουέτω.

📄 (막 7:17)

· 무리를 떠나 집으로 들어가시니 제자들이 그 비유를 묻자온대

· After he had left the crowd and entered the house, his disciples asked him about this parable.

· Καὶ ὅτε εἰσῆλθεν εἰς οἶκον ἀπὸ τοῦ ὄχλου, ἐπηρώτων αὐτὸν οἱ μαθηταὶ αὐτοῦ τὴν παραβολήν.

📄 (막 7:18)

· 예수께서 이르시되 너희도 이렇게 깨달음이 없느냐 무엇이든지 밖에서 들어가는 것이 능히 사람을 더럽게 하지 못함을 알지 못하느냐

· "Are you so dull?" he asked. "Don't you see that nothing that enters a man from the outside can make him 'unclean'?

· καὶ λέγει αὐτοῖς, Οὕτως καὶ ὑμεῖς ἀσύνετοί ἐστε οὐ νοεῖτε ὅτι πᾶν τὸ ἔξωθεν εἰσπορευόμενον εἰς τὸν ἄνθρωπον οὐ δύναται αὐτὸν κοινῶσαι

 (막 7:19)

· 이는 마음에 들어가지 아니하고 배에 들어가 뒤로 나감이니라 하심으로 모든 식물을 깨끗하다 하셨느니라

· For it doesn't go into his heart but into his stomach, and then out of his body." (In saying this, Jesus declared all foods "clean.")

· ὅτι οὐκ εἰσπορεύεται αὐτοῦ εἰς τὴν καρδίαν ἀλλ' εἰς τὴν κοιλίαν, καὶ εἰς τὸν ἀφεδρῶνα ἐκπορεύεται, καθαρίζων πάντα τὰ βρώματα

 (막 7:20)

· 또 가라사대 사람에게서 나오는 그것이 사람을 더럽게 하느니라

· He went on: "What comes out of a man is what makes him 'unclean.'

· ἔλεγεν δὲ ὅτι Τὸ ἐκ τοῦ ἀνθρώπου ἐκπορευόμενον, ἐκεῖνο κοινοῖ τὸν ἄνθρωπον.

 (막 7:21)

· 속에서 곧 사람의 마음에서 나오는 것은 악한 생각 곧 음란과 도적질과 살인과

· For from within, out of men's hearts, come evil thoughts, sexual immorality, theft, murder, adultery,

· ἔσωθεν γὰρ ἐκ τῆς καρδίας τῶν ἀνθρώπων οἱ διαλογισμοὶ οἱ κακοὶ ἐκπορεύονται, πορνεῖαι, κλοπαί, φόνοι,

📖 (막 7:22)
· 간음과 탐욕과 악독과 속임과 음탕과 흘기는 눈과 훼방과 교만과 광패니
· greed, malice, deceit, lewdness, envy, slander, arrogance and folly.
· μοιχεῖαι, πλεονεξίαι, πονηρίαι, δόλος, ἀσέλγεια, ὀφθαλμὸς πονηρός, βλασφημία, ὑπερηφανία, ἀφροσύνη·

📖 (막 7:23)
· 이 모든 악한 것이 다 속에서 나와서 사람을 더럽게 하느니라
· All these evils come from inside and make a man 'unclean.'"
· πάντα ταῦτα τὰ πονηρὰ ἔσωθεν ἐκπορεύεται καὶ κοινοῖ τὸν ἄνθρωπον.

이혼증서를 주어 아내를 내어버릴 수 있다던 당시 바리새인들의 가르침(막 10:1-11)도 사람의 교훈으로 예수께 질타를 받았다.

[막 10:1-11]

 (막 10:1)
· 예수께서 거기서 떠나 유대 지경과 요단 강 건너편으로 가시니 무리가 다시 모여들거늘 예수께서 다시 전례대로 가르치시더니
· Jesus then left that place and went into the region of Judea and across the Jordan. Again crowds of people came to him, and as was his custom, he taught them.
· Καὶ ἐκεῖθεν ἀναστὰς ἔρχεται εἰς τὰ ὅρια τῆς Ἰουδαίας [καὶ] πέρα-

ν τοῦ Ἰορδάνου, καὶ συμπορεύονται πάλιν ὄχλοι πρὸς αὐτόν, καὶ ὡς εἰώθει πάλιν ἐδίδασκεν αὐτούς.

 (막 10:2)

· 바리새인들이 예수께 나아와 그를 시험하여 묻되 사람이 아내를 내어버리는 것이 옳으니이까

· Some Pharisees came and tested him by asking, "Is it lawful for a man to divorce his wife?"

· καὶ προσελθόντες Φαρισαῖοι ἐπηρώτων αὐτὸν εἰ ἔξεστιν ἀνδρὶ γυναῖκα ἀπολῦσαι, πειράζοντες αὐτόν.

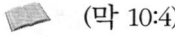 (막 10:3)

· 대답하여 가라사대 모세가 어떻게 너희에게 명하였느냐

· "What did Moses command you?" he replied.

· ὁ δὲ ἀποκριθεὶς εἶπεν αὐτοῖς, Τί ὑμῖν ἐνετείλατο Μωϋσῆς

 (막 10:4)

· 가로되 모세는 이혼증서를 써주어 내어버리기를 허락하였나이다

· They said, "Moses permitted a man to write a certificate of divorce and send her away."

· οἱ δὲ εἶπαν, Ἐπέτρεψεν Μωϋσῆς βιβλίον ἀποστασίου γράψαι καὶ ἀπολῦσαι.

 (막 10:5)

· 예수께서 저희에게 이르시되 너희 마음의 완악함을 인하여 이 명령을 기록하였거니와

· "It was because your hearts were hard that Moses wrote you this law," Jesus replied.

• ὁ δὲ Ἰησοῦς εἶπεν αὐτοῖς, Πρὸς τὴν σκληροκαρδίαν ὑμῶν ἔγραψεν ὑμῖν τὴν ἐντολὴν ταύτην.

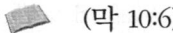 (막 10:6)

• 창조 시로부터 저희를 남자와 여자로 만드셨으니

• "But at the beginning of creation God 'made them male and female.'

• ἀπὸ δὲ ἀρχῆς κτίσεως ἄρσεν καὶ θῆλυ ἐποίησεν αὐτούς·

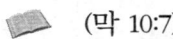 (막 10:7)

• 이러므로 사람이 그 부모를 떠나서

• 'For this reason a man will leave his father and mother and be united to his wife,

• ἕνεκεν τούτου καταλείψει ἄνθρωπος τὸν πατέρα αὐτοῦ καὶ τὴν μητέρα [καὶ προσκολληθήσεται πρὸς τὴν γυναῖκα αὐτοῦ],

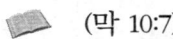 (막 10:8)

• 그 둘이 한 몸이 될지니라 이러한즉 이제 둘이 아니요 한 몸이니

• and the two will become one flesh.' So they are no longer two, but one.

• καὶ ἔσονται οἱ δύο εἰς σάρκα μίαν· ὥστε οὐκέτι εἰσὶν δύο ἀλλὰ μία σάρξ.

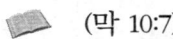 (막 10:9)

• 그러므로 하나님이 짝지어 주신 것을 사람이 나누지 못할지니라 하시더라

• Therefore what God has joined together, let man not separate."

• ὃ οὖν ὁ θεὸς συνέζευξεν ἄνθρωπος μὴ χωριζέτω.

📖 (막 10:10)
· 집에서 제자들이 다시 이 일을 묻자온대
· When they were in the house again, the disciples asked Jesus about this.
· Καὶ εἰς τὴν οἰκίαν πάλιν οἱ μαθηταὶ περὶ τούτου ἐπηρώτων αὐτόν.

📖 (막 10:11)
· 이르시되 누구든지 그 아내를 내어버리고 다른 데 장가드는 자는 본처에게 간음을 행함이요
· He answered, "Anyone who divorces his wife and marries another woman commits adultery against her.
· καὶ λέγει αὐτοῖς, Ὃς ἂν ἀπολύσῃ τὴν γυναῖκα αὐτοῦ καὶ γαμήσῃ ἄλλην μοιχᾶται ἐπ' αὐτήν·

그들은 잘못된 열심이 있어서 "두루 다니며 교인을 삼아 자기보다 배나 더 지옥 자식이 되게 하고 천국 문 앞에서 자기도 들어가지 않고 들어가려 하는 자도 못 들어가게 한다"고 책망하셨다(마 23:13-15).

[마 23:13-15]

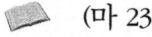 (마 23:13)
· 화 있을진저 외식하는 서기관들과 바리새인들이여 너희는 천국 문을 사람들 앞에서 닫고 너희도 들어가지 않고 들어가려 하는 자도 들어가지 못하게 하는도다
· "Woe to you, teachers of the law and Pharisees, you hypocrites! You shut the kingdom of heaven in men's faces. You yourselves do

not enter, nor will you let those enter who are trying to.

· Οὐαὶ δὲ ὑμῖν, γραμματεῖς καὶ Φαρισαῖοι ὑποκριταί, ὅτι κλείετε τὴν βασιλείαν τῶν οὐρανῶν ἔμπροσθεν τῶν ἀνθρώπων· ὑμεῖς γὰρ οὐκ εἰσέρχεσθε οὐδὲ τοὺς εἰσερχομένους ἀφίετε εἰσελθεῖν.

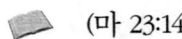 (마 23:14)

· (없음)

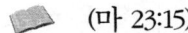 (마 23:15)

· 화 있을진저 외식하는 서기관들과 바리새인들이여 너희는 교인 하나를 얻기 위하여 바다와 육지를 두루 다니다가 생기면 너희보다 배나 더 지옥 자식이 되게 하는도다

· "Woe to you, teachers of the law and Pharisees, you hypocrites! You travel over land and sea to win a single convert, and when he becomes one, you make him twice as much a son of hell as you are.

· Οὐαὶ ὑμῖν, γραμματεῖς καὶ Φαρισαῖοι ὑποκριταί, ὅτι περιάγετε τὴν θάλασσαν καὶ τὴν ξηρὰν ποιῆσαι ἕνα προσήλυτον, καὶ ὅταν γένηται ποιεῖτε αὐτὸν υἱὸν γεέννης διπλότερον ὑμῶν.

복음의 광채를 가리는 수건과 사탄의 책략은 다음과 같다(고후 3:6-17).

[고후 3:6-17]

 (고후 3:6)

· 저가 또 우리로 새 언약의 일꾼되기에 만족케 하셨으니 의문으로 하지 아니하고 오직 영으로 함이니 의문은 죽이는 것이요 영은 살리

는 것임이니라

- He has made us competent as ministers of a new covenant-not of the letter but of the Spirit; for the letter kills, but the Spirit gives life.
- ὃς καὶ ἱκάνωσεν ἡμᾶς διακόνους καινῆς διαθήκης, οὐ γράμματος ἀλλὰ πνεύματος· τὸ γὰρ γράμμα ἀποκτέννει, τὸ δὲ πνεῦμα ζῳοποιεῖ.

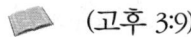 (고후 3:7)

- 돌에 써서 새긴 죽게 하는 의문의 직분도 영광이 있어 이스라엘 자손들이 모세의 얼굴의 없어질 영광을 인하여 그 얼굴을 주목하지 못하였거든
- Now if the ministry that brought death, which was engraved in letters on stone, came with glory, so that the Israelites could not look steadily at the face of Moses because of its glory, fading though it was,
- Εἰ δὲ ἡ διακονία τοῦ θανάτου ἐν γράμμασιν ἐντετυπωμένη λίθοις ἐγενήθη ἐν δόξῃ, ὥστε μὴ δύνασθαι ἀτενίσαι τοὺς υἱοὺς Ἰσραὴλ εἰς τὸ πρόσωπον Μωϋσέως διὰ τὴν δόξαν τοῦ προσώπου αὐτοῦ τὴν καταργουμένην,

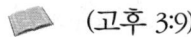 (고후 3:8)

- 하물며 영의 직분이 더욱 영광이 있지 아니하겠느냐
- will not the ministry of the Spirit be even more glorious?
- πῶς οὐχὶ μᾶλλον ἡ διακονία τοῦ πνεύματος ἔσται ἐν δόξῃ

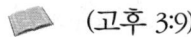 (고후 3:9)

· 정죄의 직분도 영광이 있은즉 의의 직분은 영광이 더욱 넘치리라

· If the ministry that condemns men is glorious, how much more glorious is the ministry that brings righteousness!

· εἰ γὰρ τῇ διακονίᾳ τῆς κατακρίσεως δόξα, πολλῷ μᾶλλον περισσεύει ἡ διακονία τῆς δικαιοσύνης δόξῃ.

📖 (고후 3:10)

· 영광되었던 것이 더 큰 영광을 인하여 이에 영광될 것이 없으나

· For what was glorious has no glory now in comparison with the surpassing glory.

· καὶ γὰρ οὐ δεδόξασται τὸ δεδοξασμένον ἐν τούτῳ τῷ μέρει εἵνεκεν τῆς ὑπερβαλλούσης δόξης.

📖 (고후 3:11)

· 없어질 것도 영광으로 말미암았은즉 길이 있을 것은 더욱 영광 가운데 있느니라

· And if what was fading away came with glory, how much greater is the glory of that which lasts!

· εἰ γὰρ τὸ καταργούμενον διὰ δόξης, πολλῷ μᾶλλον τὸ μένον ἐνδόξῃ.

📖 (고후 3:12)

· 우리가 이 같은 소망이 있으므로 담대히 말하노니

· Therefore, since we have such a hope, we are very bold.

· Ἔχοντες οὖν τοιαύτην ἐλπίδα πολλῇ παρρησίᾳ χρώμεθα

📖 (고후 3:13)

· 우리는 모세가 이스라엘 자손들로 장차 없어질 것의 결국을 주목

치 못하게 하려고 수건을 그 얼굴에 쓴 것같이 아니하노라

· We are not like Moses, who would put a veil over his face to keep the Israelites from gazing at it while the radiance was fading away.

· καὶ οὐ καθάπερ Μωϋσῆς ἐτίθει κάλυμμα ἐπὶ τὸ πρόσωπον αὐτοῦ πρὸς τὸ μὴ ἀτενίσαι τοὺς υἱοὺς Ἰσραὴλ εἰς τὸ τέλος τοῦ καταργουμένου.

📖 (고후 3:14)

· 그러나 저희 마음이 완고하여 오늘까지라도 구약을 읽을 때에 그 수건이 오히려 벗어지지 아니하고 있으니 그 수건은 그리스도 안에서 없어질 것이라

· But their minds were made dull, for to this day the same veil remains when the old covenant is read. It has not been removed, because only in Christ is it taken away.

· ἀλλὰ ἐπωρώθη τὰ νοήματα αὐτῶν. ἄχρι γὰρ τῆς σήμερον ἡμέρας τὸ αὐτὸ κάλυμμα ἐπὶ τῇ ἀναγνώσει τῆς παλαιᾶς διαθήκης μένει, μὴ ἀνακαλυπτόμενον ὅτι ἐν Χριστῷ καταργεῖται·

📖 (고후 3:15)

· **오늘까지 모세의 글을 읽을 때에 수건이 오히려 그 마음을 덮었도다**

· Even to this day when Moses is read, a veil covers their hearts.

· ἀλλ' ἕως σήμερον ἡνίκα ἂν ἀναγινώσκηται Μωϋσῆς, κάλυμμα ἐπὶ τὴν καρδίαν αὐτῶν κεῖται·

📖 (고후 3:16)

· **그러나 언제든지 주께로 돌아가면 그 수건이 벗어지리라**

- But whenever anyone turns to the Lord, the veil is taken away.
- ἡνίκα δὲ ἐὰν ἐπιστρέψῃ πρὸς κύριον, περιαιρεῖται τὸ κάλυμμα.

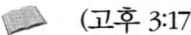 (고후 3:17)
- **주는 영이시니 주의 영이 계신 곳에는 자유함이 있느니라**
- Now the Lord is the Spirit, and where the Spirit of the Lord is, there is freedom.
- ὁ δὲ κύριος τὸ πνεῦμά ἐστιν· οὗ δὲ τὸ πνεῦμα κυρίου, ἐλευθερία.

사도 바울의 율법관을 한마디로 축약한 말은, '의문(율법)'은 죽이는 것이요 영은 살리는 것이라는 것이다. 수건이 벗어지지 아니하니 그 수건은 '그리스도 안에서 없어질 것'이므로 언제든지 주께로 돌아가면 그 수건이 벗겨질 것이며, 주는 영이시니 주의 영이 계신 곳에는 자유함이 있다고 하였다.

사탄은 미혹된 자들의 마음을 완고하고 완악하고 강퍅하게 하여 복음을 거절하고 장차 없어질 구약 율법의 영광에만 집착하게 하고 있다(히 4:7).

[히 4:7]

 (히 4:7)
- 오랜 후에 다윗의 글에 다시 어느 날을 정하여 오늘날이라고 미리 이같이 일렀으되 오늘날 너희가 그의 음성을 듣거든 너희 마음을 강퍅케 말라 하였나니
- Therefore God again set a certain day, calling it Today, when a long time later he spoke through David, as was said before: "Today, if you hear his voice, do not harden your hearts."

· πάλιν τινὰ ὁρίζει ἡμέραν, Σήμερον, ἐν Δαυὶδ λέγων μετὰ τοσοῦτον χρόνον, καθὼς προείρηται, Σήμερον ἐὰν τῆς φωνῆς αὐτοῦ ἀκούσητε, μὴ σκληρύνητε τὰς καρδίας ὑμῶν.

이 세상 신인 마귀와 사탄은 우리로 그들의 책략에 속게 하여 그리스도의 복음의 광채가 비취지 못하게 한다.
이들의 죄는 1) 숨은 부끄러움, 2) 궤휼, 3) 말씀을 혼잡하게 하여 망하는 자들에게 가리우고 있다(고후 4:2-4).

[고후 4:2-4]

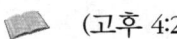 (고후 4:2)

· 이에 숨은 부끄러움의 일을 버리고 궤휼 가운데 행하지 아니하며 하나님의 말씀을 혼잡케 아니하고 오직 진리를 나타냄으로 하나님 앞에서 각 사람의 양심에 대하여 스스로 천거하노라

· Rather, we have renounced secret and shameful ways: we do not use deception, nor do we distort the word of God. On the contrary, by setting forth the truth plainly we commend ourselves to every man's conscience in the sight of God.

· ἀλλὰ ἀπειπάμεθα τὰ κρυπτὰ τῆς αἰσχύνης, μὴ περιπατοῦντες ἐν πανουργίᾳ μηδὲ δολοῦντες τὸν λόγον τοῦ θεοῦ ἀλλὰ τῇ φανερώσει τῆς ἀληθείας συνιστάνοντες ἑαυτοὺς πρὸς πᾶσαν συνείδησιν ἀνθρώπων ἐνώπιον τοῦ θεοῦ.

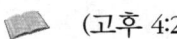 (고후 4:3)

· 만일 우리 복음이 가리웠으면 망하는 자들에게 가리운 것이라

· And even if our gospel is veiled, it is veiled to those who are perishing.

· εἰ δὲ καὶ ἔστιν κεκαλυμμένον τὸ εὐαγγέλιον ἡμῶν, ἐν τοῖς ἀπολλυμένοις ἐστὶν κεκαλυμμένον,

(고후 4:4)

· 그중에 이 세상 신이 믿지 아니하는 자들의 마음을 혼미케 하여 그리스도의 영광의 복음의 광채가 비취지 못하게 함이니 그리스도는 하나님의 형상이니라

· The god of this age has blinded the minds of unbelievers, so that they cannot see the light of the gospel of the glory of Christ, who is the image of God.

· ἐν οἷς ὁ θεὸς τοῦ αἰῶνος τούτου ἐτύφλωσεν τὰ νοήματα τῶν ἀπίστων εἰς τὸ μὴ αὐγάσαι τὸν φωτισμὸν τοῦ εὐαγγελίου τῆς δόξης τοῦ Χριστοῦ, ὅς ἐστιν εἰκὼν τοῦ θεοῦ.

11. 사람의 유전과 가르침들

사람의 가르침을 따르느라 성경본문을 거절하고 외면하는 이들을 보자.

1) 다른 복음

다른 복음은 없나니 우리나 하늘로부터 온 천사라도 우리가 너희에게 전한 복음 외에 다른 복음을 전하면 저주를 받을지라고 했다. 전에 말하였거니와 다시 말하노니 만일 누구든지 너희의 받은 것 외에 다른 복음을 전하면 저주를 받으리라(갈 1:6-9) 하였음에도 그들은 다른 복음을 전하고 있다.

[갈 1:6-9]

 (갈 1:6)
· 그리스도의 은혜로 너희를 부르신 이를 이같이 속히 떠나 다른 복음 좇는 것을 내가 이상히 여기노라
· I am astonished that you are so quickly deserting the one who called you by the grace of Christ and are turning to a different gospel-
· Θαυμάζω ὅτι οὕτως ταχέως μετατίθεσθε ἀπὸ τοῦ καλέσαντος ὑ-

μᾶς ἐν χάριτι [χριστοῦ] εἰς ἕτερον εὐαγγέλιον,

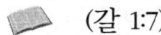 (갈 1:7)

· 다른 복음은 없나니 다만 어떤 사람들이 너희를 요란케 하여 그리스도의 복음을 변하려 함이라

· which is really no gospel at all. Evidently some people are throwing you into confusion and are trying to pervert the gospel of Christ.

· ὃ οὐκ ἔστιν ἄλλο, εἰ μή τινές εἰσιν οἱ ταράσσοντες ὑμᾶς καὶ θέλοντες μεταστρέψαι τὸ εὐαγγέλιον τοῦ Χριστοῦ.

 (갈 1:8)

· 그러나 우리나 혹 하늘로부터 온 천사라도 우리가 너희에게 전한 복음 외에 다른 복음을 전하면 저주를 받을지어다

· But even if we or an angel from heaven should preach a gospel other than the one we preached to you, let him be eternally condemned!

· ἀλλὰ καὶ ἐὰν ἡμεῖς ἢ ἄγγελος ἐξ οὐρανοῦ εὐαγγελίζηται [ὑμῖν] παρ' ὃ εὐηγγελισάμεθα ὑμῖν, ἀνάθεμα ἔστω.

 (갈 1:9)

· 우리가 전에 말하였거니와 내가 지금 다시 말하노니 만일 누구든지 너희의 받은 것 외에 다른 복음을 전하면 저주를 받을지어다

· As we have already said, so now I say again: If anybody is preaching to you a gospel other than what you accepted, let him be eternally condemned!

· ὡς προειρήκαμεν καὶ ἄρτι πάλιν λέγω, εἴ τις ὑμᾶς εὐαγγελίζεται παρ' ὃ παρελάβετε, ἀνάθεμα ἔστω.

왜 환상과 계시를 받았다는 사람의 교훈을 따르는가? 이들은 안식일을 안식일 복음이라고 칭한다.

2) 예수를 거절함

예수님이 언급하신 **영원한 지옥이 없다고 가르친다**(마 5:30, 18:8; 막 9:43, 48; 사 66:24).

[마 5:30]

 (마 5:30)

· 또한 만일 네 오른손이 너로 실족케 하거든 찍어 내버리라 네 백체 중 하나가 없어지고 온몸이 **지옥에 던지우지 않는 것이 유익하니라**

· And if your right hand causes you to sin, cut it off and throw it away. It is better for you to lose one part of your body than for your whole body to go into hell.

· καὶ εἰ ἡ δεξιά σου χεὶρ σκανδαλίζει σε, ἔκκοψον αὐτὴν καὶ βάλε ἀπὸ σοῦ· συμφέρει γάρ σοι ἵνα ἀπόληται ἓν τῶν μελῶν σου καὶ μὴ ὅλον τὸ σῶμά σου εἰς γέενναν ἀπέλθῃ.

[마 18:8]

 (마 18:8)

· 만일 네 손이나 네 발이 너를 범죄케 하거든 찍어 내버리라 불구

자나 절뚝발이로 영생에 들어가는 것이 두 손과 두 발을 가지고 **영원한 불에 던지우는 것보다** 나으니라

· If your hand or your foot causes you to sin cut it off and throw it away. It is better for you to enter life maimed or crippled than to have two hands or two feet and be thrown into eternal fire.

·Εἰ δὲ ἡ χείρ σου ἢ ὁ πούς σου σκανδαλίζει σε, ἔκκοψον αὐτὸν καὶ βάλε ἀπὸ σοῦ· καλόν σοί ἐστιν εἰσελθεῖν εἰς τὴν ζωὴν κυλλὸν ἢ χωλὸν ἢ δύο χεῖρας ἢ δύο πόδας ἔχοντα βληθῆναι εἰς τὸ πῦρ τὸ αἰώνιον.

[막 9:43]

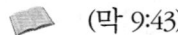 (막 9:43)

· 만일 네 손이 너를 범죄케 하거든 찍어 버리라 불구자로 영생에 들어가는 것이 두 손을 가지고 **지옥 꺼지지 않는 불에 들어가는 것** 보다 나으니라

· If your hand causes you to sin, cut it off. It is better for you to enter life maimed than with two hands to go into hell, where the fire never goes out.

· Καὶ ἐὰν σκανδαλίζῃ σε ἡ χείρ σου, ἀπόκοψον αὐτήν· καλόν ἐστίν σε κυλλὸν εἰσελθεῖν εἰς τὴν ζωὴν ἢ τὰς δύο χεῖρας ἔχοντα ἀπελθεῖν εἰς τὴν γέενναν, εἰς τὸ πῦρ τὸ ἄσβεστον.

[막 9:48]

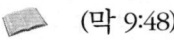 (막 9:48)

- 거기는 **구더기도 죽지 않고 불도 꺼지지 아니하느니라**
- where "'their worm does not die, and the fire is not quenched.'
- ὅπου ὁ σκώληξ αὐτῶν οὐ τελευτᾷ καὶ τὸ πῦρ οὐ σβέννυται.

[사 66:24]

 (사 66:24)

- 그들이 나가서 내게 패역한 자들의 시체들을 볼 것이라 그 벌레가 죽지 아니하며 **그 불이 꺼지지 아니하여** 모든 혈육에게 가증함이 되리라
- "And they will go out and look upon the dead bodies of those who rebelled against me; their worm will not die, nor will their fire be quenched, and they will be loathsome to all mankind."
- και εξελευσονται και οψονται τα κωλα των ανθρωπων των παραβεβηκοτων εν εμοι ο γαρ σκωληξ αυτων ου τελευτησει και το πυρ αυτων ου σβεσθησεται και εσονται εις ορασιν παση σαρκι

예수께서는 **열 번 이상 지옥의** 실체에 대하여 설교하시고 가르치셨는데, 어찌 인간이 지옥이 없다고 가르칠 수 있을까?

지옥이 없다고 가르친 자는 결국 예수님을 거짓말쟁이로 만들고 사람의 교훈(영원한 지옥은 없다고 하는)을 따르게 한다.

당신들은 누구의 제자이며 누구에게 속한 자들인가?

이들이 사람의 교훈을 따르느라 성경을 변개하고, 예수 그리스도를 거짓말하는 분으로 만들며 성경의 말씀을 부정하고 있다. 그러므로 우리

는 성경 말씀(계 22:18-19)을 바르게 알아 사람과 사탄의 교훈에 속지 말아야 한다.

[계 22:18-19]

 (계 22:18)

· 내가 이 책의 예언의 말씀을 듣는 각인에게 증거하노니 만일 누구든지 이것들 외에 더하면 하나님이 이 책에 기록된 재앙들을 그에게 더하실 터이요

· I warn everyone who hears the words of the prophecy of this book: If anyone adds anything to them, God will add to him the plagues described in this book.

· Μαρτυρῶ ἐγὼ παντὶ τῷ ἀκούοντι τοὺς λόγους τῆς προφητείας τοῦ βιβλίου τούτου· ἐάν τις ἐπιθῇ ἐπ' αὐτά, ἐπιθήσει ὁ θεὸς ἐπ' αὐτὸν τὰς πληγὰς τὰς γεγραμμένας ἐν τῷ βιβλίῳ τούτῳ,

 (계 22:19)

· 만일 누구든지 이 책의 예언의 말씀에서 제하여 버리면 하나님이 이 책에 기록된 생명나무와 및 거룩한 성에 참예함을 제하여 버리시리라

· And if anyone takes words away from this book of prophecy, God will take away from him his share in the tree of life and in the holy city, which are described in this book.

· καὶ ἐάν τις ἀφέλῃ ἀπὸ τῶν λόγων τοῦ βιβλίου τῆς προφητείας ταύτης, ἀφελεῖ ὁ θεὸς τὸ μέρος αὐτοῦ ἀπὸ τοῦ ξύλου τῆς ζωῆς καὶ ἐκ τῆς πόλεως τῆς ἁγίας τῶν γεγραμμένων ἐν τῷ βιβλίῳ τούτῳ.

안식주의자들과 화이트를 믿고 신봉하는 자들은 사탄의 하수인이며 예수 그리스도를 따르는 자들이 아닌 것이 명명백백하지 아니한가?

3) 조사 심판

그들은 조사 심판이라는 법이 있어서 또다시 심판을 받아야 한다고 주장한다. 명백한 사람의 교훈이다.

이는 로마서 8장 1-2절 말씀, 곧 그리스도 예수 안에 있는 자들에게는 결코 정죄함이 없나니 이는 예수 그리스도 안에 있는 생명과 성령의 법이 죄와 사망의 법에서 너를 해방하였다는 하나님의 말씀을 정면으로 부정하고 거부한다.

[롬 8:1-2]

 (롬 8:1)

· 그러므로 이제 그리스도 예수 안에 있는 자에게는 **결코 정죄함이 없나니**

· Therefore, there is now no condemnation for those who are in Christ Jesus,

· Οὐδὲν ἄρα νῦν κατάκριμα τοῖς ἐν Χριστῷ Ἰησοῦ·

 (롬 8:2)

· 이는 그리스도 예수 안에 있는 생명의 성령의 법이 죄와 사망의

법에서 너를 해방하였음이라

· because through Christ Jesus the law of the Spirit of life set me free from the law of sin and death.

· ὁ γὰρ νόμος τοῦ πνεύματος τῆς ζωῆς ἐν Χριστῷ Ἰησοῦ ἠλευθέρωσέν σε ἀπὸ τοῦ νόμου τῆς ἁμαρτίας καὶ τοῦ θανάτου.

이외에도 그들의 주장과 반대되는 '심판'에 관한 말씀은 성경 곳곳에 나온다(요 3:17-18, 5:24, 12:47).

[요 3:17-18]

 (요 3:17)

· 하나님이 그 아들을 세상에 보내신 것은 세상을 심판하려 하심이 아니요 저로 말미암아 세상이 구원을 받게 하려 하심이라

· For God did not send his Son into the world to condemn the world, but to save the world through him.

· οὐ γὰρ ἀπέστειλεν ὁ θεὸς τὸν υἱὸν εἰς τὸν κόσμον ἵνα κρίνῃ τὸν κόσμον, ἀλλ' ἵνα σωθῇ ὁ κόσμος δι' αὐτοῦ.

 (요 3:18)

· **저를 믿는 자는 심판을 받지 아니하는 것이요** 믿지 아니하는 자는 하나님의 독생자의 이름을 믿지 아니하므로 벌써 심판을 받은 것이니라

· Whoever believes in him is not condemned, but whoever does not believe stands condemned already because he has not believed in the name of God's one and only Son.

· ὁ πιστεύων εἰς αὐτὸν οὐ κρίνεται· ὁ δὲ μὴ πιστεύων ἤδη κέκριται, ὅτι μὴ πεπίστευκεν εἰς τὸ ὄνομα τοῦ μονογενοῦς υἱοῦ τοῦ θεοῦ.

[요 5:24]

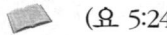 (요 5:24)

· 내가 진실로 진실로 너희에게 이르노니 **내 말을 듣고 또 나 보내신 이를 믿는 자는 영생을 얻었고 심판에 이르지 아니하나니** 사망에서 생명으로 옮겼느니라

· "I tell you the truth, whoever hears my word and believes him who sent me has eternal life and will not be condemned; he has crossed over from death to life.

· Ἀμὴν ἀμὴν λέγω ὑμῖν ὅτι ὁ τὸν λόγον μου ἀκούων καὶ πιστεύων τῷ πέμψαντί με ἔχει ζωὴν αἰώνιον καὶ εἰς κρίσιν οὐκ ἔρχεται, ἀλλὰ μεταβέβηκεν ἐκ τοῦ θανάτου εἰς τὴν ζωήν.

[요 12:47]

 (요 12:47)

· 사람이 내 말을 듣고 지키지 아니할지라도 내가 저를 심판하지 아니하노라 내가 온 것은 세상을 심판하려 함이 아니요 세상을 구원하려 함이로라

· "As for the person who hears my words but does not keep them, I do not judge him. For I did not come to judge the world, but to save it.

· καὶ ἐάν τίς μου ἀκούσῃ τῶν ῥημάτων καὶ μὴ φυλάξῃ, ἐγὼ οὐ κρίνω αὐτόν· οὐ γὰρ ἦλθον ἵνα κρίνω τὸν κόσμον, ἀλλ' ἵνα σώσω τὸν κόσμον.

예수 그리스도의 십자가 대속의 제사는 날마다 드리는 것이 아니다. 이는 저가 단번에 자기를 드려 이루신 완전한 제사였기 때문이다(히 7:27).

[히 7:27]

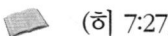 (히 7:27)

· 저가 저 대제사장들이 먼저 자기 죄를 위하고 다음에 백성의 죄를 위하여 날마다 제사드리는 것과 같이 할 필요가 없으니 이는 저가 단번에 자기를 드려 이루셨음이니라

· Unlike the other high priests, he does not need to offer sacrifices day after day, first for his own sins, and then for the sins of the people. He sacrificed for their sins once for all when he offered himself.

· ὃς οὐκ ἔχει καθ' ἡμέραν ἀνάγκην, ὥσπερ οἱ ἀρχιερεῖς, πρότερον ὑπὲρ τῶν ἰδίων ἁμαρτιῶν θυσίας ἀναφέρειν ἔπειτα τῶν τοῦ λαοῦ· τοῦτο γὰρ ἐποίησεν ἐφάπαξ ἑαυτὸν ἀνενέγκας.

또 단번에 드려진 제사는 염소와 송아지의 피로 하지 아니하고 오직 자기 피로 영원한 속죄를 이루사 단번에 성소에 들어가셨다(히 9:11-12).

[히 9:11-12]

  (히 9:11)

· 그리스도께서 장래 좋은 일의 대제사장으로 오사 손으로 짓지 아니한 곧 이 창조에 속하지 아니한 더 크고 온전한 장막으로 말미암아

· When Christ came as high priest of the good things that are already here, he went through the greater and more perfect tabernacle that is not man-made, that is to say, not a part of this creation.

· Χριστὸς δὲ παραγενόμενος ἀρχιερεὺς τῶν γενομένων ἀγαθῶν διὰ τῆς μείζονος καὶ τελειοτέρας σκηνῆς οὐ χειροποιήτου, τοῦτ᾽ ἔστιν οὐ ταύτης τῆς κτίσεως,

  (히 9:12)

· 염소와 송아지의 피로 아니하고 오직 자기 피로 영원한 속죄를 이루사 단번에 성소에 들어가셨느니라

· He did not enter by means of the blood of goats and calves; but he entered the Most Holy Place once for all by his own blood, having obtained eternal redemption.

· οὐδὲ δι᾽ αἵματος τράγων καὶ μόσχων διὰ δὲ τοῦ ἰδίου αἵματος εἰσῆλθεν ἐφάπαξ εἰς τὰ ἅγια αἰωνίαν λύτρωσιν εὑράμενος.

하물며 영원하신 성령으로 말미암아 흠 없는 그리스도의 피가 어찌 우리의 구원을 이루지 못하겠는가(히 9:14-15). 그런데 그들은 잘못된 것을 주장한다.

[히 9:14-15]

  (히 9:14)

· 하물며 영원하신 성령으로 말미암아 흠 없는 자기를 하나님께 드린 그리스도의 피가 어찌 너희 양심으로 죽은 행실에서 깨끗하게 하고 살아 계신 하나님을 섬기게 못하겠느뇨

· How much more, then, will the blood of Christ, who through the eternal Spirit offered himself unblemished to God, cleanse our consciences from acts that lead to death, so that we may serve the living God!

· πόσῳ μᾶλλον τὸ αἷμα τοῦ Χριστοῦ, ὃς διὰ πνεύματος αἰωνίου ἑαυτὸν προσήνεγκεν ἄμωμον τῷ θεῷ, καθαριεῖ τὴν συνείδησιν ἡμῶν ἀπὸ νεκρῶν ἔργων εἰς τὸ λατρεύειν θεῷ ζῶντι.

  (히 9:15)

· 이를 인하여 그는 새 언약의 중보니 이는 첫 언약 때에 범한 죄를 속하려고 죽으사 부르심을 입은 자로 하여금 영원한 기업의 약속을 얻게 하려 하심이니라

· For this reason Christ is the mediator of a new covenant, that those who are called may receive the promised eternal inheritance-now that he has died as a ransom to set them free from the sins committed under the first covenant.

· Καὶ διὰ τοῦτο διαθήκης καινῆς μεσίτης ἐστίν, ὅπως θανάτου γενομένου εἰς ἀπολύτρωσιν τῶν ἐπὶ τῇ πρώτῃ διαθήκῃ παραβάσεων τὴν ἐπαγγελίαν λάβωσιν οἱ κεκλημένοι τῆς αἰωνίου κληρονομίας.

안식일주의자들은 조사 심판이라는 화이트의 교훈을 하나님의 말씀보다 우위에 둠으로 하나님의 말씀을 거절하고 변개하고 추가하여 스스로 멸망을 자초하고 있다.

4) 하나님이 무너뜨리신 것을 사람이 다시 쌓는 행위

안식일을 주장하는 이들은 자신들이 옛 율법이 무너진 곳을 다시 쌓으며 보수하는 것이라고 자칭한다. 무너진 곳을 다시 쌓으며 보수하는 것이 무너진 율법을 바로 세우는 것이라고 한다. 그러나 성경을 자세히 관찰하고 내용을 연구해 보면 그 말은 궤변임을 알 수 있다.

갈라디아서 2장 16-19절에서 '만일 내가 헐었던 것을 다시 세우면 내가 나를 범법한 자로 만드는 것이다'라고 했다.

이는 하나님이 무너뜨리신 것을 사람이 다시 세우면 안 된다는 것을 분명히 보여준다.

예수 그리스도로 폐한 율법(골 2:14-15, 십자가로 승리한 사건)을 다시 세우는 것은 예수 그리스도의 십자가 승리의 사건을 원점으로 돌려놓으려는 사탄의 궤변이요, 십자가의 원수 되는 반역적 행위이며 범죄이다(히 7:18, 8:7-8, 8:13, 10:9-10; 갈 5:1, 4).

[골 2:14-15]

　(골 2:14)

· 우리를 거스리고 우리를 대적하는 의문에 쓴 증서를 도말하시고 제하여 버리사 십자가에 못 박으시고

· having canceled the written code, with its regulations, that was against us and that stood opposed to us: he took it away, nailing it to the cross.

· ἐξαλείψας τὸ καθ' ἡμῶν χειρόγραφον τοῖς δόγμασιν ὃ ἦν ὑπεναντίον ἡμῖν, καὶ αὐτὸ ἦρκεν ἐκ τοῦ μέσου προσηλώσας αὐτὸ τῷ σταυρῷ·

 (골 2:15)

· 정사와 권세를 벗어 버려 밝히 드러내시고 십자가로 승리하셨느니라

· And having disarmed the powers and authorities, he made a public spectacle of them, triumphing over them by the cross.

· ἀπεκδυσάμενος τὰς ἀρχὰς καὶ τὰς ἐξουσίας ἐδειγμάτισεν ἐν παρρησίᾳ, θριαμβεύσας αὐτοὺς ἐν αὐτῷ.

[히 7:18]

 (히 7:18)

· 전엣 계명이 연약하며 무익하므로 폐하고

· The former regulation is set aside because it was weak and useless

· ἀθέτησις μὲν γὰρ γίνεται προαγούσης ἐντολῆς διὰ τὸ αὐτῆς ἀσθενὲς καὶ ἀνωφελές-

[히 8:7-8]

(히 8:7)

- 저 첫 언약이 무흠하였더면 둘째 것을 요구할 일이 없었으려니와
- For if there had been nothing wrong with that first covenant, no place would have been sought for another.
- Εἰ γὰρ ἡ πρώτη ἐκείνη ἦν ἄμεμπτος, οὐκ ἂν δευτέρας ἐζητεῖτο τόπος.

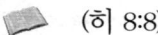 (히 8:8)

- 저희를 허물하여 일렀으되 주께서 가라사대 볼지어다 날이 이르리니 내가 이스라엘 집과 유다 집으로 새 언약을 세우리라
- But God found fault with the people and said: "The time is coming, declares the Lord, when I will make a new covenant with the house of Israel and with the house of Judah.
- μεμφόμενος γὰρ αὐτοὺς λέγει, Ἰδοὺ ἡμέραι ἔρχονται, λέγει κύριος, καὶ συντελέσω ἐπὶ τὸν οἶκον Ἰσραὴλ καὶ ἐπὶ τὸν οἶκον Ἰούδα διαθήκην καινήν,

[히 8:13]

 (히 8:13)

- 새 언약이라 말씀하셨으매 첫 것은 낡아지게 하신 것이니 낡아지고 쇠하는 것은 없어져 가는 것이니라
- By calling this covenant "new," he has made the first one obsolete; and what is obsolete and aging will soon disappear.
- ἐν τῷ λέγειν Καινὴν πεπαλαίωκεν τὴν πρώτην· τὸ δὲ παλαιούμενον καὶ γηράσκον ἐγγὺς ἀφανισμοῦ.

[히 10:9-10]

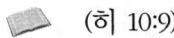 (히 10:9)

· 그 후에 말씀하시기를 보시옵소서 내가 하나님의 뜻을 행하러 왔나이다 하셨으니 그 첫 것을 폐하심은 둘째 것을 세우려 하심이니라

· Then he said, "Here I am, I have come to do your will." He sets aside the first to establish the second.

· τότε εἴρηκεν, Ἰδοὺ ἥκω τοῦ ποιῆσαι τὸ θέλημά σου. ἀναιρεῖ τὸ πρῶτον ἵνα τὸ δεύτερον στήσῃ.

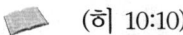 (히 10:10)

· 이 뜻을 좇아 예수 그리스도의 몸을 단번에 드리심으로 말미암아 우리가 거룩함을 얻었노라

· And by that will, we have been made holy through the sacrifice of the body of Jesus Christ once for all.

· ἐν ᾧ θελήματι ἡγιασμένοι ἐσμὲν διὰ τῆς προσφορᾶς τοῦ σώματος Ἰησοῦ Χριστοῦ ἐφάπαξ.

[갈 5:1]

 (갈 5:1)

· 그리스도께서 우리로 자유케 하려고 자유를 주셨으니 그러므로 굳세게 서서 다시는 종의 멍에를 메지 말라

· It is for freedom that Christ has set us free. Stand firm, then, and do not let yourselves be burdened again by a yoke of slavery.

· τῇ ἐλευθερίᾳ ἡμᾶς Χριστὸς ἠλευθέρωσεν· στήκετε οὖν καὶ μὴ πάλιν ζυγῷ δουλείας ἐνέχεσθε.

[갈 5:4]

　　(갈 5:4)

· 율법 안에서 의롭다 함을 얻으려 하는 너희는 그리스도에게서 끊어지고 은혜에서 떨어진 자로다

· You who are trying to be justified by law have been alienated from Christ; you have fallen away from grace.

· κατηργήθητε ἀπὸ Χριστοῦ, οἵτινες ἐν νόμῳ δικαιοῦσθε, τῆς χάριτος ἐξεπέσατε.

여호수아가 말하되, 여리고 성을 다시 쌓는 자에게 저주가 임하여 기초를 놓을 때 장자를 잃고 문을 세울 때 계자를 잃으리라 하였는데(수 6:26), 500년 후 벧엘 사람 히엘이 여리고 성을 쌓다가 두 아들을 잃었다(왕상 16:34).

[수 6:26]

　　(수 6:26)

· 여호수아가 그때에 맹세로 무리를 경계하여 가로되 이 여리고 성을 누구든지 일어나서 건축하는 자는 여호와 앞에서 저주를 받을 것이라 그 기초를 쌓을 때에 장자를 잃을 것이요 문을 세울 때에 계자를 잃으리라 하였더라

· At that time Joshua pronounced this solemn oath: "Cursed before the LORD is the man who undertakes to rebuild this city, Jericho; "At the cost of his firstborn son will he lay its foundations: at the cost of his youngest will he set up its gates."

· και ωρκισεν ιησους εν τη ημερα εκεινη εναντιον κυριου λεγων ε-
πικαταρατος ο ανθρωπος ος οικοδομησει την πολιν εκεινην εν τω π-
ρωτοτοκω αυτου θεμελιωσει αυτην και εν τω ελαχιστω αυτου επιστ-
ησει τας πυλας αυτης και ουτως εποιησεν οζαν ο εκ βαιθηλ εν τω
αβιρων τω πρωτοτοκω εθεμελιωσεν αυτην και εν τω ελαχιστω διασω-
θεντι επεστησεν τας πυλας αυτης

[왕상 16:34]

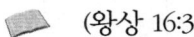 (왕상 16:34)

· 그 시대에 벧엘 사람 히엘이 여리고를 건축하였는데 저가 그 터를 쌓을 때에 맏아들 아비람을 잃었고 그 문을 세울 때에 말째 아들 스굽을 잃었으니 여호와께서 눈의 아들 여호수아로 하신 말씀과 같이 되었더라

· In Ahab's time, Hiel of Bethel rebuilt Jericho. He laid its foundations at the cost of his firstborn son Abiram, and he set up its gates at the cost of his youngest son Segubin accordance with the word of the LORD spoken by Joshua son of Nun.

· εν ταις ημεραις αυτου ωκοδομησεν αχιηλ ο βαιθηλιτης την ιερι-
χω εν τω αβιρων τω πρωτοτοκω αυτου εθεμελιωσεν αυτην και τω
σεγουβ τω νεωτερω αυτου επεστησεν θυρας αυτης κατα το ρημα κ-
υριου ο ελαλησεν εν χειρι ιησου υιου ναυη

그 이유는, 여리고 성은 사람이 무너뜨린 것이 아니라 '하나님이 직접 무너뜨리신 것'이기 때문이다.

이스라엘의 성벽이 무너진 것은 사람의 죄 때문이었다. 사람이 무너뜨린 것은 다시 회개하고 쌓음이 옳으나 하나님이 직접 하신 일을 다시 쌓는 것은 반역이고 거역이며 불순종이다.

율법을 폐하신 이는 사람이 아닌 예수 그리스도시다. 주가 폐하신 것을 사람이 다시 세우고 쌓으려 함이 반역이요 불법인 것이다.

이스라엘 백성이 가데스바네아에서 불순종하여 하나님께서 다시 광야 길로 돌아가라고 명령하셨다. 그러자 뒤늦게 회개하고 깨달은 자들이 그제라도 올라가 전쟁을 하고자 했다. 모세가 그들을 말리며 반대하였음에도 불구하고 올라가 전쟁하다가 죽임을 당하였다(민 14:40-45). 하나님이 정하신 것을 거역함이 반역이요 불순종이다.

[민 14:40-45]

 (민 14:40)

· 아침에 일찍이 일어나 산꼭대기로 올라가며 가로되 보소서 우리가 여기 있나이다 우리가 여호와의 허락하신 곳으로 올라가리니 우리가 범죄하였음이니이다

· Early the next morning they went up toward the high hill country. "We have sinned," they said. "We will go up to the place the LORD promised."

· και ορθρισαντες το πρωι ανεβησαν εις την κορυφην του ορους λεγοντες ιδου οιδε ημεις αναβησομεθα εις τον τοπον ον ειπεν κυριος οτι ημαρτομεν

📖　(민 14:41)

· 모세가 가로되 너희가 어찌하여 이제 여호와의 명령을 범하느냐 이 일이 형통치 못하리라

· But Moses said, "Why are you disobeying the LORD'S command? This will not succeed!

· και ειπεν μωυσης ινα τι υμεις παραβαινετε το ρημα κυριου ουκ ευοδα εσται υμιν

📖　(민 14:42)

· 여호와께서 너희 중에 계시지 아니하니 올라가지 말라 너희 대적 앞에서 패할까 하노라

· Do not go up, because the LORD is not with you. You will be defeated by your enemies,

· μη αναβαινετε ου γαρ εστιν κυριος μεθ υμων και πεσεισθε προ προσωπου των εχθρων υμων

📖　(민 14:43)

· 아말렉인과 가나안인이 너희 앞에 있으니 너희가 그 칼에 망하리라 너희가 여호와를 배반하였으니 여호와께서 너희와 함께하지 아니하시리라 하나

· for the Amalekites and Canaanites will face you there. Because you have turned away from the LORD, he will not be with you and you will fall by the sword."

· οτι ο αμαληκ και ο χαναναιος εκει εμπροσθεν υμων και πεσεισθε μαχαιρα ου εινεκεν απεστραφητε απειθουντες κυριω και ουκ εσται κυριος εν υμιν

📄 (민 14:44)

· 그들이 그래도 산꼭대기로 올라갔고 여호와의 언약궤와 모세는 진을 떠나지 아니하였더라

· Nevertheless, in their presumption they went up toward the high hill country, though neither Moses nor the ark of the LORD'S covenant moved from the camp.

· και διαβιασαμενοι ανεβησαν επι την κορυφην του ορους η δε κιβωτος της διαθηκης κυριου και μωυσης ουκ εκινηθησαν εκ της παρεμβολης

📄 (민 14:45)

· 아말렉인과 산지에 거하는 가나안인이 내려와 쳐서 파하고 호르마까지 이르렀더라

· Then the Amalekites and Canaanites who lived in that hill country came down and attacked them and beat them down all the way to Hormah.

· και κατεβη ο αμαληκ και ο χαναναιος ο εγκαθημενος εν τω ορει εκεινω και ετρεψαντο αυτους και κατεκοψαν αυτους εως ερμαν και απεστραφησαν εις την παρεμβολην

처음에는 이스라엘 백성에게 올라가라 하셨을지라도 다시 올라가지 말라 하셨다면 당연히 뒤에 하신 말씀을 따라야 한다. 율법으로 말씀을 먼저 하셨으나 예수로 다시 말씀하셨으면 예수의 말씀인 복음의 새 계명에 순종하여야 마땅하다.

5) 종의 멍에를 다시 메지 말라

다시 종의 멍에를 메지 말라 함에도 멍에를 메야 한다고 한다.
또한 구원받은 자도 다시 율법을 행하여야 구원과 상급을 받는다고 한다.
예수 그리스도께서 이미 우리에게 자유를 주셨으니 다시는 종의 멍에(율법)를 메지 말라고 명령하셨다(갈 5:1).

[갈 5:1]

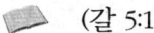 (갈 5:1)
· 그리스도께서 우리로 자유케 하려고 자유를 주셨으니 그러므로 굳세게 서서 다시는 종의 멍에를 메지 말라
· It is for freedom that Christ has set us free. Stand firm, then, and do not let yourselves be burdened again by a yoke of slavery.
· τῇ ἐλευθερίᾳ ἡμᾶς Χριστὸς ἠλευθέρωσεν· στήκετε οὖν καὶ μὴ πάλιν ζυγῷ δουλείας ἐνέχεσθε.

그러나 이들은 '율법을 지키라'고 한다. 즉 멍에를 다시 메라고 성경의 교훈을 거스른다.
복음을 요란케 하여 그리스도의 복음을 변하려 함이다(갈 1:7).

[갈 1:7]

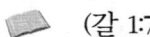 (갈 1:7)
· 다른 복음은 없나니 다만 어떤 사람들이 너희를 요란케 하여 그리스도의 복음을 변하려 함이라

- which is really no gospel at all. Evidently some people are throwing you into confusion and are trying to pervert the gospel of Christ.
- ὃ οὐκ ἔστιν ἄλλο, εἰ μή τινές εἰσιν οἱ ταράσσοντες ὑμᾶς καὶ θ-έλοντες μεταστρέψαι τὸ εὐαγγέλιον τοῦ Χριστοῦ.

그들은 우리가 예수 안에서 가진 자유를 엿보고 우리를 종으로 삼고자 하여 몰래 조용히 들어온다고 하였다(갈 2:4).
우리는 굳세게 서서 그들을 거절해야 한다.

[갈 2:4]

 (갈 2:4)
- 이는 가만히 들어온 거짓 형제 까닭이라 저희가 가만히 들어온 것은 그리스도 예수 안에서 우리의 가진 자유를 엿보고 우리를 종으로 삼고자 함이로되
- This matter arose because some false brothers had infiltrated our ranks to spy on the freedom we have in Christ Jesus and to make us slaves.
- διὰ δὲ τοὺς παρεισάκτους ψευδαδέλφους, οἵτινες παρεισῆλθον κατασκοπῆσαι τὴν ἐλευθερίαν ἡμῶν ἣν ἔχομεν ἐν Χριστῷ Ἰησοῦ, ἵνα ἡμᾶς καταδουλώσουσιν,

6) 율법을 다시 지키라는 것은 사탄의 속임수

구원받은 성도라도 율법을 지켜야 한다고 가르친다.

아니다. 무릇 율법 행위에 속한 자들은 저주 아래 있다고 하였다.

이들은 율법책에 기록된 대로 행해야 한다고 주장한다. 그러나 하나님 앞에서는 아무라도(구원받지 못한 자나 구원받았다는 자나) 율법으로 말미암아 의롭게 되지 못할 것이 분명하니 이는 **의인이 믿음으로 살리라 하였다**(갈 3:10-11).

[갈 3:10-11]

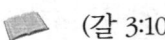 (갈 3:10)

· 무릇 율법 행위에 속한 자들은 저주 아래 있나니 기록된 바 누구든지 율법책에 기록된 대로 온갖 일을 항상 행하지 아니하는 자는 저주 아래 있는 자라 하였음이라

· All who rely on observing the law are under a curse, for it is written: "Cursed is everyone who does not continue to do everything written in the Book of the Law."

· ὅσοι γὰρ ἐξ ἔργων νόμου εἰσίν, ὑπὸ κατάραν εἰσίν· γέγραπται γὰρ ὅτι Ἐπικατάρατος πᾶς ὃς οὐκ ἐμμένει πᾶσιν τοῖς γεγραμμένοις ἐν τῷ βιβλίῳ τοῦ νόμου τοῦ ποιῆσαι αὐτά.

 (갈 3:11)

· 또 **하나님 앞에서 아무나 율법으로 말미암아 의롭게 되지 못할 것이 분명하니** 이는 의인이 믿음으로 살리라 하였음이니라

· Clearly no one is justified before God by the law, because, "The

righteous will live by faith."
· ὅτι δὲ ἐν νόμῳ οὐδεὶς δικαιοῦται παρὰ τῷ θεῷ, δῆλον, ὅτι Ὁ δίκαιος ἐκ πίστεως ζήσεται·

구원받은 성도라도 할 수만 있으면 삼키려는 사탄의 전략은 "율법을 준수할 수 있다"고 강변함으로 율법의 행위에 속한 저주 아래(골 2:20) 성도를 감금시키고 파멸시키려는 것이다.

[골 2:20]
 (골 2:20)
· 너희가 세상의 초등 학문에서 그리스도와 함께 죽었거든 어찌하여 세상에 사는 것과 같이 의문에 순종하느냐
· Since you died with Christ to the basic principles of this world, why, as though you still belonged to it, do you submit to its rules:
· Εἰ ἀπεθάνετε σὺν Χριστῷ ἀπὸ τῶν στοιχείων τοῦ κόσμου, τί ὡς ζῶντες ἐν κόσμῳ δογματίζεσθε

예수 그리스도 안에 거하는 성도는 율법의 멍에와 굴레 아래 있지 않다. 오직 주의 사랑과 용서와 긍휼의 자녀 된 법 아래 있다.
예수 안에 있는 성도는 율법의 행위 아래 있지 않고 온전해진 새 계명인 사랑의 법 아래, 생명의 성령의 법 아래 살고 있다(롬 8:1-2).

[롬 8:1-2]
 (롬 8:1)

- 그러므로 이제 그리스도 예수 안에 있는 자에게는 결코 정죄함이 없나니
- Therefore, there is now no condemnation for those who are in Christ Jesus,
- Οὐδὲν ἄρα νῦν κατάκριμα τοῖς ἐν Χριστῷ Ἰησοῦ·

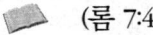 (롬 8:2)

- 이는 그리스도 예수 안에 있는 생명의 성령의 법이 **죄와 사망의 법 (율법)**에서 너를 해방하였음이라
- because through Christ Jesus the law of the Spirit of life set me free from the law of sin and death.
- ὁ γὰρ νόμος τοῦ πνεύματος τῆς ζωῆς ἐν Χριστῷ Ἰησοῦ ἠλευθέρωσέν σε ἀπὸ τοῦ νόμου τῆς ἁμαρτίας καὶ τοῦ θανάτου.

그리스도께서 몸으로 율법에 대하여 죽임을 당하였으니 이는 믿음의 성도들로 죽은 자 가운데서 살아나신 이에게 가서 하나님을 위하여 열매를 맺게 하기 위해서이다(롬 7:4).

[롬 7:4]

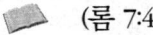 (롬 7:4)

- 그러므로 내 형제들아 너희도 그리스도의 몸으로 말미암아 율법에 대하여 죽임을 당하였으니 이는 다른 이 곧 죽은 자 가운데서 살아나신 이에게 가서 우리로 하나님을 위하여 열매를 맺히게 하려 함이니라
- So, my brothers, you also died to the law through the body of

Christ that you might belong to another, to him who was raised from the dead, in order that we might bear fruit to God.

· ὥστε, ἀδελφοί μου, καὶ ὑμεῖς ἐθανατώθητε τῷ νόμῳ διὰ τοῦ σώματος τοῦ Χριστοῦ, εἰς τὸ γενέσθαι ὑμᾶς ἑτέρῳ, τῷ ἐκ νεκρῶν ἐγερθέντι, ἵνα καρποφορήσωμεν τῷ θεῷ.

우리가 얽매였던 것에 대하여 죽었으므로 율법에서 벗어났으니 우리가 영의 새로운 것으로 섬겨야 한다(롬 7:6). 그러므로 사탄의 계략에 이용당하는 자들의 거짓말에 속지 말아야 한다.

[롬 7:6]

 (롬 7:6)

· 이제는 우리가 얽매였던 것에 대하여 죽었으므로 **율법에서 벗어났으니** 이러므로 우리가 영의 새로운 것으로 섬길 것이요 **의문의 묵은 것으로 아니할지니라**

· But now, by dying to what once bound us, we have been released from the law so that we serve in the new way of the Spirit, and not in the old way of the written code.

· νυνὶ δὲ κατηργήθημεν ἀπὸ τοῦ νόμου ἀποθανόντες ἐν ᾧ κατειχόμεθα, ὥστε δουλεύειν ἡμᾶς ἐν καινότητι πνεύματος καὶ οὐ παλαιότητι γράμματος.

12. 왜 거짓을 믿게 되는가?

거짓을 믿게 되는 원인을 성경은 무엇이라 하는가?
그들이 왜 거짓된 것을 믿게 되는지 성경은 데살로니가후서에서 그 이유를 밝히고 있다(살후 2:9-12).

[살후 2:9-12]

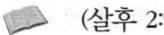 (살후 2:9)
· 악한 자의 임함은 사단의 역사를 따라 모든 능력과 표적과 거짓 기적과
· The coming of the lawless one will be in accordance with the work of Satan displayed in all kinds of counterfeit miracles, signs and wonders,
· οὗ ἐστιν ἡ παρουσία κατ' ἐνέργειαν τοῦ Σατανᾶ ἐν πάσῃ δυνάμει καὶ σημείοις καὶ τέρασιν ψεύδους

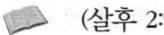 (살후 2:10)
· 불의의 모든 속임으로 멸망하는 자들에게 임하리니 이는 저희가 **진리의 사랑을 받지 아니하여** 구원함을 얻지 못함이니라
· and in every sort of evil that deceives those who are perishing. They perish because they refused to love the truth and so be saved.

- καὶ ἐν πάσῃ ἀπάτῃ ἀδικίας τοῖς ἀπολλυμένοις, ἀνθ' ὧν τὴν ἀγάπην τῆς ἀληθείας οὐκ ἐδέξαντο εἰς τὸ σωθῆναι αὐτούς.

📖 (살후 2:11)
- 이러므로 하나님이 유혹을 저의 가운데 역사하게 하사 거짓 것을 믿게 하심은
- For this reason God sends them a powerful delusion so that they will believe the lie
- καὶ διὰ τοῦτο πέμπει αὐτοῖς ὁ θεὸς ἐνέργειαν πλάνης εἰς τὸ πιστεῦσαι αὐτοὺς τῷ ψεύδει,

📖 (살후 2:12)
- 진리를 믿지 않고 불의를 좋아하는 모든 자로 심판을 받게 하려 하심이니라
- and so that all will be condemned who have not believed the truth but have delighted in wickedness.
- ἵνα κριθῶσιν πάντες οἱ μὴ πιστεύσαντες τῇ ἀληθείᾳ ἀλλὰ εὐδοκήσαντες τῇ ἀδικίᾳ.

첫째로 진리의 사랑을 받지 않기 때문이다(예수 그리스도를 참 하나님이요 완전한 구원자, 십자가의 완전한 대속주로 받아들이지 않는다). 그들은 예수 그리스도가 삼위일체 하나님이심을 믿지 않고 천사 중의 하나인 미가엘로 본다. 곧 예수를 창조주로 보지 않고 피조물로 보는 것이다. 명백한 이단 사설이다.

둘째로 그들은 진리를 믿지 않고 불의를 좋아하기 때문에 필연적으로 거짓 것을 선택한다. 불의를 좋아하기 때문에 진리를 받지 않고, 진실보다는 거짓

을 선호하고 사탄의 속임을 더 믿고 거짓을 따르니, 하나님이 그들에게 유혹을 역사하게 하사 거짓 것을 믿게 하셨다.

하나님의 심판을 받은 자들이 유혹을 따르고 선호하게 되는 성경적인 예를 살펴보자.

첫째, 다윗의 아들 압살롬이다(삼하 15:1-6, 17:14, 18:15).

[삼하 15:1-6]

 (삼하 15:1)

· 이후에 압살롬이 자기를 위하여 병거와 말들을 준비하고 전배 오십 명을 세우니라

· In the course of time, Absalom provided himself with a chariot and horses and with fifty men to run ahead of him.

· και εγενετο μετα ταυτα και εποιησεν εαυτω αβεσσαλωμ αρματα και ιππους και πεντηκοντα ανδρας παρατρεχειν εμπροσθεν αυτου

 (삼하 15:2)

· 압살롬이 일찍이 일어나 성문 길 곁에 서서 어떤 사람이든지 송사가 있어 왕에게 재판을 청하러 올 때에 그 사람을 불러서 이르되 너는 어느 성 사람이냐 그 사람의 대답이 좋은 이스라엘 아무 지파에 속하였나이다 하면

· He would get up early and stand by the side of the road leading to the city gate. Whenever anyone came with a complaint to be placed before the king for a decision, Absalom would call out to him "What town are you from?" He would answer, "Your servant is from one of the tribes of Israel."

· και ωρθρισεν αβεσσαλωμ και εστη ανα χειρα της οδου της πυλης και εγενετο πας ανηρ ω εγενετο κρισις ηλθεν προς τον βασιλεα εις κρισιν και εβοησεν προς αυτον αβεσσαλωμ και ελεγεν αυτω εκ ποιας πολεως συ ει και ειπεν ο ανηρ εκ μιας φυλων ισραηλ ο δουλος σου

 (삼하 15:3)

· 압살롬이 저에게 이르기를 네 일이 옳고 바르다마는 네 송사 들을 사람을 왕께서 세우지 아니하셨다 하고

· Then Absalom would say to him, "Look, your claims are valid and proper, but there is no representative of the king to hear you."

· και ειπεν προς αυτον αβεσσαλωμ ιδου οι λογοι σου αγαθοι και ευκολοι και ακουων ουκ εστιν σοι παρα του βασιλεως

 (삼하 15:4)

· 또 이르기를 내가 이 땅에서 재판관이 되고 누구든지 송사나 재판할 일이 있어 내게로 오는 자에게 내가 공의 베풀기를 원하노라 하고

· And Absalom would add, "If only I were appointed judge in the land! Then everyone who has a complaint or case could come to me and I would see that he gets justice."

· και ειπεν αβεσσαλωμ τις με καταστησει κριτην εν τη γη και επ εμε ελευσεται πας ανηρ ω εαν η αντιλογια και κρισις και δικαιωσω αυτον

 (삼하 15:5)

· 사람이 가까이 와서 절하려 하면 압살롬이 손을 펴서 그 사람을

붙들고 입을 맞추니

· Also, whenever anyone approached him to bow down before him, Absalom would reach out his hand, take hold of him and kiss him.

· και εγενετο εν τω εγγιζειν ανδρα του προσκυνησαι αυτω και εξετεινεν την χειρα αυτου και επελαμβανετο αυτου και κατεφιλησεν αυτον

 (삼하 15:6)

· 무릇 이스라엘 무리 중에 왕께 재판을 청하러 오는 자들에게 압살롬의 행함이 이같아서 **이스라엘 사람의 마음을 도적하니라**

· Absalom behaved in this way toward all the Israelites who came to the king asking for justice, and so he stole the hearts of the men of Israel.

· και εποιησεν αβεσσαλωμ κατα το ρημα τουτο παντι ισραηλ τοις παραγινομενοις εις κρισιν προς τον βασιλεα και ιδιοποιειτο αβεσσαλωμ την καρδιαν ανδρων ισραηλ

[삼하 17:14]

 (삼하 17:14)

· 압살롬과 온 이스라엘 사람들이 이르되 아렉 사람 후새의 모략은 아히도벨의 모략보다 낫다 하니 이는 여호와께서 **압살롬에게 화를 내리려 하사 아히도벨의 좋은 모략을 파하기로 작정하셨음이더라**

· Absalom and all the men of Israel said, "The advice of Hushai the Arkite is better than that of Ahithophel." For the LORD had determined to frustrate the good advice of Ahithophel in order to bring disaster on Absalom.

- και ειπεν αβεσσαλωμ και πας ανηρ ισραηλ αγαθη η βουλη χουσι του αραχι υπερ την βουλην αχιτοφελ και κυριος ενετειλατο διασκεδασαι την βουλην αχιτοφελ την αγαθην οπως αν επαγαγη κυριος επι αβεσσαλωμ τα κακα παντα

[삼하 18:15]

 (삼하 18:15)

- 요압의 병기를 맡은 소년 열이 압살롬을 에워싸고 쳐 죽이니라
- And ten of Joab's armor-bearers surrounded Absalom, struck him and killed him.
- και εκυκλωσαν δεκα παιδαρια αιροντα τα σκευη ιωαβ και επαταξαν τον αβεσσαλωμ και εθανατωσαν αυτον

그는 악당이었다. 그는 아버지 다윗을 배반하고 반역을 위하여 날마다 꾸미고 성문 앞에 있다가 재판을 청구하러 오는 백성의 마음을 도적질하였다. 그의 계략이 다 이루어져 갈 무렵 그는 중대한 실수를 했다. 아히도벨의 전략을 거절하고 다윗의 첩자인 후새의 모략을 선택한 것이다. 이로 인해 그는 다윗을 이길 수 있는 때를 놓치고 죽임을 당한다.

하나님이 사악한 그를 망하게 하시려고 거짓 것을 믿도록 유혹을 역사하셨기 때문이다.

둘째, 이스라엘의 왕 아합이다(왕상 22:1-36).

[왕상 22:1-36]

📖　(왕상 22:1)

· 아람과 이스라엘 사이에 전쟁이 없이 삼 년을 지내었더라

· For three years there was no war between Aram and Israel.

· και εκαθισεν τρια ετη και ουκ ην πολεμος ανα μεσον συριας και ανα μεσον ισραηλ

📖　(왕상 22:2)

· 제삼년에 유다 왕 여호사밧이 이스라엘 왕에게 내려가매

· But in the third year Jehoshaphat king of Judah went down to see the king of Israel.

· και εγενηθη εν τω ενιαυτω τω τριτω και κατεβη ιωσαφατ βασιλευς ιουδα προς βασιλεα ισραηλ

📖　(왕상 22:3)

· 이스라엘 왕이 그 신복에게 이르되 길르앗 라못은 본래 우리의 것인 줄을 너희가 알지 못하느냐 우리가 어찌 아람 왕의 손에서 취하지 아니하고 잠잠히 있으리요 하고

· The king of Israel had said to his officials, "Don't you know that Ramoth Gilead belongs to us and yet we are doing nothing to retake it from the king of Aram?"

· και ειπεν βασιλευς ισραηλ προς τους παιδας αυτου ει οιδατε οτι ημιν ρεμμαθ γαλααδ και ημεις σιωπωμεν λαβειν αυτην εκ χειρος βασιλεως συριας

📖　(왕상 22:4)

· 여호사밧에게 이르되 당신은 나와 함께 길르앗 라못으로 가서 싸

우시겠느뇨 여호사밧이 이스라엘 왕에게 이르되 나는 당신과 일반이요 내 백성은 당신의 백성과 일반이요 내 말들도 당신의 말들과 일반이니이다

· So he asked Jehoshaphat, "Will you go with me to fight against Ramoth Gilead?" Jehoshaphat replied to the king of Israel, "I am as you are my people as your people, my horses as your horses."

· και ειπεν βασιλευς ισραηλ προς ιωσαφατ αναβηση μεθ ημων εις ρεμμαθ γαλααδ εις πολεμον και ειπεν ιωσαφατ καθως εγω ουτως και συ καθως ο λαος μου ο λαος σου καθως οι ιπποι μου οι ιπποι σου

📖 (왕상 22:5)

· 여호사밧이 또 이스라엘 왕에게 이르되 청컨대 먼저 여호와의 말씀이 어떠하신지 물어보소서

· But Jehoshaphat also said to the king of Israel, "First seek the counsel of the LORD."

· και ειπεν ιωσαφατ βασιλευς ιουδα προς βασιλεα ισραηλ επερωτησατε δη σημερον τον κυριον

📖 (왕상 22:6)

· 이스라엘 왕이 이에 선지자 사백 인쯤 모으고 저희에게 이르되 내가 길르앗 라못에 가서 싸우랴 말랴 저희가 가로되 올라가소서 주께서 그 성을 왕의 손에 붙이시리이다

· So the king of Israel brought together the prophets-about four hundred men-and asked them, "Shall I go to war against Ramoth Gilead, or shall I refrain?" "Go," they answered, "for the Lord will give it into the king's hand."

· και συνηθροισεν ο βασιλευς ισραηλ παντας τους προφητας ως τε-
τρακοσιους ανδρας και ειπεν αυτοις ο βασιλευς ει πορευθω εις ρεμ-
μαθ γαλααδ εις πολεμον η επισχω και ειπαν αναβαινε και διδους δ-
ωσει κυριος εις χειρας του βασιλεως

📖 (왕상 22:7)

· 여호사밧이 가로되 이 외에 우리가 물을 만한 여호와의 선지자가 여기 있지 아니하니이까

· But Jehoshaphat asked, "Is there not a prophet of the LORD here whom we can inquire of?"

· και ειπεν ιωσαφατ προς βασιλεα ισραηλ ουκ εστιν ωδε προφητης του κυριου και επερωτησομεν τον κυριον δι αυτου

📖 (왕상 22:8)

· 이스라엘 왕이 여호사밧에게 이르되 오히려 이믈라의 아들 미가야 한 사람이 있으니 저로 말미암아 여호와께 물을 수 있으나 저는 내게 대하여 길한 일은 예언하지 아니하고 흉한 일만 예언하기로 내가 저를 미워하나이다 여호사밧이 가로되 왕은 그런 말씀을 마소서

· The king of Israel answered Jehoshaphat, "There is still one man through whom we can inquire of the LORD, but I hate him because he never prophesies anything good about me, but always bad. He is Micaiah son of Imlah." "The king should not say that," Jehoshaphat replied.

· και ειπεν ο βασιλευς ισραηλ προς ιωσαφατ ετι εστιν ανηρ εις το-
υ επερωτησαι τον κυριον δι αυτου και εγω μεμισηκα αυτον οτι ου λ-
αλει περι εμου καλα αλλ η κακα μιχαιας υιος ιεμλα και ειπεν ιωσα-

φατ βασιλευς ιουδα μη λεγετω ο βασιλευς ουτως

 (왕상 22:9)

· 이스라엘 왕이 한 내시를 불러 이르되 이믈라의 아들 미가야로 속히 오게 하라 하니라

· So the king of Israel called one of his officials and said, "Bring Micaiah son of Imlah at once."

· και εκαλεσεν ο βασιλευς ισραηλ ευνουχον ενα και ειπεν ταχος μ-ιχαιαν υιον ιεμλα

 (왕상 22:10)

· 이스라엘 왕과 유다 왕 여호사밧이 왕복을 입고 사마리아 문 어귀 광장에서 각기 보좌에 앉았고 모든 선지자가 그 앞에서 예언을 하는데

· Dressed in their royal robes, the king of Israel and Jehoshaphat king of Judah were sitting on their thrones at the threshing floor by the entrance of the gate of Samaria, with all the prophets prophesying before them.

· και ο βασιλευς ισραηλ και ιωσαφατ βασιλευς ιουδα εκαθηντο αν-ηρ επι του θρονου αυτου ενοπλοι εν ταις πυλαις σαμαρειας και πα-ντες οι προφηται επροφητευον ενωπιον αυτων

 (왕상 22:11)

· 그나아나의 아들 시드기야는 철로 뿔들을 만들어 가지고 말하되 여호와의 말씀이 왕이 이것들로 아람 사람을 찔러 진멸하리라 하셨다 하고

· Now Zedekiah son of Kenaanah had made iron horns and he declared, "This is what the LORD says: 'With these you will gore the Arameans until they are destroyed.'"

· και εποιησεν εαυτω σεδεκιας υιος χανανα κερατα σιδηρα και ειπεν ταδε λεγει κυριος εν τουτοις κερατιεις την συριαν εως συντελεσθη

📖 (왕상 22:12)

· 모든 선지자도 그와 같이 예언하여 이르기를 길르앗 라못으로 올라가 승리를 얻으소서 여호와께서 그 성을 왕의 손에 붙이시리이다 하더라

· All the other prophets were prophesying the same thing. "Attack Ramoth Gilead and be victorious," they said, "for the LORD will give it into the king's hand."

· και παντες οι προφηται επροφητευον ουτως λεγοντες αναβαινε εις ρεμμαθ γαλααδ και ευοδωσει και δωσει κυριος εις χειρας σου και τον βασιλεα συριας

📖 (왕상 22:13)

· 미가야를 부르러 간 사자가 일러 가로되 선지자들의 말이 여출일구하여 왕에게 길하게 하니 청컨대 당신의 말도 저희 중 한 사람의 말처럼 길하게 하소서

· The messenger who had gone to summon Micaiah said to him, "Look, as one man the other prophets are predicting success for the king. Let your word agree with their, sand speak favorably."

· και ο αγγελος ο πορευθεις καλεσαι τον μιχαιαν ελαλησεν αυτω λεγων ιδου δη λαλουσιν παντες οι προφηται εν στοματι ενι καλα πε-ρι του βασιλεως γινου δη και συ εις λογους σου κατα τους λογους ενος τουτων και λαλησον καλα

 (왕상 22:14)

· 미가야가 가로되 여호와의 사심을 가리켜 맹세하노니 여호와께서 내게 말씀하시는 것 곧 그것을 내가 말하리라 하고

· But Micaiah said, "As surely as the LORD lives, I can tell him only what the LORD tells me."

· και ειπεν μιχαιας ζη κυριος οτι α αν ειπη κυριος προς με ταυτ-α λαλησω

 (왕상 22:15)

· 이에 왕에게 이르니 왕이 저에게 이르되 미가야야 우리가 길르앗 라못으로 싸우러 가랴 말랴 저가 왕께 이르되 올라가서 승리를 얻으소서 여호와께서 그 성을 왕의 손에 붙이시리이다

· When he arrived, the king asked him, "Micaiah, shall we go to war against Ramoth Gilead, or shall I refrain?" "Attack and be victorious," he answered, "for the LORD will give it into the king's hand."

· και ηλθεν προς τον βασιλεα και ειπεν αυτω ο βασιλευς μιχαια ει αναβω εις ρεμμαθ γαλααδ εις πολεμον η επισχω και ειπεν αναβαινε και ευοδωσει και δωσει κυριος εις χειρα του βασιλεως

 (왕상 22:16)

· 왕이 저에게 이르되 내가 몇 번이나 너로 맹세케 하여야 네가 여호와의 이름으로 진실한 것으로만 내게 고하겠느냐

· The king said to him, "How many times must I make you swear to tell me nothing but the truth in the name of the LORD?"

· και ειπεν αυτω ο βασιλευς ποσακις εγω ορκιζω σε οπως λαλησ-
ης προς με αληθειαν εν ονοματι κυριου

📖 (왕상 22:17)

· 저가 가로되 내가 보니 온 이스라엘이 목자 없는 양같이 산에 흩어졌는데 여호와의 말씀이 이 무리가 주인이 없으니 각각 평안히 그 집으로 돌아갈 것이니라 하셨나이다

· Then Micaiah answered, "I saw all Israel scattered on the hills like sheep without a shepherd, and the LORD said, 'These people have no master. Let each one go home in peace.'"

· και ειπεν μιχαιας ουχ ουτως εωρακα παντα τον ισραηλ διεσπαρ-
μενον εν τοις ορεσιν ως ποιμνιον ω ουκ εστιν ποιμην και ειπεν κ-
υριος ου κυριος τουτοις αναστρεφετω εκαστος εις τον οικον αυτου
εν ειρηνη

📖 (왕상 22:18)

· 이스라엘 왕이 여호사밧에게 이르되 저 사람이 내게 대하여 길한 것을 예언하지 아니하고 흉한 것을 예언하겠다고 당신에게 말씀하지 아니하였나이까

· The king of Israel said to Jehoshaphat, "Didn't I tell you that he never prophesies anything good about me, but only bad?"

· και ειπεν βασιλευς ισραηλ προς ιωσαφατ βασιλεα ιουδα ουκ ειπα
προς σε ου προφητευει ουτος μοι καλα διοτι αλλ η κακα

📖 (왕상 22:19)

· 미가야가 가로되 그런즉 왕은 여호와의 말씀을 들으소서 내가 보니 여호와께서 그 보좌에 앉으셨고 하늘의 만군이 그 좌우편에 모시

고 서 있는데

· Micaiah continued, "Therefore hear the word of the LORD: I saw the LORD sitting on his throne with all the host of heaven standing around him on his right and on his left.

· και ειπεν μιχαιας ουχ ουτως ουκ εγω ακουε ρημα κυριου ουχ ουτως ειδον τον κυριον θεον ισραηλ καθημενον επι θρονου αυτου και πασα η στρατια του ουρανου ειστηκει περι αυτον εκ δεξιων αυτου και εξ ευωνυμων αυτου

 (왕상 22:20)

· 여호와께서 말씀하시기를 누가 아합을 꾀어 저로 길르앗 라못에 올라가서 죽게 할꼬 하시니 하나는 이렇게 하겠다 하고 하나는 저렇게 하겠다 하였는데

· And the LORD said, 'Who will entice Ahab into attacking Ramoth Gilead and going to his death there?' "One suggested this, and another that.

· και ειπεν κυριος τις απατησει τον αχααβ βασιλεα ισραηλ και αναβησεται και πεσειται εν ρεμμαθ γαλααδ και ειπεν ουτος ουτως και ουτος ουτως

 (왕상 22:21)

· 한 영이 나아와 여호와 앞에 서서 말하되 내가 저를 꾀이겠나이다

· Finally, a spirit came forward, stood before the LORD and said, 'I will entice him.'

· και εξηλθεν πνευμα και εστη ενωπιον κυριου και ειπεν εγω απατησω αυτον και ειπεν προς αυτον κυριος εν τινι

📖 (왕상 22:22)
· 여호와께서 저에게 이르시되 어떻게 하겠느냐 가로되 내가 나가서 거짓말하는 영이 되어 그 모든 선지자의 입에 있겠나이다 여호와께서 가라사대 너는 꾀이겠고 또 이루리라 나가서 그리하라 하셨은즉
· " 'By what means?' the LORD asked. " 'I will go out and be a lying spirit in the mouths of all his prophets,' he said. " 'You will succeed in enticing him,' said the LORD. 'Go and do it.'
· και ειπεν εξελευσομαι και εσομαι πνευμα ψευδες εν στοματι παντων των προφητων αυτου και ειπεν απατησεις και γε δυνησει εξελθε και ποιησον ουτως

📖 (왕상 22:23)
· 이제 **여호와께서 거짓말하는 영을 왕의 이 모든 선지자의 입에 넣으셨고** 또 여호와께서 왕에게 대하여 화를 말씀하셨나이다
· "So now the LORD has put a lying spirit in the mouths of all these prophets of yours. The LORD has decreed disaster for you."
· και νυν ιδου εδωκεν κυριος πνευμα ψευδες εν στοματι παντων των προφητων σου τουτων και κυριος ελαλησεν επι σε κακα

📖 (왕상 22:24)
· 그나아나의 아들 시드기야가 가까이 와서 미가야의 뺨을 치며 이르되 여호와의 영이 나를 떠나 어디로 말미암아 가서 네게 말씀하더냐

📖 (왕상 22:25)
· 미가야가 가로되 네가 골방에 들어가서 숨는 그날에 보리라

📖 (왕상 22:26)
· 이스라엘 왕이 가로되 미가야를 잡아 부윤 아몬과 왕자 요아스에

게로 끌고 돌아가서

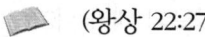 (왕상 22:27)
· 말하기를 왕의 말씀이 이놈을 옥에 가두고 내가 평안히 돌아올 때까지 고생의 떡과 고생의 물로 먹이라 하라

(왕상 22:28)
· 미가야가 가로되 왕이 참으로 평안히 돌아오시게 될진대 여호와께서 나로 말씀하지 아니하셨으리이다 또 가로되 너희 백성들아 다 들을지어다 하니라

(왕상 22:29)
· 이스라엘 왕과 유다 왕 여호사밧이 길르앗 라못으로 올라가니라

(왕상 22:30)
· 이스라엘 왕이 여호사밧에게 이르되 나는 변장하고 군중으로 들어가려 하노니 당신은 왕복을 입으소서 하고 이스라엘 왕이 변장하고 군중으로 들어가니라

(왕상 22:31)
· 아람 왕이 그 병거의 장관 삼십이 인에게 명하여 이르기를 너희는 작은 자나 큰 자나 더불어 싸우지 말고 오직 이스라엘 왕과 싸우라 한지라

(왕상 22:32)
· 병거의 장관들이 여호사밧을 보고 이르되 이가 필연 이스라엘 왕이라 하고 돌이켜 저와 싸우려 한즉 여호사밧이 소리지르는지라

(왕상 22:33)
· 병거의 장관들이 저가 이스라엘 왕이 아님을 보고 쫓기를 그치고 돌이켰더라

📖 (왕상 22:34)
· 한 사람이 우연히 활을 당기어 이스라엘 왕의 갑옷 솔기를 쏜지라 왕이 그 병거 모는 자에게 이르되 내가 부상하였으니 네 손을 돌이켜 나로 군중에서 나가게 하라 하였으나

📖 (왕상 22:35)
· 이날에 전쟁이 맹렬하였으므로 왕이 병거 가운데 붙들려 서서 아람 사람을 막다가 저녁에 이르러 죽었는데 상처의 피가 흘러 병거 바닥에 고였더라

📖 (왕상 22:36)
· 해가 질 즈음에 군중에서 외치는 소리 있어 가로되 각기 성읍으로, 각기 본향으로 하더라

    아합은 길르앗 라못으로 전쟁하러 갈 때에 참된 하나님의 선지자인 미가야의 진실한 예언을 거절하고 400명의 거짓 선지자들의 말을 믿었다. 그래서 그 전쟁터에서 결국 죽임을 당한다. 400명의 선지자가 참 하나님의 선지자였을까? 당시 아합의 아내 이세벨이 건재했고 선지자들이 왕의 떡을 먹고 있는 가운데 악당 아합과 이세벨의 영향력(사람의 뜻) 아래 있었으므로 그들이 주께로부터 온전한 예언을 받지 못하였음은 분명하다.

    그 사건 바로 전에 엘리야의 갈멜 산 기도 대결로 바알의 선지자와 아세라의 제사장들이 백성들과 엘리야에게 모두 죽임을 당했다. 이세벨이, 백성들이 두려워 다시 선지자들을 모았으나 여호와의 선지자란 이름일 뿐 실제로는 이세벨과 아합의 아첨꾼들이었다.

    악한 아합을 죽이기로 작정하신 하나님이 아합으로 하여금 거짓 선지자들의 말을 믿도록 유혹을 역사하사 그 스스로 죽임당할 일을 선택하였다.

셋째, 예수님을 팔아넘긴 가룟 유다이다(요 13:10-30).

[요 13:10-30]

　(요 13:10)

· 예수께서 가라사대 이미 목욕한 자는 발밖에 씻을 필요가 없느니라 온몸이 깨끗하니라 너희가 깨끗하나 다는 아니니라 하시니

· Jesus answered, "A person who has had a bath needs only to wash his feet; his whole body is clean. And you are clean, though not every one of you."

· λέγει αὐτῷ ὁ Ἰησοῦς, Ὁ λελουμένος οὐκ ἔχει χρείαν εἰ μὴ τοὺς πόδας νίψασθαι, ἀλλ' ἔστιν καθαρὸς ὅλος· καὶ ὑμεῖς καθαροί ἐστε, ἀλλ' οὐχὶ πάντες.

　(요 13:11)

· 이는 자기를 팔 자가 누구인지 아심이라 그러므로 다는 깨끗지 아니하다 하시니라

· For he knew who was going to betray him, and that was why he said not every one was clean.

· ᾔδει γὰρ τὸν παραδιδόντα αὐτόν· διὰ τοῦτο εἶπεν ὅτι Οὐχὶ πάντες καθαροί ἐστε.

　　(요 13:12)

· 저희 발을 씻기신 후에 옷을 입으시고 다시 앉아 저희에게 이르시되 내가 너희에게 행한 것을 너희가 아느냐

· When he had finished washing their feet, he put on his clothes and returned to his place. "Do you understand what I have done for you?" he asked them.

- Ὅτε οὖν ἔνιψεν τοὺς πόδας αὐτῶν [καὶ] ἔλαβεν τὰ ἱμάτια αὐτοῦ καὶ ἀνέπεσεν πάλιν, εἶπεν αὐτοῖς, Γινώσκετε τί πεποίηκα ὑμῖν

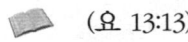 (요 13:13)

- 너희가 나를 선생이라 또는 주라 하니 너희 말이 옳도다 내가 그러하다
- "You call me 'Teacher' and 'Lord,' and rightly so, for that is what I am.
- ὑμεῖς φωνεῖτέ με Ὁ διδάσκαλος καὶ Ὁ κύριος, καὶ καλῶς λέγετε, εἰμὶ γάρ.

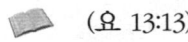 (요 13:14)

- 내가 주와 또는 선생이 되어 너희 발을 씻겼으니 너희도 서로 발을 씻기는 것이 옳으니라
- Now that I, your Lord and Teacher, have washed your feet, you also should wash one another's feet.
- εἰ οὖν ἐγὼ ἔνιψα ὑμῶν τοὺς πόδας ὁ κύριος καὶ ὁ διδάσκαλος, καὶ ὑμεῖς ὀφείλετε ἀλλήλων νίπτειν τοὺς πόδας·

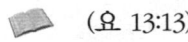 (요 13:15)

- 내가 너희에게 행한 것같이 너희도 행하게 하려 하여 본을 보였노라
- I have set you an example that you should do as I have done for you.
- ὑπόδειγμα γὰρ ἔδωκα ὑμῖν ἵνα καθὼς ἐγὼ ἐποίησα ὑμῖν καὶ ὑμεῖς ποιῆτε.

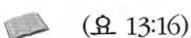 (요 13:16)

· 내가 진실로 진실로 너희에게 이르노니 종이 상전보다 크지 못하고 보냄을 받은 자가 보낸 자보다 크지 못하니

· I tell you the truth, no servant is greater than his master, nor is a messenger greater than the one who sent him.

· ἀμὴν ἀμὴν λέγω ὑμῖν, οὐκ ἔστιν δοῦλος μείζων τοῦ κυρίου αὐτοῦ οὐδὲ ἀπόστολος μείζων τοῦ πέμψαντος αὐτόν.

📖 (요 13:17)

· 너희가 이것을 알고 행하면 복이 있으리라

· Now that you know these things, you will be blessed if you do them.

· εἰ ταῦτα οἴδατε, μακάριοί ἐστε ἐὰν ποιῆτε αὐτά.

📖 (요 13:18)

· 내가 너희를 다 가리켜 말하는 것이 아니라 내가 나의 택한 자들이 누구인지 앎이라 그러나 내 떡을 먹는 자가 내게 발꿈치를 들었다 한 성경을 응하게 하려는 것이니라

· "I am not referring to all of you; I know those I have chosen. But this is to fulfill the scripture: 'He who shares my bread has lifted up his heel against me.'

· οὐ περὶ πάντων ὑμῶν λέγω· ἐγὼ οἶδα τίνας ἐξελεξάμην· ἀλλ᾽ ἵνα ἡ γραφὴ πληρωθῇ, Ὁ τρώγων μου τὸν ἄρτον ἐπῆρεν ἐπ᾽ ἐμὲ τὴν πτέρναν αὐτοῦ.

📖 (요 13:19)

· 지금부터 일이 이루기 전에 미리 너희에게 이름은 일이 이룰 때에 내가 그인 줄 너희로 믿게 하려 함이로라

· "I am telling you now before it happens, so that when it does happen you will believe that I am He.

· ἀπ' ἄρτι λέγω ὑμῖν πρὸ τοῦ γενέσθαι, ἵνα πιστεύσητε ὅταν γένηται ὅτι ἐγώ εἰμι.

(요 13:20)

· 내가 진실로 진실로 너희에게 이르노니 나의 보낸 자를 영접하는 자는 나를 영접하는 것이요 나를 영접하는 자는 나를 보내신 이를 영접하는 것이니라

· I tell you the truth, whoever accepts anyone I send accepts me; and whoever accepts me accepts the one who sent me."

· ἀμὴν ἀμὴν λέγω ὑμῖν, ὁ λαμβάνων ἄν τινα πέμψω ἐμὲ λαμβάνει, ὁ δὲ ἐμὲ λαμβάνων λαμβάνει τὸν πέμψαντά με.

(요 13:21)

· 예수께서 이 말씀을 하시고 심령에 민망하여 증거하여 가라사대 내가 진실로 진실로 너희에게 이르노니 너희 중 하나가 나를 팔리라 하시니

· After he had said this, Jesus was troubled in spirit and testified, "I tell you the truth, one of you is going to betray me."

· Ταῦτα εἰπὼν [ὁ] Ἰησοῦς ἐταράχθη τῷ πνεύματι καὶ ἐμαρτύρησεν καὶ εἶπεν, Ἀμὴν ἀμὴν λέγω ὑμῖν ὅτι εἷς ἐξ ὑμῶν παραδώσει με.

(요 13:22)

· 제자들이 서로 보며 뉘게 대하여 말씀하시는지 의심하더라

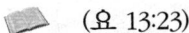 (요 13:23)

· 예수의 제자 중 하나 곧 그의 사랑하시는 자가 예수의 품에 의지하여 누웠는지라

📖 (요 13:24)

· 시몬 베드로가 머릿짓을 하여 말하되 말씀하신 자가 누구인지 말하라 한대

📖 (요 13:25)

· 그가 예수의 가슴에 그대로 의지하여 말하되 주여 누구오니이까

📖 (요 13:26)

· 예수께서 대답하시되 내가 한 조각을 찍어다가 주는 자가 그니라 하시고 곧 한 조각을 찍으셔다가 가룟 시몬의 아들 유다를 주시니

📖 (요 13:27)

· 조각을 받은 후 곧 사단이 그 속에 들어간지라 이에 예수께서 유다에게 이르시되 네 하는 일을 속히 하라 하시니

· As soon as Judas took the bread, Satan entered into him. "What you are about to dodo quickly," Jesus told him,

· καὶ μετὰ τὸ ψωμίον τότε εἰσῆλθεν εἰς ἐκεῖνον ὁ Σατανᾶς. λέγει οὖν αὐτῷ ὁ Ἰησοῦς, Ὃ ποιεῖς ποίησον τάχιον.

📖 (요 13:28)

· 이 말씀을 무슨 뜻으로 하셨는지 그 앉은 자 중에 아는 이가 없고

· but no one at the meal understood why Jesus said this to him.

· τοῦτο [δὲ] οὐδεὶς ἔγνω τῶν ἀνακειμένων πρὸς τί εἶπεν αὐτῷ·

📖 (요 13:29)

· 어떤 이들은 유다가 돈궤를 맡았으므로 명절에 우리의 쓸 물건을 사라 하시는지 혹 가난한 자들에게 무엇을 주라 하시는 줄로 생각하

더라

· Since Judas had charge of the money, some thought Jesus was telling him to buy what was needed for the Feast, or to give something to the poor.

· τινὲς γὰρ ἐδόκουν, ἐπεὶ τὸ γλωσσόκομον εἶχεν Ἰούδας, ὅτι λέγει αὐτῷ [ὁ] Ἰησοῦς, Ἀγόρασον ὧν χρείαν ἔχομεν εἰς τὴν ἑορτήν, ἢ τοῖς πτωχοῖς ἵνα τι δῷ.

 (요 13:30)

· 유다가 그 조각을 받고 곧 나가니 밤이러라

· As soon as Judas had taken the bread, he went out. And it was night.

· λαβὼν οὖν τὸ ψωμίον ἐκεῖνος ἐξῆλθεν εὐθύς. ἦν δὲ νύξ.

예수를 팔려는 마음은 오래 전 돈궤에서 돈을 훔칠 때 싹트고 뿌리가 내렸다. 돈을 사랑함이 일만 악의 뿌리가 된다 하였는데, 마귀가 예수를 팔려는 생각을 유다의 마음에 넣자 그가 결심하였고, 사탄이 그 속에 들어갔다.

유다는 돈을 사랑하고, 악한 것을 좋아하고, 선한 것을 따르지 않음으로 사람과 결탁하고, 그들을 받아들이고, 예수님께서 거듭 회개의 기회를 주셨는데도 그 기회를 잃어버리고 자살로 끝을 맺었다.

예수께서는 오직 예수님만이 하나님께 가는 통로라고 하셨다(요 14:6).

[요 14:6]

 (요 14:6)

· 예수께서 가라사대 내가 곧 길이요 진리요 생명이니 **나로 말미암지 않고는** 아버지께로 올 자가 없느니라

· Jesus answered, "I am the way and the truth and the life. No one comes to the Father except through me.

· λέγει αὐτῷ, [ὁ] Ἰησοῦς, Ἐγώ εἰμι ἡ ὁδὸς καὶ ἡ ἀλήθεια καὶ ἡ ζωή· οὐδεὶς ἔρχεται πρὸς τὸν πατέρα εἰ μὴ δι' ἐμοῦ.

그렇다! 예수를 따르고 사랑하고 순종하고 닮는 것이 참된 길이다.
당신은 예수를 따를 것인가, 사람을 따를 것인가?
당신은 사람의 계명으로 예수를 거절하는 자를 따를 것인가?
당신은 옛 계명인 율법을 따르기 위하여 새 계명을 거절할 것인가?
당신은 예수의 새 계명을 따를 것인가, 옛 계명을 고수할 것인가?
당신은 사람의 교훈을 따를 것인가, 성경을 따를 것인가?

성령을 따라 판단하라. 천하보다 귀한 당신의 생명, 영생의 문제가 달려 있다!

13. 주의 날과 8일의 의미, 그리고 주의 선포와 초청의 의미

성경은 '주의 날'에 대하여 우리에게 알려준다(계 1:10).

[계 1:10]

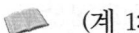 (계 1:10)

· 주의 날에 내가 성령에 감동하여 내 뒤에서 나는 나팔 소리 같은 큰 음성을 들으니

· On the Lord's Day I was in the Spirit, and I heard behind me a loud voice like a trumpet,

· ἐγενόμην ἐν πνεύματι ἐν τῇ κυριακῇ ἡμέρᾳ καὶ ἤκουσα ὀπίσω μου φωνὴν μεγάλην ὡς σάλπιγγος

주의 날은 주 예수 그리스도가 부활하신 날이다.

이날은 안식 후 첫날이며, 안식일과 확실히 구별된 날로서 혼돈되게 사용된 성경적 근거가 없으며, 명백히 안식일 다음 날이다. 그러므로 이날이 안식일이라고 주장하는 어리석음을 범하지 말아야 한다

신약에 단 한 번도 주의 날과 안식일이 교차 사용되거나 인용된 적이 없다.

안식일이 '제7일' 이라면 주의 날은 '제8일'이다.

이 '주의 날'은 예수 그리스도가 부활하신 부활의 날 '제8일'이다.

제8일에 관하여 성경 여러 곳에 새로운 시작을 알리는 예수 그리스도의 그

림자들이 감추어져 있다. 이제까지 감추어져 있었으나 이제 드러난 것은 인간의 어리석음을 벗기시려는 하나님의 사랑과 배려이다.

"성경 어디에도 주일의 당위성을 근거할 날은 없다"라는 무식한 말은 하지 말라!

레위기 23장에 각종 절기에 관한 규례가 나타나 있는데 그 첫 규례는 유월절과 무교절이다(도표2 참조). 유월절은 정월 14일부터 무교절 7일을 합산하면 '제8일'이 된다. 예수 그리스도의 대속의 죽음과 고난의 과정을 상징하는 첫 두 절기가 합하여 '제8일'이 된다(레 23:5-8). **유월절과 무교절은 연결되어 있다.**

유월절 피를 바르는 곳은 문의 좌우 설주와 인방으로서 이 모양은 히브리어의 여덟 번째 글자 헤이트(ח) 로서 생명이란 뜻을 가지고 있으며 8의 숫자를 포함하는데 양의 문 되신 예수와 유월절 어린양의 피가 발라짐으로 생명을 얻게 함을 나타낸다.

[레 23:5-8] 유월절, 무교절

 (레 23:5)
· 정월 십사일 저녁은 여호와의 유월절이요
· The LORD'S Passover begins at twilight on the fourteenth day of the first month.
· εν τω πρωτω μηνι εν τη τεσσαρεσκαιδεκατη ημερα του μηνος ανα μεσον των εσπερινων πασχα τω κυριω

📖 (레 23:6)
· 이달 십오일은 여호와의 무교절이니 칠 일 동안 너희는 무교병을 먹을 것이요
· On the fifteenth day of that month the LORD'S Feast of Unleavened Bread begins; for seven days you must eat bread made without yeast.
· και εν τη πεντεκαιδεκατη ημερα του μηνος τουτου εορτη των αζυμων τω κυριω επτα ημερας αζυμα εδεσθε

📖 (레 23:7)
· 그 첫날에는 너희가 성회로 모이고 아무 노동도 하지 말지며
· On the first day hold a sacred assembly and do no regular work.
· και η ημερα η πρωτη κλητη αγια εσται υμιν παν εργον λατρευτον ου ποιησετε

📖 (레 23:8)
· 너희는 칠 일 동안 여호와께 화제를 드릴 것이요 제칠 일에도 성회로 모이고 아무 노동도 하지 말지니라
· For seven days present an offering made to the LORD by fire. And on the seventh day hold a sacred assembly and do no regular work.'"
· και προσαξετε ολοκαυτωματα τω κυριω επτα ημερας και η εβδομη ημερα κλητη αγια εσται υμιν παν εργον λατρευτον ου ποιησετε

[초실절]

안식일 이튿날에 시작되는 초실절은 '제8일'로서 예수 그리스도의 부활의 첫 열매 되심, 즉 정확히 '안식 후 첫날' 부활하여 일어나실 것을 예시한다(레 23:11). 그러므로 유월절과 무교절을 합하면 8일이 된다.

이날은 안식일이 아니다. "안식 후 첫날"이다(고전 15:20).
예언되고 성취된 이날이 '주 예수의 날'이다.
'주일', '주의 날'(계 1:10), 부활의 날이다.

[레 23:11]

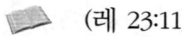 (레 23:11)

· 제사장은 너희를 위하여 그 단을 여호와 앞에 열납되도록 흔들되 안식일 이튿날에 흔들 것이며

· He is to wave the sheaf before the LORD so it will be accepted on your behalf; the priest is to wave it on the day after the Sabbath.

· και ανοισει το δραγμα εναντι κυριου δεκτον υμιν τη επαυριον της πρωτης ανοισει αυτο ο ιερευς

[오순절]

오순절은 초실절의 날부터 일곱 안식일의 수효를 세어서 49일 후(7×7=49) 그리고 '이튿날'(제8일)까지 합하여 '50일'을 채운 날이다.

'하루'를 더한, 곧 이 '주의 날'을 합해야 오순절이 되게 하심(안식일이 아님)은 예수 그리스도로 또 다른 보혜사를 이 땅에 보내심의 언약이 완수되게 하

신 '더하여짐'으로 완성된다. 곧 하루가 더해져야 온전한 '주의 날'이 된다(레 23:15-16; 요 14:16-21; 행 1:4-5, 2:1-4).

[레 23:15-16]

 (레 23:15)

· 안식일 이튿날 곧 너희가 요제로 단을 가져온 날부터 세어서 칠 안식일의 수효를 채우고

· "'From the day after the Sabbath, the day you brought the sheaf of the wave offering, count off seven full weeks.

· και αριθμησετε υμεις απο της επαυριον των σαββατων απο της ημερας ης αν προσενεγκητε το δραγμα του επιθεματος επτα εβδομαδας ολοκληρους

 (레 23:16)

· 제칠안식일 이튿날까지 합 오십일을 계수하여 새 소제를 여호와께 드리되

· Count off fifty days up to the day after the seventh Sabbath, and then present an offering of new grain to the LORD.

· εως της επαυριον της εσχατης εβδομαδος αριθμησετε πεντηκοντα ημερας και προσοισετε θυσιαν νεαν τω κυριω

[요 14:16-21]

 (요 14:16)

· 내가 아버지께 구하겠으니 그가 또 다른 보혜사를 너희에게 주사 영원토록 너희와 함께 있게 하시리니

· And I will ask the Father, and he will give you another Counselor to be with you forever-

· κἀγὼ ἐρωτήσω τὸν πατέρα καὶ ἄλλον παράκλητον δώσει ὑμῖν, ἵνα μεθ' ὑμῶν εἰς τὸν αἰῶνα ᾖ,

 (요 14:17)

· 저는 진리의 영이라 세상은 능히 저를 받지 못하나니 이는 저를 보지도 못하고 알지도 못함이라 그러나 너희는 저를 아나니 저는 너희와 함께 거하심이요 또 너희 속에 계시겠음이라

· the Spirit of truth. The world cannot accept him, because it neither sees him nor knows him. But you know him, for he lives with you and will be in you.

· τὸ πνεῦμα τῆς ἀληθείας, ὃ ὁ κόσμος οὐ δύναται λαβεῖν, ὅτι οὐ θεωρεῖ αὐτὸ οὐδὲ γινώσκει· ὑμεῖς γινώσκετε αὐτό, ὅτι παρ' ὑμῖν μένει καὶ ἐν ὑμῖν ἔσται.

 (요 14:18)

· 내가 너희를 고아와 같이 버려두지 아니하고 너희에게로 오리라

· I will not leave you as orphans; I will come to you.

· Οὐκ ἀφήσω ὑμᾶς ὀρφανούς, ἔρχομαι πρὸς ὑμᾶς.

 (요 14:19)

· 조금 있으면 세상은 다시 나를 보지 못할 터이로되 너희는 나를 보리니 이는 내가 살았고 너희도 살겠음이라

· Before long, the world will not see me anymore, but you will see me. Because I live, you also will live.

· ἔτι μικρὸν καὶ ὁ κόσμος με οὐκέτι θεωρεῖ, ὑμεῖς δὲ θεωρεῖτέ με, ὅτι ἐγὼ ζῶ καὶ ὑμεῖς ζήσετε.

📖 (요 14:20)

· 그날에는 내가 아버지 안에, 너희가 내 안에, 내가 너희 안에 있는 것을 너희가 알리라

· On that day you will realize that I am in my Father, and you are in me, and I am in you.

· ἐν ἐκείνῃ τῇ ἡμέρᾳ γνώσεσθε ὑμεῖς ὅτι ἐγὼ ἐν τῷ πατρί μου καὶ ὑμεῖς ἐν ἐμοὶ κἀγὼ ἐν ὑμῖν.

📖 (요 14:21)

· 나의 계명을 가지고 지키는 자라야 나를 사랑하는 자니 나를 사랑하는 자는 내 아버지께 사랑을 받을 것이요 나도 그를 사랑하여 그에게 나를 나타내리라

· Whoever has my commands and obeys them, he is the one who loves me. He who loves me will be loved by my Father, and I too will love him and show myself to him."

· ὁ ἔχων τὰς ἐντολάς μου καὶ τηρῶν αὐτὰς ἐκεῖνός ἐστιν ὁ ἀγαπῶν με· ὁ δὲ ἀγαπῶν με ἀγαπηθήσεται ὑπὸ τοῦ πατρός μου, κἀγὼ ἀγαπήσω αὐτὸν καὶ ἐμφανίσω αὐτῷ ἐμαυτόν.

[행 1:4-5]

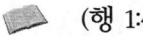 (행 1:4)

· 사도와 같이 모이사 저희에게 분부하여 가라사대 예루살렘을 떠나지 말고 내게 들은 바 아버지의 약속하신 것을 기다리라

· On one occasion, while he was eating with them, he gave them this command: "Do not leave Jerusalem, but wait for the gift my

Father promised, which you have heard me speak about.

· καὶ συναλιζόμενος παρήγγειλεν αὐτοῖς ἀπὸ Ἱεροσολύμων μὴ χωρίζεσθαι ἀλλὰ περιμένειν τὴν ἐπαγγελίαν τοῦ πατρὸς ἣν ἠκούσατέ μου,

 (행 1:5)

· 요한은 물로 침례를 베풀었으나 너희는 몇 날이 못 되어 성령으로 침례를 받으리라 하셨느니라

· For John baptized with water, but in a few days you will be baptized with the Holy Spirit."

· ὅτι Ἰωάννης μὲν ἐβάπτισεν ὕδατι, ὑμεῖς δὲ ἐν πνεύματι βαπτισθήσεσθε ἁγίῳ οὐ μετὰ πολλὰς ταύτας ἡμέρας.

[행 2:1-4]

 (행 2:1)

· 오순절 날이 이미 이르매 저희가 다 같이 한곳에 모였더니

· When the day of Pentecost came, they were all together in one place.

· Καὶ ἐν τῷ συμπληροῦσθαι τὴν ἡμέραν τῆς πεντηκοστῆς ἦσαν πάντες ὁμοῦ ἐπὶ τὸ αὐτό.

 (행 2:2)

· 홀연히 하늘로부터 급하고 강한 바람 같은 소리가 있어 저희 앉은 온 집에 가득하며

· Suddenly a sound like the blowing of a violent wind came from heaven and filled the whole house where they were sitting.

· καὶ ἐγένετο ἄφνω ἐκ τοῦ οὐρανοῦ ἦχος ὥσπερ φερομένης πνοῆς βιαίας καὶ ἐπλήρωσεν ὅλον τὸν οἶκον οὗ ἦσαν καθήμενοι

 (행 2:3)
· 불의 혀같이 갈라지는 것이 저희에게 보여 각 사람 위에 임하여 있더니
· They saw what seemed to be tongues of fire that separated and came to rest on each of them.
· καὶ ὤφθησαν αὐτοῖς διαμεριζόμεναι γλῶσσαι ὡσεὶ πυρὸς καὶ ἐκάθισεν ἐφ' ἕνα ἕκαστον αὐτῶν,

 (행 2:4)
· 저희가 다 성령의 충만함을 받고 성령이 말하게 하심을 따라 다른 방언으로 말하기를 시작하니라
· All of them were filled with the Holy Spirit and began to speak in other tongues as the Spirit enabled them.
· καὶ ἐπλήσθησαν πάντες πνεύματος ἁγίου καὶ ἤρξαντο λαλεῖν ἑτέραις γλώσσαις καθὼς τὸ πνεῦμα ἐδίδου ἀποφθέγγεσθαι αὐτοῖς.

[초막절]

초막절도 있다. 7일 동안 화제를 드리고 '제8일'에도 드릴지니 이는 '거룩한 대회'라고 하셨다. 이는 안식일이 절대 아님을 밝히고 있다.

왜 이날을 '대회', '성회'라고 하였는가? 성경에 그 이유가 잘 설명되어 있다(레 23:34-38).

[레 23:34-38]

 (레 23:34)
- 이스라엘 자손에게 고하여 이르라 칠 월 십오 일은 초막절이니 여호와를 위하여 칠 일 동안 지킬 것이라
- "Say to the Israelites: 'On the fifteenth day of the seventh month the LORD'S Feast of Tabernacles begins, and it lasts for seven days.
- λαλησον τοις υιοις ισραηλ λεγων τη πεντεκαιδεκατη του μηνος του εβδομου τουτου εορτη σκηνων επτα ημερας τω κυριω

 (레 23:35)
- 첫날에는 성회가 있을지니 너희는 아무 노동도 하지 말지며
- The first day is a sacred assembly; do no regular work.
- και η ημερα η πρωτη κλητη αγια παν εργον λατρευτον ου ποιησετε

 (레 23:36)
- 칠 일 동안에 너희는 화제를 여호와께 드릴 것이요 **제팔일에도** 너희에게 성회가 될 것이며 화제를 여호와께 드릴지니 **이는 거룩한 대회라** 너희는 아무 노동도 하지 말지니라
- For seven days present offerings made to the LORD by fire, and on the eighth day hold a sacred assembly and present an offering made to the LORD by fire. It is the closing assembly; do no regular work.
- επτα ημερας προσαξετε ολοκαυτωματα τω κυριω και η ημερα η ογδοη κλητη αγια εσται υμιν και προσαξετε ολοκαυτωματα τω κυριω εξοδιον εστιν παν εργον λατρευτον ου ποιησετε

📖 (레 23:37)
· 이것들은 여호와의 절기라 너희는 공포하여 성회를 삼고 번제와 소제와 희생과 전제를 각각 그날에 여호와께 화제로 드릴지니
· "'These are the LORD'S appointed feasts, which you are to proclaim as sacred assemblies for bringing offerings made to the LORD by fire-the burnt offerings and grain offerings, sacrifices and drink offerings required for each day.
· αυται αι εορται κυριω ας καλεσετε κλητας αγιας ωστε προσενεγκαι καρπωματα τω κυριω ολοκαυτωματα και θυσιας αυτων και σπονδας αυτων το καθ ημεραν εις ημεραν

📖 (레 23:38)
· 이는 여호와의 안식일 외에, 너희의 헌물 외에, 너희의 모든 서원 예물 외에, 너희의 모든 낙헌 예물 외에 너희가 여호와께 드리는 것이니라
· These offerings are in addition to those for the LORD'S Sabbaths and in addition to your gifts and whatever you have vowed and all the freewill offerings you give to the LORD.)
· πλην των σαββατων κυριου και πλην των δοματων υμων και πλην πασων των ευχων υμων και πλην των εκουσιων υμων α αν δωτε τω κυριω

초막절은 한 해 모든 절기와 행사의 끝이며, 동시에 이 모든 절기 행사의 의미를 아우르는 '마지막 절기 명절'이다.

또한 세상 끝에 이루어질 나라, 곧 예수 그리스도가 왕이 되어 세상을 통치

하실 하나님 나라의 그림자이다.

이날은 장차 오실 '예수 그리스도의 날'이며 오실 그분의 그림자적 사건임을 드러내기 위한 날이다.

예수께서 한 해 모든 명절의 끝날인 **'큰날'**, 초막절 마지막 날, 곧 **'제8일'**, **'대회'**요 **'성회의 날'**에 예루살렘 성전에 서서 그 의미를 외치셨다(요 7:37-38).

[요 7:37-38]

 (요 7:37)

· 명절 끝 날 곧 **큰날**에 예수께서 서서 외쳐 가라사대 누구든지 목마르거든 **내게로 와서 마시라**

· On the last and greatest day of the Feast, Jesus stood and said in a loud voice, "If anyone is thirsty, let him come to me and drink.

· Ἐν δὲ τῇ ἐσχάτῃ ἡμέρᾳ τῇ μεγάλῃ τῆς ἑορτῆς εἱστήκει ὁ Ἰησοῦς καὶ ἔκραξεν λέγων, Ἐάν τις διψᾷ ἐρχέσθω πρός με καὶ πινέτω.

 (요 7:38)

· 나를 믿는 자는 성경에 이름과 같이 그 배에서 생수의 강이 흘러나리라 하시니

· Whoever believes in me, as the Scripture has said, streams of living water will flow from within him."

· ὁ πιστεύων εἰς ἐμέ, καθὼς εἶπεν ἡ γραφή, ποταμοὶ ἐκ τῆς κοιλίας αὐτοῦ ῥεύσουσιν ὕδατος ζῶντος.

초막절 끝 날 '제8일'에 하신 이 선언은 에스겔서에 나타나는 "생명수의 강물을 흘려내실 성전"이심을 선포하신 것이다(겔 47:1-12).

[겔 47:1-12]

 (겔 47:1)

· 그가 나를 데리고 전 문에 이르시니 전의 전면이 동을 향하였는데 그 문지방 밑에서 물이 나와서 동으로 흐르다가 전 우편 제단 남편으로 흘러내리더라

· The man brought me back to the entrance of the temple, and I saw water coming out from under the threshold of the temple toward the east (for the temple faced east). The water was coming down from under the south side of the temple, south of the altar.

· και εισηγαγεν με επι τα προθυρα του οικου και ιδου υδωρ εξεπορευετο υποκατωθεν του αιθριου κατ ανατολας οτι το προσωπον του οικου εβλεπεν κατ ανατολας και το υδωρ κατεβαινεν απο του κλιτους του δεξιου απο νοτου επι το θυσιαστηριον

 (겔 47:2)

· 그가 또 나를 데리고 북문으로 나가서 바깥 길로 말미암아 꺾여 동향한 바깥 문에 이르시기로 본즉 물이 그 우편에서 스미어 나오더라

· He then brought me out through the north gate and led me around the outside to the outer gate facing east, and the water was flowing from the south side.

· και εξηγαγεν με κατα την οδον της πυλης της προς βορραν και περιηγαγεν με την οδον εξωθεν προς την πυλην της αυλης της βλεπουσης κατ ανατολας και ιδου το υδωρ κατεφερετο απο του κλιτους του δεξιου

📖 (겔 47:3)

· 그 사람이 손에 줄을 잡고 동으로 나아가며 일천 척을 척량한 후에 나로 그 물을 건너게 하시니 물이 발목에 오르더니

· As the man went eastward with a measuring line in his hand, he measured off a thousand cubits and then led me through water that was ankle-deep.

· καθως εξοδος ανδρος εξ εναντιας και μετρον εν τη χειρι αυτου και διεμετρησεν χιλιους εν τω μετρω και διηλθεν εν τω υδατι υδωρ αφεσεως

📖 (겔 47:4)

· 다시 일천 척을 척량하고 나로 물을 건너게 하시니 물이 무릎에 오르고 다시 일천 척을 척량하고 나로 물을 건너게 하시니 물이 허리에 오르고

· He measured off another thousand cubits and led me through water that was knee-deep. He measured off another thousand and led me through water that was up to the waist.

· και διεμετρησεν χιλιους και διηλθεν εν τω υδατι υδωρ εως των μηρων και διεμετρησεν χιλιους και διηλθεν υδωρ εως οσφυος

📖 (겔 47:5)

· 다시 일천 척을 척량하시니 물이 내가 건너지 못할 강이 된지라 그 물이 창일하여 헤엄할 물이요 사람이 능히 건너지 못할 강이더라

· He measured off another thousand, but now it was a river that I could not cross, because the water had risen and was deep enough to swim in-a river that no one could cross.

· και διεμετρησεν χιλιους και ουκ ηδυνατο διελθειν οτι εξυβριζεν το υδωρ ως ροιζος χειμαρρου ον ου διαβησονται

 (겔 47:6)

· 그가 내게 이르시되 인자야 네가 이것을 보았느냐 하시고 나를 인도하여 강가로 돌아가게 하시기로

· He asked me, "Son of man, do you see this?" Then he led me back to the bank of the river.

· και ειπεν προς με ει εωρακας υιε ανθρωπου και ηγαγεν με επι το χειλος του ποταμου

 (겔 47:7)

· 내가 돌아간즉 강 좌우편에 나무가 심히 많더라

· When I arrived there, I saw a great number of trees on each side of the river.

· εν τη επιστροφη μου και ιδου επι του χειλους του ποταμου δενδρα πολλα σφοδρα ενθεν και ενθεν

 (겔 47:8)

· 그가 내게 이르시되 이 물이 동방으로 향하여 흘러 아라바로 내려가서 바다에 이르니 이 흘러내리는 물로 그 바다의 물이 소성함을 얻을지라

· He said to me, "This water flows toward the eastern region and goes down into the Arabah, where it enters the Sea. When it empties into the Sea, the water there becomes fresh.

· και ειπεν προς με το υδωρ τουτο το εκπορευομενον εις την γαλιλαιαν την προς ανατολας και κατεβαινεν επι την αραβιαν και ηρχετο εως επι την θαλασσαν επι το υδωρ της διεκβολης και υγιασει τα υδατα

📖 (겔 47:9)

· 이 강물이 이르는 곳마다 번성하는 모든 생물이 살고 또 고기가 심히 많으리니 이 물이 흘러 들어가므로 바닷물이 소성함을 얻겠고 이 강이 이르는 각처에 모든 것이 살 것이며

· Swarms of living creatures will live wherever the river flows. There will be large numbers of fish, because this water flows there and makes the salt water fresh; so where the river flows everything will live.

· και εσται πασα ψυχη των ζωων των εκζεοντων επι παντα εφ α αν επελθη εκει ο ποταμος ζησεται και εσται εκει ιχθυς πολυς σφοδρα οτι ηκει εκει το υδωρ τουτο και υγιασει και ζησεται παν εφ ο αν επελθη ο ποταμος εκει ζησεται

📖 (겔 47:10)

· 또 이 강가에 어부가 설 것이니 엔게디에서부터 에네글라임까지 그물 치는 곳이 될 것이라 그 고기가 각기 종류를 따라 큰 바다의 고기같이 심히 많으려니와

· Fishermen will stand along the shore: from En Gedi to En Eglaim there will be places for spreading nets. The fish will be of many kinds-like the fish of the Great Sea.

· και στησονται εκει αλεεις απο αινγαδιν εως αιναγαλιμ ψυγμος σαγηνων εσται καθ αυτην εσται και οι ιχθυες αυτης ως οι ιχθυες της θαλασσης της μεγαλης πληθος πολυ σφοδρα

📖 (겔 47:11)
· 그 진펄과 개펄은 소성되지 못하고 소금 땅이 될 것이며
· But the swamps and marshes will not become fresh; they will be left for salt.
· και εν τη διεκβολη αυτου και εν τη επιστροφη αυτου και εν τη υπεραρσει αυτου ου μη υγιασωσιν εις αλας δεδονται

📖 (겔 47:12)
· 강 좌우 가에는 각종 먹을 실과나무가 자라서 그 잎이 시들지 아니하며 실과가 끊치지 아니하고 달마다 새 실과를 맺으리니 그 물이 성소로 말미암아 나옴이라 그 실과는 먹을 만하고 그 잎사귀는 약 재료가 되리라
· Fruit trees of all kinds will grow on both banks of the river. Their leaves will not wither, nor will their fruit fail. Every month they will bear, because the water from the sanctuary flows to them. Their fruit will serve for food and their leaves for healing."
· και επι του ποταμου αναβησεται επι του χειλους αυτου ενθεν και ενθεν παν ξυλον βρωσιμον ου μη παλαιωθη επ αυτου ουδε μη εκλιπη ο καρπος αυτου της καινοτητος αυτου πρωτοβολησει διοτι τα υδατα αυτων εκ των αγιων ταυτα εκπορευεται και εσται ο καρπος αυτων εις βρωσιν και αναβασις αυτων εις υγιειαν

예수님은 또한 므리바의 물을 쏟아낸 반석이시다(고전 10:4).

예수께서는 자신이 모든 절기의 주인공 되심을 선포하셨다.

자신이 절기 의미의 '끝'이며, '열매'시며, 모든 '명절의 기쁨'을 아우르는 '절정'이 되심을 선포하신 외침이었다.

이 '날'의 주인공이 예수 그리스도요 '제8일'의 날,

곧 '주의 날'이 부활의 '날'이다(도표 2 참조).

이는 출애굽시키신 하나님의 은혜를 되새기고 즐거워할 것을 명령하신 절기다(레 23:39-43).

[레 23:39-43]

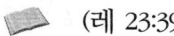 (레 23:39)

· 너희가 토지 소산 거두기를 마치거든 칠 월 십오 일부터 칠 일 동안 여호와의 절기를 지키되 첫날에도 안식하고 제팔일에도 안식할 것이요

· "'So beginning with the fifteenth day of the seventh month, after you have gathered the crops of the land, celebrate the festival to the LORD for seven days; the first day is a day of rest, and the eighth day also is a day of rest.

· και εν τη πεντεκαιδεκατη ημερα του μηνος του εβδομου τουτου οταν συντελεσητε τα γενηματα της γης εορτασετε τω κυριω επτα ημερας τη ημερα τη πρωτη αναπαυσις και τη ημερα τη ογδοη αναπαυσις

 (레 23:40)

· 첫날에는 너희가 아름다운 나무 실과와 종려 가지와 무성한 가지

와 시내버들을 취하여 너희 하나님 여호와 앞에서 칠 일 동안 즐거워할 것이라

· On the first day you are to take choice fruit from the trees, and palm fronds, leafy branches and poplars, and rejoice before the LORD your God for seven days.

· και λημψεσθε τη ημερα τη πρωτη καρπον ξυλον ωραιον και καλλυνθρα φοινικων και κλαδους ξυλου δασεις και ιτεας και αγνου κλαδους εκ χειμαρρου ευφρανθηναι εναντι κυριου του θεου υμων επτα ημερας

📖 (레 23:41)

· 너희는 매년에 칠 일 동안 여호와께 이 절기를 지킬지니 너희 대대로의 영원한 규례라 너희는 칠 월에 이를 지킬지니라

· Celebrate this as a festival to the LORD for seven days each year. This is to be a lasting ordinance for the generations to come; celebrate it in the seventh month.

· του ενιαυτου νομιμον αιωνιον εις τας γενεας υμων εν τω μηνι τω εβδομω εορτασετε αυτην

📖 (레 23:42)

· 너희는 칠 일 동안 초막에 거하되 이스라엘에서 난 자는 다 초막에 거할지니

· Live in booths for seven days: All native-born Israelites are to live in booths

· εν σκηναις κατοικησετε επτα ημερας πας ο αυτοχθων εν ισραηλ κατοικησει εν σκηναις

📖 (레 23:43)
· 이는 내가 이스라엘 자손을 애굽 땅에서 인도하여 내던 때에 초막에 거하게 한 줄을 너희 대대로 알게 함이니라 나는 너희 하나님 여호와니라
· so your descendants will know that I had the Israelites live in booths when I brought them out of Egypt. I am the LORD your God.'"
· οπως ιδωσιν αι γενεαι υμων οτι εν σκηναις κατωκισα τους υιους ισραηλ εν τω εξαγαγειν με αυτους εκ γης αιγυπτου εγω κυριος ο θεος υμων

이는 예수 그리스도로 '죄'와 '사망'과 '율법'의 '종' 됨에서 자유하게 하심을 기뻐하도록 하신 '자유'와 '승리'의 '기념일'이며 '속박'과 '억눌림'에서 '해방'되게 함을 기념하게 하신 '생명'과 '부활의 날', '승리의 날', '기쁨의 날'이며,

이 선포는 '영원한 승리'와 '영생의 근원'이 '자신'이심을 선포하신 것이다.

'새 날'에 속한 '새 언약의 날', 새 계명의 날, 새 생명의 날, 예수로 완성된 날, 자유의 날, 이날이 영원한 "주의 날"이다(행 20:7; 계 1:10).

[행 20:7]

 (행 20:7)
· 안식 후 첫날에 우리가 떡을 떼려 하여 모였더니 바울이 이튿날

떠나고자 하여 저희에게 강론할새 말을 밤중까지 계속하매
· On the first day of the week we came together to break bread. Paul spoke to the people and, because he intended to leave the next day, kept on talking until midnight.
· Ἐν δὲ τῇ μιᾷ τῶν σαββάτων συνηγμένων ἡμῶν κλάσαι ἄρτον, ὁ Παῦλος διελέγετο αὐτοῖς μέλλων ἐξιέναι τῇ ἐπαύριον, παρέτεινέν τε τὸν λόγον μέχρι μεσονυκτίου.

[계 1:10]

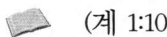 (계 1:10)
· 주의 날에 내가 성령에 감동하여 내 뒤에서 나는 나팔 소리 같은 큰 음성을 들으니
· On the Lord's Day I was in the Spirit, and I heard behind me a loud voice like a trumpet,
· ἐγενόμην ἐν πνεύματι ἐν τῇ κυριακῇ ἡμέρᾳ καὶ ἤκουσα ὀπίσω μου φωνὴν μεγάλην ὡς σάλπιγγος

말씀이 이렇다고 해서 주의 날을 꼭 8일로 지켜야 한다는 말은 아니다.
날짜와 숫자보다 그날의 주인이 누구인지가 중요하다.
그러므로 그날의 주인이신 예수를 중심에 둔 날로 지켜야지 안식일주의자들처럼 날짜와 요일에 얽매이는 어리석음을 범하지 말아야 한다.

예수 그리스도 안에 들어온 자는 모든 날이 새 날이요, 새 생명의 날이며, 부활의 기쁨과 축제의 날이다.

하나님 나라에서는 모든 날이 천국 생활 그 자체인데, 그것은 바로 **예수 그리스도 안에** 살기 때문이다.

구약의 안식일 규정을 신약의 주일에 그대로 적용하는 것도 주의해야 할 문제이다.

예수 그리스도를 십자가에 못 박는 빌미가 된 율법적 안식일은 예수께서 율법의 마침이 되시고 새 생명과 새 창조의 새 날을 여심으로 새롭게 만드신, 성도에게는 멍에로서의 안식일이 아니라 자유와 부활의 기쁨과 감사의 축제일이다. 이렇게 축하하고 즐거워할 주의 날로 지키는 것이 더욱 바람직하다.

구약의 모든 교훈과 사건, 절기, 의식과 율례와 상징, 비유와 인물, 역사와 족보, 성막과 성전, 예언과 모형은 예수 그리스도와 연결될 때 비로소 의미와 가치와 빛을 발하게 된다 (한눈에 보는 "성경의 중심이신 예수 그리스도" - ※ 도표 ① 참조).

이는 성경의 중심이 예수 그리스도요,

예수 그리스도가 우리의 구세주이심을 자세히 알리시려고 하나님께서 구약의 모든 사건과 교훈과 비유 등을 그리스도의 그림자로 기록하셨고,

또 거짓과 이단에 속지 않도록 안전 장치를 만들어 두신 것이다.

그러므로 예수 그리스도를 신앙의 핵심과 중심사상의 기초와 다림줄로 삼지 않으면 안 된다.

보이는 세계와 우주와 보이지 않는 것들과 보좌, 주관, 정사, 권세들이나 만

물이 다 예수 그리스도로 말미암고 그를 위하여 창조되었으니 그분 위에 성부 하나님 외에 어느 것도 올려놓을 수 없는 분이시다.

만물과 예수 그리스도를 저울에 달아 본다면, 그 아무리 중요하다고 해도 예수 그리스도보다 무거울 창조물과 피조물은 존재할 수 없다(도표 3 참조).

아버지께서 우리에게 그분을 선물로 주셔서 우리 안에 거하고(내주하고), 동행하고(임마누엘), 친구로 교제하게 하셨으니 주 예수를 기쁘시게 하는 것이 우리가 마땅히 할 바이다. 그분을 존귀케 높여 드리자.

사탄은 이 그리스도 중심이어야 할 사상을 초점을 흐리게 하고 엉뚱한 것을 강조해서 '논쟁과 관심'에 강조점을 두도록 유혹하고 미혹한다. 안식일, 먹는 것, 마시는 것, 절기, 월삭, 조사, 심판, 지옥, 인 치는 표 등등에 집중하게 한다. 허접스럽고 지나간 율법의 초등 학문적, 몽학선생적인 유치하고 어리석은 일에 골몰케 하므로 "예수를 바라보지 못하도록"(히 12:2) 방해한다.

[히 12:2]

 (히 12:2)

· 믿음의 주요 또 온전케 하시는 이인 예수를 바라보자 저는 그 앞에 있는 즐거움을 위하여 십자가를 참으사 부끄러움을 개의치 아니하시더니 하나님 보좌 우편에 앉으셨느니라

· Let us fix our eyes on Jesus, the author and perfecter of our faith, who for the joy set before him endured the cross, scorning its shame, and sat down at the right hand of the throne of God.

· ἀφορῶντες εἰς τὸν τῆς πίστεως ἀρχηγὸν καὶ τελειωτὴν Ἰησοῦν, ὃς ἀντὶ τῆς προκειμένης αὐτῷ χαρᾶς ὑπέμεινεν σταυρὸν αἰσχύνης καταφρονήσας ἐν δεξιᾷ τε τοῦ θρόνου τοῦ θεοῦ κεκάθικεν.

바울은 다른 교훈을 가르치지 말며, 그러한 이들이 '복음을 혼잡하게' 하고 신화와 끝없는 족보로 변론을 일으키고 믿음과 착한 양심을 버렸다고 말하며, 그중에 후메내오와 알렉산더가 있다 하였다(딤전 1:3-4; 19-20).

[딤전 1:3-4]

 (딤전 1:3)
· 내가 마게도냐로 갈 때에 너를 권하여 에베소에 머물라 한 것은 어떤 사람들을 명하여 **다른 교훈**을 가르치지 말며
· As I urged you when I went into Macedonia, stay there in Ephesus so that you may command certain men not to teach false doctrines any longer
· Καθὼς παρεκάλεσά σε προσμεῖναι ἐν Ἐφέσῳ πορευόμενος εἰς Μακεδονίαν, ἵνα παραγγείλῃς τισὶν μὴ ἑτεροδιδασκαλεῖν

 (딤전 1:4)
· 신화와 끝없는 족보에 착념치 말게 하려 함이라 이런 것은 믿음 안에 있는 하나님의 경륜을 이룸보다 도리어 **변론**을 내는 것이라
· nor to devote themselves to myths and endless genealogies. These promote controversies rather than God's work-which is by faith.
· μηδὲ προσέχειν μύθοις καὶ γενεαλογίαις ἀπεράντοις, αἵτινες ἐκζητήσεις παρέχουσιν μᾶλλον ἢ οἰκονομίαν θεοῦ τὴν ἐν πίστει.

[딤전 1:19-20]

📖 (딤전 1:19)
· 믿음과 착한 양심을 가지라 어떤 이들이 이 양심을 버렸고 그 믿음에 관하여는 파선하였느니라
· holding on to faith and a good conscience. Some have rejected these and so have shipwrecked their faith.
· ἔχων πίστιν καὶ ἀγαθὴν συνείδησιν, ἥν τινες ἀπωσάμενοι περὶ τὴν πίστιν ἐναυάγησαν,

📖 (딤전 1:20)
· 그 가운데 후메내오와 알렉산더가 있으니 내가 사단에게 내어준 것은 저희로 징계를 받아 **훼방하지 말게** 하려 함이니라
· Among them are Hymenaeus and Alexander, whom I have handed over to Satan to be taught not to blaspheme.
· ὧν ἐστιν Ὑμέναιος καὶ Ἀλέξανδρος, οὓς παρέδωκα τῷ Σατανᾷ, ἵνα παιδευθῶσιν μὴ βλασφημεῖν.

누구든지 **다른 교훈**을 하며 바른 말 곧 '우리 **구주 예수 그리스도의 말씀**과 경건에 관한 교훈에 착념하지 아니하는 자는 "교만하여 아무것도 알지 못하고", **"변론과 언쟁"**을 좋아하는 자니 이로써 **악한 생각과 다툼이 일어난다고 하였다**(딤전 6:3-5).

[딤전 6:3-5]
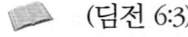 (딤전 6:3)
· 누구든지 다른 교훈을 하며 바른 말 곧 우리 주 예수 그리스도의 말씀과 경건에 관한 교훈에 착념치 아니하면

· If anyone teaches false doctrines and does not agree to the sound instruction of our Lord Jesus Christ and to godly teaching,

· εἴ τις ἑτεροδιδασκαλεῖ καὶ μὴ προσέρχεται ὑγιαίνουσιν λόγοις τοῖς τοῦ κυρίου ἡμῶν Ἰησοῦ Χριστοῦ καὶ τῇ κατ' εὐσέβειαν διδασκαλίᾳ,

📖 (딤전 6:4)

· 저는 교만하여 아무것도 알지 못하고 변론과 언쟁을 좋아하는 자니 이로써 투기와 분쟁과 훼방과 악한 생각이 나며

· he is conceited and understands nothing. He has an unhealthy interest in controversies and quarrels about words that result in envy, strife, malicious talk, evil suspicions

· τετύφωται, μηδὲν ἐπιστάμενος, ἀλλὰ νοσῶν περὶ ζητήσεις καὶ λογομαχίας, ἐξ ὧν γίνεται φθόνος ἔρις βλασφημίαι, ὑπόνοιαι πονηραί,

📖 (딤전 6:5)

· 마음이 부패하여지고 진리를 잃어버려 경건을 이익의 재료로 생각하는 자들의 다툼이 일어나느니라

· and constant friction between men of corrupt mind, who have been robbed of the truth and who think that godliness is a means to financial gain.

· διαπαρατριβαὶ διεφθαρμένων ἀνθρώπων τὸν νοῦν καὶ ἀπεστερημένων τῆς ἀληθείας, νομιζόντων πορισμὸν εἶναι τὴν εὐσέβειαν.

우리는 다른 수많은 사람과 같이 하나님의 말씀을 혼잡하게 하지 말고, 곧 순전함으로 하나님께 받은 것같이 말해야 한다(고후 2:17).

[고후 2:17]

(고후 2:17)

· 우리는 수다한 사람과 같이 하나님의 말씀을 혼잡하게 하지 아니하고 곧 순전함으로 하나님께 받은 것같이 하나님 앞에서와 그리스도 안에서 말하노라

· Unlike so many, we do not peddle the word of God for profit. On the contrary, in Christ we speak before God with sincerity, like men sent from God.

· οὐ γάρ ἐσμεν ὡς οἱ πολλοὶ καπηλεύοντες τὸν λόγον τοῦ θεοῦ, ἀλλ' ὡς ἐξ εἰλικρινείας, ἀλλ' ὡς ἐκ θεοῦ κατέναντι θεοῦ ἐν Χριστῷ λαλοῦμεν.

숨은 부끄러움의 일을 버리고, 궤휼 가운데 행하지 아니하며, 하나님의 말씀을 혼잡하게 하지 아니하고 오직 진리(예수 그리스도)를 나타냄으로 하나님 앞에서 각 사람의 양심에 대하여 스스로 천거해야 한다(고후 4:2). 그러므로 어리석은 말쟁이들은 물러가라!

[고후 4:2]

 (고후 4:2)

· 이에 숨은 부끄러움의 일을 버리고 궤휼 가운데 행하지 아니하며 하나님의 말씀을 혼잡케 아니하고 오직 진리를 나타냄으로 하나님 앞에서 각 사람의 양심에 대하여 스스로 천거하노라

· Rather, we have renounced secret and shameful ways; we do not use deception, nor do we distort the word of God. On the contrary, by setting forth the truth plainly we commend ourselves to every man's conscience in the sight of God.

· ἀλλὰ ἀπειπάμεθα τὰ κρυπτὰ τῆς αἰσχύνης, μὴ περιπατοῦντες ἐν πανουργίᾳ μηδὲ δολοῦντες τὸν λόγον τοῦ θεοῦ ἀλλὰ τῇ φανερώσει τῆς ἀληθείας συνιστάνοντες ἑαυτοὺς πρὸς πᾶσαν συνείδησιν ἀνθρώπων ἐνώπιον τοῦ θεοῦ.

[희년 기쁨의 해]
희년 또한 하나님이 우리에게 기쁨으로 주신 날이다(레 25:8-55).

[레 25:8-55]
 (레 25:8)

· 너는 일곱 안식년을 계수할지니 이는 칠 년이 일곱 번인즉 안식년 일곱 번 동안 곧 사십구 년이라

· "'Count off seven sabbaths of years-seven times seven years-so that the seven sabbaths of years amount to a period of forty-nine years.

· και εξαριθμησεις σεαυτω επτα αναπαυσεις ετων επτα ετη επτακις και εσονται σοι επτα εβδομαδες ετων εννεα και τεσσαρακοντα ετη

 (레 25:9)

· 칠 월 십 일은 속죄일이니 너는 나팔 소리를 내되 전국에서 나팔을 크게 불지며

· Then have the trumpet sounded everywhere on the tenth day

of the seventh month; on the Day of Atonement sound the trumpet throughout your land.

· και διαγγελειτε σαλπιγγος φωνη εν παση τη γη υμων τω μηνι τω εβδομω τη δεκατη του μηνος τη ημερα του ιλασμου διαγγελειτε σαλπιγγι εν παση τη γη υμων

📖 (레 25:10)

· 제오십년을 거룩하게 하여 전국 거민에게 자유를 공포하라 이 해는 너희에게 희년이니 너희는 각각 그 기업으로 돌아가며 각각 그 가족에게로 돌아갈지며

· Consecrate the fiftieth year and proclaim liberty throughout the land to all its inhabitants. It shall be a jubilee for you; each one of you is to return to his family property and each to his own clan.

· και αγιασετε το ετος το πεντηκοστον ενιαυτον και διαβοησετε αφεσιν επι της γης πασιν τοις κατοικουσιν αυτην ενιαυτος αφεσεως σημασια αυτη εσται υμιν και απελευσεται εις εκαστος εις την κτησιν αυτου και εκαστος εις την πατριδα αυτου απελευσεσθε

📖 (레 25:11)

· **그 오십 년은** 너희의 희년이니 너희는 파종하지 말며 스스로 난 것을 거두지 말며 다스리지 아니한 포도를 거두지 말라

· The fiftieth year shall be a jubilee for you; do not sow and do not reap what grows of itself or harvest the untended vines.

· αφεσεως σημασια αυτη το ετος το πεντηκοστον ενιαυτος εσται υμιν ου σπερειτε ουδε αμησετε τα αυτοματα αναβαινοντα αυτης και ου τρυγησετε τα ηγιασμενα αυτης

희년은 기쁨의 해로서 7년 안식년을 일곱 번 지난 다음 해 되는 50년, 즉 '제8일'이 확대된 '제8년'에 '오순절이 확대된 한 해'에 해당된다(레 25:8-55).

왜 7년 곱하기 7년을 하고도 '한 해'를 '더' 하라 하셨는가? 이 더하여진 '한 해'가 예수 그리스도로 새롭게 시작될 새 언약, 새 역사의 시작인 예수의 그림자요 모형이다.

첫 창조에 속한 '7일' 다음에 예수 그리스도로 새로이 시작되는 '8일'은 예수 그리스도로 말미암는 재창조(하나님의 나라)를 시작하심이다.

희년은 예수 그리스도께서 이 땅에 오셔서 가난하고 억눌리고 죄악의 포로 된 자들을 풀어 자유케 하고 슬픔을 당한 자들을 기쁘게 하시기 위하여 오실 그리스도의 사역의 '예표'요 '그림자'다.

예수께서 갈릴리 나사렛 회당에서 선지자 이사야의 글(사 61:1-3)을 읽으시고 "이 글이 너희 귀에 응" 하였느니라 하심으로 '자기 사역의 시작'을 선포하셨다(눅 4:18-21).

[사 61:1-3]

 (사 61:1)

· 주 여호와의 신이 내게 임하셨으니 이는 여호와께서 내게 기름을 부으사 가난한 자에게 아름다운 소식을 전하게 하려 하심이라 나를 보내사 마음이 상한 자를 고치며 포로 된 자에게 자유를, 갇힌 자에게 놓임을 전파하며

· The Spirit of the Sovereign LORD is on me, because the LORD has anointed me to preach good news to the poor. He has sent me to bind up the brokenhearted, to proclaim freedom for the captives and release from darkness for the prisoners,

· πνευμα κυριου επ εμε ου εινεκεν εχρισεν με ευαγγελισασθαι πτωχοις απεσταλκεν με ιασασθαι τους συντετριμμενους τη καρδια κηρυξαι αιχμαλωτοις αφεσιν και τυφλοις αναβλεψιν

 (사 61:2)

· 여호와의 은혜의 해와 우리 하나님의 신원의 날을 전파하여 모든 슬픈 자를 위로하되

· to proclaim the year of the LORD'S favor and the day of vengeance of our God, to comfort all who mourn,

· καλεσαι ενιαυτον κυριου δεκτον και ημεραν ανταποδοσεως παρακαλεσαι παντας τους πενθουντας

 (사 61:3)

· 무릇 시온에서 슬퍼하는 자에게 화관을 주어 그 재를 대신하며 희락의 기름으로 그 슬픔을 대신하며 찬송의 옷으로 그 근심을 대신하시고 그들로 의의 나무 곧 여호와의 심으신 바 그 영광을 나타낼 자라 일컬음을 얻게 하려 하심이니라

· and provide for those who grieve in Zion-to bestow on them a crown of beauty instead of ashes, the oil of gladness instead of mourning, and a garment of praise instead of a spirit of despair. They will be called oaks of righteousness, a planting of the LORD for the display of his splendor.

· δοθηναι τοις πενθουσιν σιων δοξαν αντι σποδου αλειμμα ευφροσ υνης τοις πενθουσιν καταστολην δοξης αντι πνευματος ακηδιας και κληθησονται γενεαι δικαιοσυνης φυτευμα κυριου εις δοξαν

[눅 4:18-21]

 (눅 4:18)

· 주의 성령이 내게 임하셨으니 이는 가난한 자에게 복음을 전하게 하시려고 내게 기름을 부으시고 나를 보내사 포로 된 자에게 자유를, 눈먼 자에게 다시 보게 함을 전파하며 눌린 자를 자유케 하고

· "The Spirit of the Lord is on me, because he has anointed me to preach good news to the poor. He has sent me to proclaim freedom for the prisoners and recovery of sight for the blind, to release the oppressed,

· Πνεῦμα κυρίου ἐπ' ἐμὲ οὗ εἵνεκεν ἔχρισέν με εὐαγγελίσασθαι πτωχοῖς, ἀπέσταλκέν με, κηρύξαι αἰχμαλώτοις ἄφεσιν καὶ τυφλοῖς ἀνάβλεψιν, ἀποστεῖλαι τεθραυσμένους ἐν ἀφέσει,

 (눅 4:19)

· 주의 은혜의 해를 전파하게 하려 하심이라 하였더라

· to proclaim the year of the Lord's favor."

· κηρύξαι ἐνιαυτὸν κυρίου δεκτόν.

 (눅 4:20)

· 책을 덮어 그 맡은 자에게 주시고 앉으시니 회당에 있는 자들이 다 주목하여 보더라

· Then he rolled up the scroll, gave it back to the attendant and sat down. The eyes of everyone in the synagogue were fastened

on him,

- καὶ πτύξας τὸ βιβλίον ἀποδοὺς τῷ ὑπηρέτῃ ἐκάθισεν· καὶ πάντων οἱ ὀφθαλμοὶ ἐν τῇ συναγωγῇ ἦσαν ἀτενίζοντες αὐτῷ.

 (눅 4:21)

- 이에 예수께서 저희에게 말씀하시되 이 글이 오늘날 너희 귀에 응하였느니라 하시니
- and he began by saying to them, "Today this scripture is fulfilled in your hearing."
- ἤρξατο δὲ λέγειν πρὸς αὐτοὺς ὅτι Σήμερον πεπλήρωται ἡ γραφὴ αὕτη ἐν τοῖς ὠσὶν ὑμῶν.

이것이 예수께서 이 세상에 오셔서 우리를 죄에서 해방시키시고 자유와 기쁨을 누리게 하신 '희년의 선포'요, '예수 그리스도로 시작되는 하나님 나라의 선포'이다.

예수님은 인간을 속이고 빼앗고, 소경 되게 하고, 포로 되게 하며, 두려움으로 억눌러 사탄에게 슬픔 당한 자들을 부요케 하고, 보게 하고, 자유케 하고, 기쁨으로 넘치게 하시고자 사탄의 권세를 깨뜨리셨다(사 61:1-3).

도적이 오는 것은 도적질하고 죽이고 멸망시키기 위해서요,

인자가 오신 것은 양으로 생명을 얻게 하고 더 풍성히 얻게 하려 함이다(요 10:10). 안식주의자들은 성도의 구원을 위함이 아니라 도적질하고 죽이고 멸망케 하려고 온 자들이다.

[요 10:10]

 (요 10:10)

- 도적이 오는 것은 도적질하고 죽이고 멸망시키려는 것뿐이요 내가 온 것은 양으로 생명을 얻게 하고 더 풍성히 얻게 하려는 것이라
- The thief comes only to steal and kill and destroy; I have come that they may have life, and have it to the full.
- ὁ κλέπτης οὐκ ἔρχεται εἰ μὴ ἵνα κλέψῃ καὶ θύσῃ καὶ ἀπολέσῃ· ἐγὼ ἦλθον ἵνα ζωὴν ἔχωσιν καὶ περισσὸν ἔχωσιν.

예수 그리스도의 말씀과 성경의 기준으로 볼 때 그 사실이 명백히 드러난다. 예수 그리스도는 "누구든지 예수 그리스도 안에 있으면 새로운 피조물이라 보라 이전 것은 지나갔으니 보라 새것이 되었도다"(고후 5:17)라고 선언하셨다.

[고후 5:17]

 (고후 5:17)
- 그런즉 누구든지 그리스도 안에 있으면 새로운 피조물이라 이전 것은 지나갔으니 보라 새것이 되었도다
- Therefore, if anyone is in Christ, he is a new creation; the old has gone, the new has come!
- ὥστε εἴ τις ἐν Χριστῷ, καινὴ κτίσις· τὰ ἀρχαῖα παρῆλθεν, ἰδοὺ γέγονεν καινά·

전도서 1장 9-10절은 하늘 아래 새것이 없다고 하였는데, 창조하신 이가 새롭게 해야만 새것이 된다. 주님은 우리를 자기 안에서 새것이 되게 하셨다.

[전 1:9-10]

 (전 1:9)

· 이미 있던 것이 후에 다시 있겠고 이미 한 일을 후에 다시 할지라 해 아래는 새것이 없나니

· What has been will be again, what has been done will be done again; there is nothing new under the sun.

· τι το γεγονος αυτο το γενησομενον και τι το πεποιημενον αυτο το ποιηθησομενον και ουκ εστιν παν προσφατον υπο τον ηλιον

 (전 1:10)

· 무엇을 가리켜 이르기를 보라 이것이 새것이라 할 것이 있으랴 우리 오래 전 세대에도 이미 있었느니라

· Is there anything of which one can say, "Look! This is something new"? It was here already, long ago; it was here before our time.

· ος λαλησει και ερει ιδε τουτο καινον εστιν ηδη γεγονεν εν τοις αιωσιν τοις γενομενοις απο εμπροσθεν ημων

할례처럼 드러나는 표시는 아무것도 아니로되 오직 **새로 지으심을 받은 자**뿐이라 하셨고(갈 6:15) 자기 안에서 한 새사람을 지어 화평하게 하신 **새사람**을 입으라 하였다(엡 2:15).

[갈 6:15]

 (갈 6:15)

· 할례나 무할례가 아무것도 아니로되 **오직 새로 지으심을 받은 자**

뿐이니라

· Neither circumcision nor uncircumcision means anything; what counts is a new creation.

· οὔτε γὰρ περιτομή τί ἐστιν οὔτε ἀκροβυστία ἀλλὰ καινὴ κτίσις.

[엡 2:15]

 (엡 2:15)

· 원수 된 것 곧 **의문에 속한 계명의 율법을 자기 육체로 폐하셨으니** 이는 이 둘로 자기의 안에서 한 새사람을 지어 화평하게 하시고

· by abolishing in his flesh the law with its commandments and regulations. His purpose was to create in himself one new man out of the two, thus making peace,

· τὸν νόμον τῶν ἐντολῶν ἐν δόγμασιν καταργήσας, ἵνα τοὺς δύο κτίσῃ ἐν αὐτῷ, εἰς ἕνα καινὸν ἄνθρωπον ποιῶν εἰρήνην

14. 하나님은 왜 안식일 외의 날을 주셨는가?

예수 그리스도는 율법과 제도와 관습에 얽매이지 않으시는 분임을 나타내심이며, 그 이상의 의미와 뜻을 나타내실 분임을 드러내시기 위해서이다(요 4:10-26).

1) 예배 받으시는 이가 예수 그리스도시다(요 10:30).

[요 4:10-26]

 (요 4:10)
· 예수께서 대답하여 가라사대 네가 만일 하나님의 선물과 또 네게 물 좀 달라 하는 이가 누구인 줄 알았더면 네가 그에게 구하였을 것이요 그가 생수를 네게 주었으리라
· Jesus answered her, "If you knew the gift of God and who it is that asks you for a drink, you would have asked him and he would have given you living water."
· ἀπεκρίθη Ἰησοῦς καὶ εἶπεν αὐτῇ, Εἰ ᾔδεις τὴν δωρεὰν τοῦ θεοῦ καὶ τίς ἐστιν ὁ λέγων σοι, Δός μοι πεῖν, σὺ ἂν ᾔτησας αὐτὸν καὶ ἔδωκεν ἄν σοι ὕδωρ ζῶν.

 (요 4:11)

• 여자가 가로되 주여 물 길을 그릇도 없고 이 우물은 깊은데 어디서 이 생수를 얻겠삽나이까

• "Sir," the woman said, "you have nothing to draw with and the well is deep. Where can you get this living water?

• λέγει αὐτῷ [ἡ γυνή], Κύριε, οὔτε ἄντλημα ἔχεις καὶ τὸ φρέαρ ἐστὶν βαθύ· πόθεν οὖν ἔχεις τὸ ὕδωρ τὸ ζῶν

📖 (요 4:12)

• 우리 조상 야곱이 이 우물을 우리에게 주었고 또 여기서 자기와 자기 아들들과 짐승이 다 먹었으니 당신이 야곱보다 더 크니이까

• Are you greater than our father Jacob, who gave us the well and drank from it himself, as did also his sons and his flocks and herds?"

• μὴ σὺ μείζων εἶ τοῦ πατρὸς ἡμῶν Ἰακώβ, ὃς ἔδωκεν ἡμῖν τὸ φρέαρ καὶ αὐτὸς ἐξ αὐτοῦ ἔπιεν καὶ οἱ υἱοὶ αὐτοῦ καὶ τὰ θρέμματα αὐτοῦ

📖 (요 4:13)

• 예수께서 대답하여 가라사대 이 물을 먹는 자마다 다시 목마르려니와

• Jesus answered, "Everyone who drinks this water will be thirsty again,

• ἀπεκρίθη Ἰησοῦς καὶ εἶπεν αὐτῇ, Πᾶς ὁ πίνων ἐκ τοῦ ὕδατος τούτου διψήσει πάλιν·

📖 (요 4:14)

• 내가 주는 물을 먹는 자는 영원히 목마르지 아니하리니 나의 주는 물은 그 속에서 영생하도록 솟아나는 샘물이 되리라

· but whoever drinks the water I give him will never thirst. Indeed, the water I give him will become in him a spring of water welling up to eternal life."

· ὃς δ' ἂν πίῃ ἐκ τοῦ ὕδατος οὗ ἐγὼ δώσω αὐτῷ, οὐ μὴ διψήσει εἰς τὸν αἰῶνα, ἀλλὰ τὸ ὕδωρ ὃ δώσω αὐτῷ, γενήσεται ἐν αὐτῷ πηγὴ ὕδατος ἁλλομένου εἰς ζωὴν αἰώνιον.

📖 (요 4:15)

· 여자가 가로되 주여 이런 물을 내게 주사 목마르지도 않고 또 여기 물 길러 오지도 않게 하옵소서

· The woman said to him, "Sir, give me this water so that I won't get thirsty and have to keep coming here to draw water."

· λέγει πρὸς αὐτὸν ἡ γυνή, Κύριε, δός μοι τοῦτο τὸ ὕδωρ, ἵνα μὴ διψῶ μηδὲ διέρχωμαι ἐνθάδε ἀντλεῖν.

📖 (요 4:16)

· 가라사대 가서 네 남편을 불러오라

· He told her, "Go, call your husband and come back."

· Λέγει αὐτῇ, Ὕπαγε φώνησον τὸν ἄνδρα σου καὶ ἐλθὲ ἐνθάδε.

📖 (요 4:17)

· 여자가 대답하여 가로되 나는 남편이 없나이다 예수께서 가라사대 네가 남편이 없다 하는 말이 옳도다

· "I have no husband," she replied. Jesus said to her, "You are right when you say you have no husband.

· ἀπεκρίθη ἡ γυνὴ καὶ εἶπεν αὐτῷ, Οὐκ ἔχω ἄνδρα. λέγει αὐτῇ ὁ Ἰησοῦς, Καλῶς εἶπας ὅτι Ἄνδρα οὐκ ἔχω·

📖 (요 4:18)

• 네가 남편 다섯이 있었으나 지금 있는 자는 네 남편이 아니니 네 말이 참되도다

• The fact is you have had five husbands, and the man you now have is not your husband. What you have just said is quite true."

• πέντε γὰρ ἄνδρας ἔσχες καὶ νῦν ὃν ἔχεις οὐκ ἔστιν σου ἀνήρ· τοῦτο ἀληθὲς εἴρηκας.

📖 (요 4:19)

• 여자가 가로되 주여 내가 보니 선지자로소이다

• "Sir," the woman said, "I can see that you are a prophet.

• λέγει αὐτῷ ἡ γυνή, Κύριε, θεωρῶ ὅτι προφήτης εἶ σύ.

📖 (요 4:20)

• 우리 조상들은 이 산에서 예배하였는데 당신들의 말은 예배할 곳이 예루살렘에 있다 하더이다

• Our fathers worshiped on this mountain, but you Jews claim that the place where we must worship is in Jerusalem."

• οἱ πατέρες ἡμῶν ἐν τῷ ὄρει τούτῳ προσεκύνησαν· καὶ ὑμεῖς λέγετε ὅτι ἐν Ἱεροσολύμοις ἐστὶν ὁ τόπος ὅπου προσκυνεῖν δεῖ.

📖 (요 4:21)

• 예수께서 가라사대 여자여 내 말을 믿으라 이 산에서도 말고 예루살렘에서도 말고 너희가 **아버지께 예배할 때**가 이르리라

• Jesus declared, "Believe me, woman, a time is coming when you will worship the Father neither on this mountain nor in Jerusalem.

• λέγει αὐτῇ ὁ Ἰησοῦς, Πίστευέ μοι, γύναι, ὅτι ἔρχεται ὥρα ὅτε οὔτε ἐν τῷ ὄρει τούτῳ οὔτε ἐν Ἱεροσολύμοις προσκυνήσετε τῷ πατρί.

📖 (요 4:22)

• 너희는 알지 못하는 것을 예배하고 우리는 아는 것을 예배하노니 이는 구원이 유대인에게서 남이니라

• You Samaritans worship what you do not know; we worship what we do know, for salvation is from the Jews.

• ὑμεῖς προσκυνεῖτε ὃ οὐκ οἴδατε· ἡμεῖς προσκυνοῦμεν ὃ οἴδαμεν, ὅτι ἡ σωτηρία ἐκ τῶν Ἰουδαίων ἐστίν.

📖 (요 4:23)

• 아버지께 참으로 예배하는 자들은 신령과 진정으로 예배할 때가 오나니 곧 이때라 아버지께서는 이렇게 자기에게 예배하는 자들을 찾으시느니라

• Yet a time is coming and has now come when the true worshipers will worship the Father in spirit and truth, for they are the kind of worshipers the Father seeks.

• ἀλλὰ ἔρχεται ὥρα καὶ νῦν ἐστιν, ὅτε οἱ ἀληθινοὶ προσκυνηταὶ προσκυνήσουσιν τῷ πατρὶ ἐν πνεύματι καὶ ἀληθείᾳ· καὶ γὰρ ὁ πατὴρ τοιούτους ζητεῖ τοὺς προσκυνοῦντας αὐτόν.

📖 (요 4:24)

• 하나님은 영이시니 예배하는 자가 신령과 진정으로 예배할지니라

• God is spirit, and his worshipers must worship in spirit and in truth."

· πνεῦμα ὁ θεός, καὶ τοὺς προσκυνοῦντας αὐτὸν ἐν πνεύματι καὶ ἀληθείᾳ δεῖ προσκυνεῖν.

 (요 4:25)

· 여자가 가로되 메시아 곧 그리스도라 하는 이가 오실 줄을 내가 아노니 그가 오시면 모든 것을 우리에게 고하시리이다

· The woman said, "I know that Messiah" (called Christ) "is coming. When he come, she will explain everything to us."

· λέγει αὐτῷ ἡ γυνή, Οἶδα ὅτι Μεσσίας ἔρχεται ὁ λεγόμενος Χριστός· ὅταν ἔλθῃ ἐκεῖνος, ἀναγγελεῖ ἡμῖν ἅπαντα.

 (요 4:26)

· 예수께서 이르시되 네게 말하는 내가 그로라 하시니라

· Then Jesus declared, "I who speak to you am he."

· λέγει αὐτῇ ὁ Ἰησοῦς, Ἐγώ εἰμι, ὁ λαλῶν σοι.

신령(성령)과 진정(말씀=말씀이 육신 되신 예수)으로 예배할 때는 예수가 있는 지금 이곳임을 말씀하신 것으로 "내가 그로라"는 자신이 예배를 받으시는 바로 그분임을 밝히신 것이다.

예수 그리스도는 만물의 창조자이시며 조물주로서 피조물과는 완전히 차원이 다른 분이시기 때문이다(골 1:16, 도표 3 참조).

2) 희년의 주인은 예수 그리스도시다(눅 4:18-21)

희년은 기쁨의 해로서 7년 안식년을 일곱 번 지난 다음 해 되는 50년, 즉

'제8일'이 확대된 '제8년'에 '오순절이 확대된 한 해'에 해당된다(레 25:8-55).

왜 7년 곱하기 7년을 하고도 '한 해'를 '더' 하라 하셨는가? 이 더하여진 '한 해'가 예수 그리스도로 새롭게 시작될 새 언약, 새 역사의 시작인 예수의 그림자요 모형이다.

첫 창조에 속한 '7일' 다음에 예수 그리스도로 새로이 시작되는 '8일'은 예수 그리스도로 말미암는 재창조(하나님의 나라)를 시작하심이다.

희년은 예수 그리스도께서 이 땅에 오셔서 가난하고 억눌리고 죄악의 포로된 자들을 풀어 자유케 하고 슬픔을 당한 자들을 기쁘게 하시기 위하여 오실 그리스도의 사역의 '예표'요 '그림자'다.

예수께서 갈릴리 나사렛 회당에서 선지자 이사야의 글(사 61:1-3)을 읽으시고 "이 글이 너희 귀에 응" 하였느니라 하심으로 '자기 사역의 시작'을 선포하셨다(눅 4:18-21).

[사 61:1-3]

 (사 61:1)

· 주 여호와의 신이 내게 임하셨으니 이는 여호와께서 내게 기름을 부으사 가난한 자에게 아름다운 소식을 전하게 하려 하심이라 나를 보내사 마음이 상한 자를 고치며 포로 된 자에게 자유를, 갇힌 자에게 놓임을 전파하며

· The Spirit of the Sovereign LORD is on me, because the LORD has anointed me to preach good news to the poor. He has sent me to bind up the brokenhearted, to proclaim freedom for the captives and release from darkness for the prisoners,

· πνευμα κυριου επ εμε ου εινεκεν εχρισεν με ευαγγελισασθαι πτωχοις απεσταλκεν με ιασασθαι τους συντετριμμενους τη καρδια κηρυξαι αιχμαλωτοις αφεσιν και τυφλοις αναβλεψιν

 (사 61:2)

· 여호와의 은혜의 해와 우리 하나님의 신원의 날을 전파하여 모든 슬픈 자를 위로하되

· to proclaim the year of the LORD'S favor and the day of vengeance of our God, to comfort all who mourn,

· καλεσαι ενιαυτον κυριου δεκτον και ημεραν ανταποδοσεως παρακαλεσαι παντας τους πενθουντας

 (사 61:3)

· 무릇 시온에서 슬퍼하는 자에게 화관을 주어 그 재를 대신하며 희락의 기름으로 그 슬픔을 대신하며 찬송의 옷으로 그 근심을 대신하시고 그들로 의의 나무 곧 여호와의 심으신 바 그 영광을 나타낼 자라 일컬음을 얻게 하려 하심이니라

· and provide for those who grieve in Zion-to bestow on them a crown of beauty instead of ashes, the oil of gladness instead of mourning, and a garment of praise instead of a spirit of despair. They will be called oaks of righteousness, a planting of the LORD for the display of his splendor.

· δοθηναι τοις πενθουσιν σιων δοξαν αντι σποδου αλειμμα ευφροσυνης τοις πενθουσιν καταστολην δοξης αντι πνευματος ακηδιας και κληθησονται γενεαι δικαιοσυνης φυτευμα κυριου εις δοξαν

[눅 4:18-21]

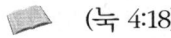 (눅 4:18)

· 주의 성령이 내게 임하셨으니 이는 가난한 자에게 복음을 전하게 하시려고 내게 기름을 부으시고 나를 보내사 포로 된 자에게 자유를, 눈먼 자에게 다시 보게 함을 전파하며 눌린 자를 자유케 하고

· "The Spirit of the Lord is on me, because he has anointed me to preach good news to the poor. He has sent me to proclaim freedom for the prisoners and recovery of sight for the blind, to release the oppressed,

· Πνεῦμα κυρίου ἐπ' ἐμὲ οὗ εἵνεκεν ἔχρισέν με εὐαγγελίσασθαι πτωχοῖς, ἀπέσταλκέν με, κηρύξαι αἰχμαλώτοις ἄφεσιν καὶ τυφλοῖς ἀνάβλεψιν, ἀποστεῖλαι τεθραυσμένους ἐν ἀφέσει,

 (눅 4:19)

· 주의 은혜의 해를 전파하게 하려 하심이라 하였더라

· to proclaim the year of the Lord's favor."

· κηρύξαι ἐνιαυτὸν κυρίου δεκτόν.

 (눅 4:20)

· 책을 덮어 그 맡은 자에게 주시고 앉으시니 회당에 있는 자들이 다 주목하여 보더라

· Then he rolled up the scroll, gave it back to the attendant and sat down. The eyes of everyone in the synagogue were fastened on him,

· καὶ πτύξας τὸ βιβλίον ἀποδοὺς τῷ ὑπηρέτῃ ἐκάθισεν· καὶ πάντων οἱ ὀφθαλμοὶ ἐν τῇ συναγωγῇ ἦσαν ἀτενίζοντες αὐτῷ.

📖 (눅 4:21)

· 이에 예수께서 저희에게 말씀하시되 이 글이 오늘날 너희 귀에 응하였느니라 하시니

· and he began by saying to them, "Today this scripture is fulfilled in your hearing."

· ἤρξατο δὲ λέγειν πρὸς αὐτοὺς ὅτι Σήμερον πεπλήρωται ἡ γραφὴ αὕτη ἐν τοῖς ὠσὶν ὑμῶν.

[골 1:16]

📖 (골 1:16)

· 만물이 그에게 창조되되 하늘과 땅에서 보이는 것들과 보이지 않는 것들과 혹은 보좌들이나 주관들이나 정사들이나 권세들이나 만물이 다 그로 말미암고 그를 위하여 창조되었고

· For by him all things were created; things in heaven and on earth, visible and invisible, whether thrones or powers or rulers or authorities: all things were created by him and for him.

· ὅτι ἐν αὐτῷ ἐκτίσθη τὰ πάντα ἐν τοῖς οὐρανοῖς καὶ ἐπὶ τῆς γῆς, τὰ ὁρατὰ καὶ τὰ ἀόρατα, εἴτε θρόνοι εἴτε κυριότητες εἴτε ἀρχαὶ εἴτε ἐξουσίαι· τὰ πάντα δι' αὐτοῦ καὶ εἰς αὐτὸν ἔκτισται·

이는 집을 지은 자가 그 집보다 존귀한 것과 같기 때문이다(히 3:3).

[히 3:3]

📖 (히 3:3)

· 저는 모세보다 더욱 영광을 받을 만한 것이 마치 집 지은 자가 그 집보다 더욱 존귀함 같으니라

· Jesus has been found worthy of greater honor than Moses, just as the builder of a house has greater honor than the house itself.

· πλείονος γὰρ οὗτος δόξης παρὰ Μωϋσῆν ἠξίωται, καθ' ὅσον πλείονα τιμὴν ἔχει τοῦ οἴκου ὁ κατασκευάσας αὐτόν·

예수 그리스도에 의하여 창조된 것들은 보이는 물질뿐 아니라 보이지 않는 비물질적인 것들(제도와 관습, 영적인 것)과 보좌, 주관, 권세 만물이다. 그러므로 예수 그리스도는 지어지고 만들어진 것과는 비교할 수 없는 존재시다(골 1:16, 2:2-4).

[골 1:16]

 (골 1:16)

· 만물이 그에게 창조되되 하늘과 땅에서 보이는 것들과 보이지 않는 것들과 혹은 보좌들이나 주관들이나 정사들이나 권세들이나 만물이 다 그로 말미암고 그를 위하여 창조되었고

· For by him all things were created: things in heaven and on earth, visible and invisible, whether thrones or powers or rulers or authorities; all things were created by him and for him.

· ὅτι ἐν αὐτῷ ἐκτίσθη τὰ πάντα ἐν τοῖς οὐρανοῖς καὶ ἐπὶ τῆς γῆς, τὰ ὁρατὰ καὶ τὰ ἀόρατα, εἴτε θρόνοι εἴτε κυριότητες εἴτε ἀρχαὶ εἴτε ἐξουσίαι· τὰ πάντα δι' αὐτοῦ καὶ εἰς αὐτὸν ἔκτισται·

[골 2:2-4]

 (골 2:2)

· 이는 저희로 마음에 위안을 받고 사랑 안에서 연합하여 원만한 이해의 모든 부요에 이르러 하나님의 비밀인 그리스도를 깨닫게 하려 함이라

· My purpose is that they may be encouraged in heart and united in love, so that they may have the full riches of complete understanding, in order that they may know the mystery of God, namely, Christ,

· ἵνα παρακληθῶσιν αἱ καρδίαι αὐτῶν συμβιβασθέντες ἐν ἀγάπῃ καὶ εἰς πᾶν πλοῦτος τῆς πληροφορίας τῆς συνέσεως, εἰς ἐπίγνωσιν τοῦ μυστηρίου τοῦ θεοῦ, Χριστοῦ,

 (골 2:3)

· 그 안에는 지혜와 지식의 모든 보화가 감취어 있느니라

· in whom are hidden all the treasures of wisdom and knowledge.

· ἐν ᾧ εἰσιν πάντες οἱ θησαυροὶ τῆς σοφίας καὶ γνώσεως ἀπόκρυφοι.

 (골 2:4)

· 내가 이것을 말함은 아무도 공교한 말로 너희를 속이지 못하게 하려 함이니

· I tell you this so that no one may deceive you by fine-sounding arguments.

· Τοῦτο λέγω, ἵνα μηδεὶς ὑμᾶς παραλογίζηται ἐν πιθανολογίᾳ.

그러므로 주 예수 그리스도가 세상에 육신을 입고 오셨을 때는 지

어진 만물의 시간과 공간의 제약 속에 거하셨을지라도 부활 후에는 시간적·물질적 시공간의 제약을 받지 않으셨다(눅 24:31-36, 51).

[눅 24:31-36]

 (눅 24:31)

· 저희 눈이 밝아져 그인 줄 알아보더니 예수는 저희에게 보이지 아니하시는지라

· Then their eyes were opened and they recognized him, and he disappeared from their sight.

· αὐτῶν δὲ διηνοίχθησαν οἱ ὀφθαλμοὶ καὶ ἐπέγνωσαν αὐτόν· καὶ αὐτὸς ἄφαντος ἐγένετο ἀπ' αὐτῶν.

 (눅 24:32)

· 저희가 서로 말하되 길에서 우리에게 말씀하시고 우리에게 성경을 풀어 주실 때에 우리 속에서 마음이 뜨겁지 아니하더냐 하고

· They asked each other, "Were not our hearts burning within us while he talked with us on the road and opened the Scriptures to us?"

· καὶ εἶπαν πρὸς ἀλλήλους, Οὐχὶ ἡ καρδία ἡμῶν καιομένη ἦν [ἐν ἡμῖν] ὡς ἐλάλει ἡμῖν ἐν τῇ ὁδῷ, ὡς διήνοιγεν ἡμῖν τὰς γραφάς

 (눅 24:33)

· 곧 그시로 일어나 예루살렘에 돌아가 보니 열한 사도와 및 그와 함께 한 자들이 모여 있어

· They got up and returned at once to Jerusalem. There they found the Eleven and those with them, assembled together

· καὶ ἀναστάντες αὐτῇ τῇ ὥρᾳ ὑπέστρεψαν εἰς Ἰερουσαλὴμ καὶ εὗρον ἠθροισμένους τοὺς ἕνδεκα καὶ τοὺς σὺν αὐτοῖς,

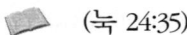 (눅 24:34)

· 말하기를 주께서 과연 살아나시고 시몬에게 나타나셨다 하는지라
· and saying, "It is true! The Lord has risen and has appeared to Simon."
· λέγοντας ὅτι ὄντως ἠγέρθη ὁ κύριος καὶ ὤφθη Σίμωνι.

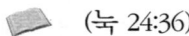 (눅 24:35)

· 두 사람도 길에서 된 일과 예수께서 떡을 떼심으로 자기들에게 알려지신 것을 말하더라
· Then the two told what had happened on the way, and how Jesus was recognized by them when he broke the bread.
· καὶ αὐτοὶ ἐξηγοῦντο τὰ ἐν τῇ ὁδῷ καὶ ὡς ἐγνώσθη αὐτοῖς ἐν τῇ κλάσει τοῦ ἄρτου.

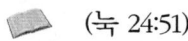 (눅 24:36)

· 이 말을 할 때에 예수께서 친히 그 가운데 서서 가라사대 너희에게 평강이 있을지어다 하시니
· While they were still talking about this, Jesus himself stood among them and said to them, "Peace be with you."
· Ταῦτα δὲ αὐτῶν λαλούντων αὐτὸς ἔστη ἐν μέσῳ αὐτῶν καὶ λέγει αὐτοῖς, Εἰρήνη ὑμῖν.

[눅 24:51]

(눅 24:51)

- 축복하실 때에 저희를 떠나 [하늘로 올리워]시니
- While he was blessing them, he left them and was taken up into heaven.
- καὶ ἐγένετο ἐν τῷ εὐλογεῖν αὐτὸν αὐτοὺς διέστη ἀπ' αὐτῶν καὶ ἀνεφέρετο εἰς τὸν οὐρανόν.

이는 예수께서 지어진 첫 창조의 끝이 되시고, 자기 안에서 재창조의 시작을 하시는 분이시기 때문이다(골 1:16; 고후 5:17; 골 3:1-4, 9-10, 첫 창조의 시작은 7일, 재창조의 시작은 8일이다).

[골 1:16]

 (골 1:16)

- 만물이 그에게 창조되되 하늘과 땅에서 보이는 것들과 보이지 않는 것들과 혹은 보좌들이나 주관들이나 정사들이나 권세들이나 만물이 다 그로 말미암고 그를 위하여 창조되었고
- For by him all things were created; things in heaven and on earth, visible and invisible, whether thrones or powers or rulers or authorities; all things were created by him and for him.
- ὅτι ἐν αὐτῷ ἐκτίσθη τὰ πάντα ἐν τοῖς οὐρανοῖς καὶ ἐπὶ τῆς γῆς, τὰ ὁρατὰ καὶ τὰ ἀόρατα, εἴτε θρόνοι εἴτε κυριότητες εἴτε ἀρχαὶ εἴτε ἐξουσίαι· τὰ πάντα δι' αὐτοῦ καὶ εἰς αὐτὸν ἔκτισται·

[고후 5:17]

 (고후 5:17)

· 그런즉 누구든지 **그리스도 안에** 있으면 새로운 피조물이라 이전 것은 지나갔으니 보라 **새것**이 되었도다

· Therefore, if anyone is in Christ, he is a new creation; the old has gone, the new has come!

· ὥστε εἴ τις ἐν Χριστῷ, καινὴ κτίσις· τὰ ἀρχαῖα παρῆλθεν, ἰδοὺ γέγονεν καινά·

[골 3:1-4]

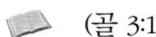 (골 3:1)

· 그러므로 너희가 그리스도와 함께 다시 살리심을 받았으면 위엣 것을 찾으라 거기는 그리스도께서 하나님 우편에 앉아 계시느니라

· Since, then, you have been raised with Christ, set your hearts on things above, where Christ is seated at the right hand of God.

· Εἰ οὖν συνηγέρθητε τῷ Χριστῷ, τὰ ἄνω ζητεῖτε, οὗ ὁ Χριστός ἐστιν ἐν δεξιᾷ τοῦ θεοῦ καθήμενος·

(골 3:2)

· 위엣 것을 생각하고 땅엣 것을 생각지 말라

· Set your minds on things above, not on earthly things.

· τὰ ἄνω φρονεῖτε, μὴ τὰ ἐπὶ τῆς γῆς.

(골 3:3)

· 이는 너희가 죽었고 너희 생명이 그리스도와 함께 하나님 안에 감취었음이니라

· For you died, and your life is now hidden with Christ in God.

· ἀπεθάνετε γὰρ καὶ ἡ ζωὴ ὑμῶν κέκρυπται σὺν τῷ Χριστῷ ἐν τᾧ θεῷ·

 (골 3:4)

· 우리 생명이신 그리스도께서 나타나실 그때에 너희도 그와 함께 영광 중에 나타나리라

· When Christ, who is your life, appears, then you also will appear with him in glory.

· ὅταν ὁ Χριστὸς φανερωθῇ, ἡ ζωὴ ὑμῶν, τότε καὶ ὑμεῖς σὺν αὐτῷ φανερωθήσεσθε ἐν δόξῃ.

[골 3:9-10]

 (골 3:9)

· 너희가 서로 거짓말을 말라 옛 사람과 그 행위를 벗어 버리고

· Do not lie to each other, since you have taken off your old self with its practices

· μὴ ψεύδεσθε εἰς ἀλλήλους, ἀπεκδυσάμενοι τὸν παλαιὸν ἄνθρωπον σὺν ταῖς πράξεσιν αὐτοῦ

 (골 3:10)

· **새사람을 입었으니** 이는 자기를 창조하신 자의 형상을 좇아 지식에까지 새롭게 하심을 받는 자니라

· and have put on the new self, which is being renewed in knowledge in the image of its Creator.

· καὶ ἐνδυσάμενοι τὸν νέον τὸν ἀνακαινούμενον εἰς ἐπίγνωσιν κατ᾽ εἰκόνα τοῦ κτίσαντος αὐτόν,

예수 그리스도는 사람을 구원하기 위하여 오신 분이지 제사 제도나 절기나 안식일을 회복시키려고 오신 분이 아니다. 오히려 불완전한 율법을 완성하고(그것도 사람을 구원하기 위함), 하나님의 뜻인 사랑과 구원을 실행하며 그의 열매를 맺게 하기 위하여 오신 것이다.

병원이 환자를 치료하기 위하여 존재하는 것이지 병원 자체를 위하여 환자가 존재한다고 하면 안 되는 것과 같다.

만물은 그분이 만드셨고 그를 위하여, 그의 영광을 위하여 존재하게 하셨다. 만약 예수께서 만들어진 것인 안식일을 위하여, 안식일의 영광을 위하여 오셨다고 고집한다면 피조된 (만들어진 것) 안식일을 조물주(만드신 주체) 되신 예수 그리스도의 권위 위에 올려놓는 것이다(골 1:16, ※ 도표 ① ③ 참조).

[골 1:16]

 (골 1:16)

· 만물이 그에게 창조되되 하늘과 땅에서 보이는 것들과 보이지 않는 것들과 혹은 보좌들이나 주관들이나 정사들이나 권세들이나 만물이 다 그로 말미암고 그를 위하여 창조되었고

· For by him all things were created: things in heaven and on earth, visible and invisible, whether thrones or powers or rulers or authorities: all things were created by him and for him.

· ὅτι ἐν αὐτῷ ἐκτίσθη τὰ πάντα ἐν τοῖς οὐρανοῖς καὶ ἐπὶ τῆς γῆς, τὰ ὁρατὰ καὶ τὰ ἀόρατα, εἴτε θρόνοι εἴτε κυριότητες εἴτε ἀρχαὶ εἴτε ἐξουσίαι· τὰ πάντα δι' αὐτοῦ καὶ εἰς αὐτὸν ἔκτισται·

어리석은 억측과 궤변을 늘어놓지 말라! 예수 그리스도보다 더 귀

한 피조물은 존재하지 않는다.

바꾸어 말하면, 하나님이 사람을 위하여 존재하시는가 아니면 사람이 하나님을 위하여 존재하는가 하는 중대한 질문에 대해 인본주의자들이 '우주의 중심은 사람이며, 하나님도 사람을 위하여 존재한다'고 강변하는 것과도 같이 어리석은 것이 된다.

사람은 하나님의 영광을 위하여 창조되었다(사 43:7).

[사 43:7]

 (사 43:7)
· 무릇 내 이름으로 일컫는 자 곧 내가 내 영광을 위하여 창조한 자를 오게 하라 그들을 내가 지었고 만들었느니라
· everyone who is called by my name, whom I created for my glory, whom I formed and made."
· παντας οσοι επικεκληνται τω ονοματι μου εν γαρ τη δοξη μου κατεσκευασα αυτον και επλασα και εποιησα αυτον

안식일을 하나님처럼 높이고(창조의 계명이니 구원의 표라느니 하며) 주장하는 행위는 하나님 그리고 예수 그리스도 위에 바알 신을 올리고 숭배하는 우상숭배 행위와 다를 바 없다. 또한 하나님을 모독함으로 첫 계명을 범하는 것이며, 사탄의 교묘한 간계에 속고 있으면서도 자신들이 하나님을 가장 잘 섬기는 줄로 착각하던 이들, 곧 예수 그리스도를 죽인 대제사장, 서기관, 사두개인, 바리새인들과 같은 행위가 된다.

예수 그리스도는 **지어진 안식일에 매여 있거나 예속해 계시는 분이 아니다.**

묶인 자를 해방시키시는 분이다.

그분은 안식일의 주인이며, 안식일의 주권을 행하시는 이로서 안식일과 그 제도와 권위와 위엄을 폐하실 수 있고 세우실 권세도 아울러 가지신 분이다.

"안식일의 주인"이라 하심은 '안식일 위에 계시고 안식일의 권한을 마음과 뜻대로 하실 수 있으시다'는 주권의 선언이다(마 12:8).

[마 12:8]

 (마 12:8)
- 인자는 안식일의 주인이니라 하시니라
- For the Son of Man is Lord of the Sabbath."
- κύριος γάρ ἐστιν τοῦ σαββάτου ὁ υἱὸς τοῦ ἀνθρώπου.

그럼에도 '안식일의 주인이기에 예수 그리스도가 안식일로 자기의 날을 삼았다'는 것은 말이 되지 않는 억측이요 궤변이다. 애완견의 주인에게 그가 애완견에 속한 사람이라고 할 수 있는가? 일곱 살짜리 어린아이나 할 법한 논리 실수를 계속하는 것은 무지와 어리석음의 소치다.

예수 그리스도는 자신을 성전이라고 하셨다(마 12:6; 요 2:19-21). 성전 안에서는 율법을 범하여도 죄가 되지 않음은 성전이라는 특수한 영역인 주권 안에 있기 때문이다.

[마 12:6]

 (마 12:6)
- 내가 너희에게 이르노니 성전보다 더 큰 이가 여기 있느니라
- I tell you that one greater than the temple is here.

· λέγω δὲ ὑμῖν ὅτι τοῦ ἱεροῦ μεῖζόν ἐστιν ὧδε.

[요 2:19-21]

 (요 2:19)

· 예수께서 대답하여 가라사대 너희가 이 성전을 헐라 내가 사흘 동안에 일으키리라

· Jesus answered them, "Destroy this temple, and I will raise it again in three days."

· ἀπεκρίθη Ἰησοῦς καὶ εἶπεν αὐτοῖς, Λύσατε τὸν ναὸν τοῦτον καὶ ἐν τρισὶν ἡμέραις ἐγερῶ αὐτόν.

 (요 2:20)

· 유대인들이 가로되 이 성전은 사십육 년 동안에 지었거늘 네가 삼 일 동안에 일으키겠느뇨 하더라

· The Jews replied, "It has taken forty-six years to build this temple, and you are going to raise it in three days?"

· εἶπαν οὖν οἱ Ἰουδαῖοι, Τεσσεράκοντα καὶ ἓξ ἔτεσιν οἰκοδομήθη ὁ ναὸς οὗτος, καὶ σὺ ἐν τρισὶν ἡμέραις ἐγερεῖς αὐτόν

 (요 2:21)

· 그러나 예수는 성전 된 자기 육체를 가리켜 말씀하신 것이라

· But the temple he had spoken of was his body.

· ἐκεῖνος δὲ ἔλεγεν περὶ τοῦ ναοῦ τοῦ σώματος αὐτοῦ.

율법의 심판과 저주를 무력화시키는 '예수 그리스도의 대속의 피'가 뿌려진 '언약의 영역', '믿음의 영역' 안에 들어온 성도는 율법의 모

든 조항과 안식일의 규정과 제도에서 자유롭고 얽매이지 않는 것이다 (골 2:12-17; 마 12:3-21).

[골 2:12-17]

 (골 2:12)

· 너희가 침례로 그리스도와 함께 장사한 바 되고 또 죽은 자들 가운데서 그를 일으키신 하나님의 역사를 믿음으로 말미암아 그 안에서 함께 일으키심을 받았느니라

· having been buried with him in baptism and raised with him through your faith in the power of God, who raised him from the dead.

· συνταφέντες αὐτῷ ἐν τῷ βαπτισμῷ, ἐν ᾧ καὶ συνηγέρθητε διὰ τῆς πίστεως τῆς ἐνεργείας τοῦ θεοῦ τοῦ ἐγείραντος αὐτὸν ἐκ νεκρῶν·

 (골 2:13)

· 또 너희의 범죄와 육체의 무할례로 죽었던 너희를 하나님이 그와 함께 살리시고 우리에게 모든 죄를 사하시고

· When you were dead in your sins and in the uncircumcision of your sinful nature, God made you alive with Christ. He forgave us all our sins,

· καὶ ὑμᾶς νεκροὺς ὄντας [ἐν] τοῖς παραπτώμασιν καὶ τῇ ἀκροβυστίᾳ τῆς σαρκὸς ὑμῶν, συνεζωοποίησεν ὑμᾶς σὺν αὐτῷ, χαρισάμενος ἡμῖν πάντα τὰ παραπτώματα.

 (골 2:14)

· 우리를 거스리고 우리를 대적하는 의문에 쓴 증서를 도말하시고 제하여 버리사 십자가에 못 박으시고

· having canceled the written code, with its regulations, that was against us and that stood opposed to us; he took it away, nailing it to the cross.

· ἐξαλείψας τὸ καθ᾽ ἡμῶν χειρόγραφον τοῖς δόγμασιν ὃ ἦν ὑπεναντίον ἡμῖν, καὶ αὐτὸ ἦρκεν ἐκ τοῦ μέσου προσηλώσας αὐτὸ τῷ σταυρῷ·

📖 (골 2:15)

· 정사와 권세를 벗어 버려 밝히 드러내시고 십자가로 승리하셨느니라

· And having disarmed the powers and authoritie, she made a public spectacle of them, triumphing over them by the cross.

· ἀπεκδυσάμενος τὰς ἀρχὰς καὶ τὰς ἐξουσίας ἐδειγμάτισεν ἐν παρρησίᾳ, θριαμβεύσας αὐτοὺς ἐν αὐτῷ.

📖 (골 2:16)

· 그러므로 먹고 마시는 것과 절기나 월삭이나 안식일을 인하여 누구든지 너희를 폄론하지 못하게 하라

· Therefore do not let anyone judge you by what you eat or drink, or with regard to a religious festivala New Moon celebration or a Sabbath day.

· Μὴ οὖν τις ὑμᾶς κρινέτω ἐν βρώσει καὶ ἐν πόσει ἢ ἐν μέρει ἑορτῆς ἢ νεομηνίας ἢ σαββάτων·

📖 (골 2:17)

· 이것들은 장래 일의 그림자이나 몸은 그리스도의 것이니라

· These are a shadow of the things that were to come; the reality, however, is found in Christ.

· ἅ ἐστιν σκιὰ τῶν μελλόντων, τὸ δὲ σῶμα τοῦ Χριστοῦ.

[마 12:3-21]

 (마 12:3)

· 예수께서 가라사대 다윗이 자기와 그 함께 한 자들이 시장할 때에 한 일을 읽지 못하였느냐

· He answered, "Haven't you read what David did when he and his companions were hungry?

· ὁ δὲ εἶπεν αὐτοῖς, Οὐκ ἀνέγνωτε τί ἐποίησεν Δαυὶδ ὅτε ἐπείνασεν καὶ οἱ μετ᾽ αὐτοῦ,

 (마 12:4)

· 그가 하나님의 전에 들어가서 제사장 외에는 자기나 그 함께 한 자들이 먹지 못하는 진설병을 먹지 아니하였느냐

· He entered the house of God, and he and his companions ate the consecrated bread-which was not lawful for them to do, but only for the priests.

· πῶς εἰσῆλθεν εἰς τὸν οἶκον τοῦ θεοῦ καὶ τοὺς ἄρτους τῆς προθέσεως ἔφαγον, ὃ οὐκ ἐξὸν ἦν αὐτῷ φαγεῖν οὐδὲ τοῖς μετ᾽ αὐτοῦ- εἰ μὴ τοῖς ἱερεῦσιν μόνοις

 (마 12:5)

· 또 안식일에 제사장들이 성전 안에서 안식을 범하여도 죄가 없음을 너희가 율법에서 읽지 못하였느냐

· Or haven't you read in the Law that on the Sabbath the priests in the temple desecrate the day and yet are innocent?

· ἢ οὐκ ἀνέγνωτε ἐν τῷ νόμῳ ὅτι τοῖς σάββασιν οἱ ἱερεῖς ἐν τῷ ἱερῷ τὸ σάββατον βεβηλοῦσιν καὶ ἀναίτιοί εἰσιν

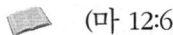 (마 12:6)

· 내가 너희에게 이르노니 성전보다 더 큰 이가 여기 있느니라
· I tell you that one greater than the temple is here.
· λέγω δὲ ὑμῖν ὅτι τοῦ ἱεροῦ μεῖζόν ἐστιν ὧδε.

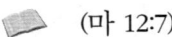 (마 12:7)

· 나는 자비를 원하고 제사를 원치 아니하노라 하신 뜻을 너희가 알았더면 무죄한 자를 죄로 정치 아니하였으리라
· If you had known what these words mean, 'I desire mercy, not sacrifice,' you would not have condemned the innocent.
· εἰ δὲ ἐγνώκειτε τί ἐστιν, Ἔλεος θέλω καὶ οὐ θυσίαν, οὐκ ἂν κατεδικάσατε τοὺς ἀναιτίους.

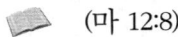 (마 12:8)

· 인자는 안식일의 주인이니라 하시니라
· For the Son of Man is Lord of the Sabbath."
· κύριος γάρ ἐστιν τοῦ σαββάτου ὁ υἱὸς τοῦ ἀνθρώπου.

 (마 12:9)

· 거기를 떠나 저희 회당에 들어가시니
· Going on from that place, he went into their synagogue,
· Καὶ μεταβὰς ἐκεῖθεν ἦλθεν εἰς τὴν συναγωγὴν αὐτῶν·

 (마 12:10)

· 한편 손 마른 사람이 있는지라 사람들이 예수를 송사하려 하여

물어 가로되 안식일에 병 고치는 것이 옳으니이까
- and a man with a shriveled hand was there. Looking for a reason to accuse Jesus, they asked him, "Is it lawful to heal on the Sabbath?"
- καὶ ἰδοὺ ἄνθρωπος χεῖρα ἔχων ξηράν. καὶ ἐπηρώτησαν αὐτὸν λέγοντες, Εἰ ἔξεστιν τοῖς σάββασιν θεραπεῦσαι ἵνα κατηγορήσωσιν αὐτοῦ.

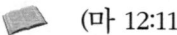 (마 12:11)

- 예수께서 가라사대 너희 중에 어느 사람이 양 한 마리가 있어 안식일에 구덩이에 빠졌으면 붙잡아 내지 않겠느냐
- He said to them, "If any of you has a sheep and it falls into a pit on the Sabbath, will you not take hold of it and lift it out?
- ὁ δὲ εἶπεν αὐτοῖς, Τίς ἔσται ἐξ ὑμῶν ἄνθρωπος ὃς ἕξει πρόβατον ἕν καὶ ἐὰν ἐμπέσῃ τοῦτο τοῖς σάββασιν εἰς βόθυνον, οὐχὶ κρατήσει αὐτὸ καὶ ἐγερεῖ

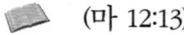 (마 12:12)

- 사람이 양보다 얼마나 더 귀하냐 그러므로 안식일에 선을 행하는 것이 옳으니라 하시고
- How much more valuable is a man than a sheep! Therefore it is lawful to do good on the Sabbath."
- πόσῳ οὖν διαφέρει ἄνθρωπος προβάτου. ὥστε ἔξεστιν τοῖς σάββασιν καλῶς ποιεῖν.

(마 12:13)

- 이에 그 사람에게 이르시되 손을 내밀라 하시니 저가 내밀매 다른

손과 같이 회복되어 성하더라

· Then he said to the man, "Stretch out your hand." So he stretched it out and it was completely restored, just as sound as the other.

· τότε λέγει τῷ ἀνθρώπῳ, Ἔκτεινόν σου τὴν χεῖρα. καὶ ἐξέτεινεν καὶ ἀπεκατεστάθη ὑγιὴς ὡς ἡ ἄλλη.

📖 (마 12:14)

· 바리새인들이 나가서 어떻게 하여 예수를 죽일꼬 의논하거늘

· But the Pharisees went out and plotted how they might kill Jesus.

· ἐξελθόντες δὲ οἱ Φαρισαῖοι συμβούλιον ἔλαβον κατ' αὐτοῦ ὅπως αὐτὸν ἀπολέσωσιν.

📖 (마 12:15)

· 예수께서 아시고 거기를 떠나가시니 사람이 많이 좇는지라 예수께서 저희 병을 다 고치시고

· Aware of this, Jesus withdrew from that place. Many followed him, and he healed all their sick,

· Ὁ δὲ Ἰησοῦς γνοὺς ἀνεχώρησεν ἐκεῖθεν. καὶ ἠκολούθησαν αὐτῷ [ὄχλοι] πολλοί, καὶ ἐθεράπευσεν αὐτοὺς πάντας

📖 (마 12:16)

· 자기를 나타내지 말라 경계하셨으니

· warning them not to tell who he was.

· καὶ ἐπετίμησεν αὐτοῖς ἵνα μὴ φανερὸν αὐτὸν ποιήσωσιν,

📖 (마 12:17)

- 이는 선지자 이사야로 말씀하신 바
- This was to fulfill what was spoken through the prophet Isaiah:
- ἵνα πληρωθῇ τὸ ῥηθὲν διὰ Ἠσαΐου τοῦ προφήτου λέγοντος,

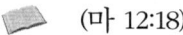 (마 12:18)

- 보라 나의 택한 종 곧 내 마음에 기뻐하는 바 나의 사랑하는 자로다 내가 내 성령을 줄 터이니 그가 심판을 이방에 알게 하리라
- "Here is my servant whom I have chosen, the one I love, in whom I delight; I will put my Spirit on him, and he will proclaim justice to the nations.
- Ἰδοὺ ὁ παῖς μου ὃν ᾑρέτισα, ὁ ἀγαπητός μου εἰς ὃν εὐδόκησεν ἡ ψυχή μου· θήσω τὸ πνεῦμά μου ἐπ' αὐτόν, καὶ κρίσιν τοῖς ἔθνεσιν ἀπαγγελεῖ.

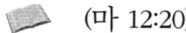 (마 12:19)

- 그가 다투지도 아니하며 들레지도 아니하리니 아무도 길에서 그 소리를 듣지 못하리라
- He will not quarrel or cry out; no one will hear his voice in the streets.
- οὐκ ἐρίσει οὐδὲ κραυγάσει, οὐδὲ ἀκούσει τις ἐν ταῖς πλατείαις τὴν φωνὴν αὐτοῦ.

(마 12:20)

- 상한 갈대를 꺾지 아니하며 꺼져 가는 심지를 끄지 아니하기를 심판하여 이길 때까지 하리니
- A bruised reed he will not break, and a smoldering wick he will not snuff out, till he leads justice to victory.

- κάλαμον συντετριμμένον οὐ κατεάξει καὶ λίνον τυφόμενον οὐ σ-
βέσει, ἕως ἂν ἐκβάλῃ εἰς νῖκος τὴν κρίσιν.

 (마 12:21)
- 또한 이방들이 그 이름을 바라리라 함을 이루려 하심이니라
- In his name the nations will put their hope."
- καὶ τῷ ὀνόματι αὐτοῦ ἔθνη ἐλπιοῦσιν.

예수 그리스도의 예표된 구원의 영역들
- 이는 '유월절 피 뿌린 집'(출 12:21-23)과
- '도피성' 안에 들어간 도피자와 '방주 안'에 들어간 자들이
- '율법의 심판과 죽음의 판결'에서 '생명과 자유'를 얻음과 같다(민 35:9-34; 창 7:6-24). 이러한 장소는 모두 예수 그리스도를 모형적으로, 그림자적으로 보여주는 사건이요 교훈이다. 그러므로 예수께서 예배받으실 분이시다(19. '예수 그리스도 안' 이란 무엇인가? 참고).

유월절 양의 피가 뿌려진 집
[출 12:21-23]

 (출 12:21)
- 모세가 이스라엘 모든 장로를 불러서 그들에게 이르되 너희는 나가서 너희 가족대로 어린 양을 택하여 유월절 양으로 잡고
- Then Moses summoned all the elders of Israel and said to them, "Go at once and select the animals for your families and slaughter

the Passover lamb.

· εκαλεσεν δε μωυσης πασαν γερουσιαν υιων ισραηλ και ειπεν προς αυτους απελθοντες λαβετε υμιν εαυτοις προβατον κατα συγγενειας υμων και θυσατε το πασχα

 (출 12:22)

· 너희는 우슬초 묶음을 취하여 그릇에 담은 피에 적시어서 그 피를 문 인방과 좌우 설주에 뿌리고 아침까지 한 사람도 자기 집 문밖에 나가지 말라

· Take a bunch of hyssop, dip it into the blood in the basin and put some of the blood on the top and on both sides of the doorframe. Not one of you shall go out the door of his house until morning.

· λημψεσθε δε δεσμην υσσωπου και βαψαντες απο του αιματος του παρα την θυραν καθιξετε της φλιας και επ αμφοτερων των σταθμων απο του αιματος ο εστιν παρα την θυραν υμεις δε ουκ εξελευσεσθε εκαστος την θυραν του οικου αυτου εως πρωι

 (출 12:23)

· 여호와께서 애굽 사람을 치러 두루 다니실 때에 문 인방과 좌우 설주의 피를 보시면 그 문을 넘으시고 멸하는 자로 너희 집에 들어가서 너희를 치지 못하게 하실 것임이니라

· When the LORD goes through the land to strike down the Egyptians, he will see the blood on the top and sides of the doorframe and will pass over that doorway, and he will not permit the destroyer to enter your houses and strike you down.

· και παρελευσεται κυριος παταξαι τους αιγυπτιους και οψεται τ-
ο αιμα επι της φλιας και επ αμφοτερων των σταθμων και παρελευ-
σεται κυριος την θυραν και ουκ αφησει τον ολεθρευοντα εισελθειν
εις τας οικιας υμων παταξαι

도피성
[민 35:9-34]

 (민 35:9)
· 여호와께서 또 모세에게 일러 가라사대
· Then the LORD said to Moses:
· και ελαλησεν κυριος προς μωυσην λεγων

 (민 35:10)
· 이스라엘 자손에게 말하여 그들에게 이르라 너희가 요단을 건너 가나안 땅에 들어가거든
· "Speak to the Israelites and say to them: 'When you cross the Jordan into Canaan,
· λαλησον τοις υιοις ισραηλ και ερεις προς αυτους υμεις διαβαιν-
ετε τον ιορδανην εις γην χανααν

 (민 35:11)
· 너희를 위하여 성읍을 도피성으로 정하여 그릇 살인한 자로 그리로 피하게 하라
· select some towns to be your cities of refuge, to which a person who has killed someone accidentally may flee.

· και διαστελειτε υμιν αυτοις πολεις φυγαδευτηρια εσται υμιν φυγειν εκει τον φονευτην πας ο παταξας ψυχην ακουσιως

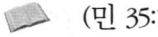 (민 35:12)

· 이는 너희가 보수할 자에게서 도피하는 성을 삼아 살인자가 회중 앞에 서서 판결을 받기까지 죽지 않게 하기 위함이니라

· They will be places of refuge from the avenger, so that a person accused of murder may not die before he stands trial before the assembly.

· και εσονται αι πολεις υμιν φυγαδευτηρια απο αγχιστευοντος το αιμα και ου μη αποθανη ο φονευων εως αν στη εναντι της συναγωγης εις κρισιν

 (민 35:13)

· 너희가 줄 성읍 중에 여섯으로 도피성이 되게 하되

· These six towns you give will be your cities of refuge.

· και αι πολεις ας δωσετε τας εξ πολεις φυγαδευτηρια εσονται υμιν

 (민 35:14)

· 세 성읍은 요단 이편에서 주고 세 성읍은 가나안 땅에서 주어 도피성이 되게 하라

· Give three on this side of the Jordan and three in Canaan as cities of refuge.

· τας τρεις πολεις δωσετε εν τω περαν του ιορδανου και τας τρεις πολεις δωσετε εν γη χανααν

 (민 35:15)

· 이 여섯 성읍은 이스라엘 자손과 타국인과 이스라엘 중에 우거하

는 자의 도피성이 되리니 무릇 그릇 살인한 자가 그리로 도피할 수 있으리라

· These six towns will be a place of refuge for Israelites, aliens and any other people living among them, so that anyone who has killed another accidentally can flee there.

· φυγαδιον εσται τοις υιοις ισραηλ και τω προσηλυτω και τω παροικω τω εν υμιν εσονται αι πολεις αυται εις φυγαδευτηριον φυγειν εκει παντι παταξαντι ψυχην ακουσιως

 (민 35:16)

· 만일 철 연장으로 사람을 쳐 죽이면 이는 고살한 자니 그 고살자를 반드시 죽일 것이요

· "If a man strikes someone with an iron object so that he dies, he is a murderer; the murderer shall be put to death.

· εαν δε εν σκευει σιδηρου παταξη αυτον και τελευτηση φονευτης εστιν θανατω θανατουσθω ο φονευτης

 (민 35:17)

· 만일 사람을 죽일 만한 돌을 손에 들고 사람을 쳐죽이면 이는 고살한 자니 그 고살자를 반드시 죽일 것이요

· Or if anyone has a stone in his hand that could kill, and he strikes someone so that he dies, he is a murderer; the murderer shall be put to death.

· εαν δε εν λιθω εκ χειρος εν ω αποθανειται εν αυτω παταξη αυτον και αποθανη φονευτης εστιν θανατω θανατουσθω ο φονευτης

 (민 35:18)

· 만일 사람을 죽일 만한 나무 연장을 손에 들고 사람을 쳐죽이면 이는 고살한 자니 그 고살자를 반드시 죽일 것이니라

· Or if anyone has a wooden object in his hand that could kill, and he hits someone so that he dies, he is a murderer; the murderer shall be put to death.

· εαν δε εν σκευει ξυλινω εκ χειρος εξ ου αποθανειται εν αυτω παταξη αυτον και αποθανη φονευτης εστιν θανατω θανατουσθω ο φονευτης

 (민 35:19)

· 피를 보수하는 자가 그 고살자를 친히 죽일 것이니 그를 만나거든 죽일 것이요

· The avenger of blood shall put the murderer to death; when he meets him, he shall put him to death.

· ο αγχιστευων το αιμα ουτος αποκτενει τον φονευσαντα οταν συναντηση αυτω ουτος αποκτενει αυτον

 (민 35:20)

· 만일 미워하는 까닭에 밀쳐 죽이거나 기회를 엿보아 무엇을 던져 죽이거나

· If anyone with malice aforethought shoves another or throws something at him intentionally so that he dies

· εαν δε δι εχθραν ωση αυτον και επιρριψη επ αυτον παν σκευος εξ ενεδρου και αποθανη

 (민 35:21)

· 원한으로 인하여 손으로 쳐 죽이면 그 친 자를 반드시 죽일 것이

니 이는 고살하였음이라 피를 보수하는 자가 그 고살자를 만나거든 죽일 것이니라

· or if in hostility he hits him with his fist so that he dies, that person shall be put to death; he is a murderer. The avenger of blood shall put the murderer to death when he meets him.

· η δια μηνιν επαταξεν αυτον τη χειρι και αποθανη θανατω θανατουσθω ο παταξας φονευτης εστιν θανατω θανατουσθω ο φονευων ο αγχιστευων το αιμα αποκτενει τον φονευσαντα εν τω συναντησαι αυτω

📖 (민 35:22)

· 원한 없이 우연히 사람을 밀치거나 기회를 엿봄이 없이 무엇을 던지거나

· "'But if without hostility someone suddenly shoves another or throws something at him unintentionally

· εαν δε εξαπινα ου δι εχθραν ωση αυτον η επιρριψη επ αυτον παν σκευος ουκ εξ ενεδρου

📖 (민 35:23)

· 보지 못하고 사람을 죽일 만한 돌을 던져서 죽였다 하자 이는 원한도 없고 해하려 한 것도 아닌즉

· or, without seeing him, drops a stone on him that could kill him, and he dies, then since he was not his enemy and he did not intend to harm him,

· η παντι λιθω εν ω αποθανειται εν αυτω ουκ ειδως και επιπεση επ αυτον και αποθανη αυτος δε ουκ εχθρος αυτου ην ουδε ζητων κακοποιησαι αυτον

📖 (민 35:24)

· 회중이 친 자와 피를 보수하는 자 간에 이 규례대로 판결하여

· the assembly must judge between him and the avenger of blood according to these regulations.

· και κρινει η συναγωγη ανα μεσον του παταξαντος και ανα μεσον του αγχιστευοντος το αιμα κατα τα κριματα ταυτα

📖 (민 35:25)

· 피를 보수하는 자의 손에서 살인자를 건져내어 그가 피하였던 도피성으로 돌려보낼 것이요 그는 거룩한 기름 부음을 받은 대제사장의 죽기까지 거기 거할 것이니라

· The assembly must protect the one accused of murder from the avenger of blood and send him back to the city of refuge to which he fled. He must stay there until the death of the high priest, who was anointed with the holy oil.

· και εξελειται η συναγωγη τον φονευσαντα απο του αγχιστευοντος το αιμα και αποκαταστησουσιν αυτον η συναγωγη εις την πολιν του φυγαδευτηριου αυτου ου κατεφυγεν και κατοικησει εκει εως αν αποθανη ο ιερευς ο μεγας ον εχρισαν αυτον τω ελαιω τω αγιω

📖 (민 35:26)

· 그러나 살인자가 어느 때든지 그 피하였던 도피성 지경 밖에 나갔다 하자

· "'But if the accused ever goes outside the limits of the city of refuge to which he has fled

· εαν δε εξοδω εξελθη ο φονευσας τα ορια της πολεως εις ην κατεφυγεν εκει

 (민 35:27)

• 피를 보수하는 자가 도피성 지경 밖에서 그 살인자를 만나 죽일지라도 위하여 피 흘린 죄가 없나니

• and the avenger of blood finds him outside the city, the avenger of blood may kill the accused without being guilty of murder.

• και ευρη αυτον ο αγχιστευων το αιμα εξω των οριων της πολεως καταφυγης αυτου και φονευση ο αγχιστευων το αιμα τον φονευσαντα ουκ ενοχος εστιν

 (민 35:28)

• 이는 살인자가 대제사장의 죽기까지 그 도피성에 유하였을 것임이라 대제사장의 죽은 후에는 그 살인자가 자기의 산업의 땅으로 돌아갈 수 있느니라

• The accused must stay in his city of refuge until the death of the high priest; only after the death of the high priest may he return to his own property.

• εν γαρ τη πολει της καταφυγης κατοικειτω εως αν αποθανη ο ιερευς ο μεγας και μετα το αποθανειν τον ιερεα τον μεγαν επαναστραφησεται ο φονευσας εις την γην της κατασχεσεως αυτου

 (민 35:29)

• 이는 너희 대대로 거하는 곳에서 판단하는 율례라

• "'These are to be legal requirements for you throughout the generations to come, wherever you live.

• και εσται ταυτα υμιν εις δικαιωμα κριματος εις τας γενεας υμων εν πασαις ταις κατοικιαις υμων

📖 (민 35:30)

· 무릇 사람을 죽인 자 곧 고살자를 증인들의 말을 따라서 죽일 것이나 한 증인의 증거만 따라서 죽이지 말 것이요

· "'Anyone who kills a person is to be put to death as a murderer only on the testimony of witnesses. But no one is to be put to death on the testimony of only one witness.

· πας παταξας ψυχην δια μαρτυρων φονευσεις τον φονευσαντα και μαρτυς εις ου μαρτυρησει επι ψυχην αποθανειν

📖 (민 35:31)

· 살인죄를 범한 고살자의 생명의 속전을 받지 말고 반드시 죽일 것이며

· "'Do not accept a ransom for the life of a murderer, who deserves to die. He must surely be put to death.

· και ου λημψεσθε λυτρα περι ψυχης παρα του φονευσαντος του ενοχου οντος αναιρεθηναι θανατω γαρ θανατωθησεται

📖 (민 35:32)

· 또 도피성에 피한 자를 대제사장의 죽기 전에는 속전을 받고 그의 땅으로 돌아가 거하게 하지 말 것이니라

· "'Do not accept a ransom for anyone who has fled to a city of refuge and so allow him to go back and live on his own land before the death of the high priest.

· ου λημψεσθε λυτρα του φυγειν εις πολιν των φυγαδευτηριων του παλιν κατοικειν επι της γης εως αν αποθανη ο ιερευς ο μεγας

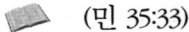 (민 35:33)
· 너희는 거하는 땅을 더럽히지 말라 피는 땅을 더럽히나니 피 흘림을 받은 땅은 이를 흘리게 한 자의 피가 아니면 속할 수 없느니라

· "'Do not pollute the land where you are. Bloodshed pollutes the land, and atonement cannot be made for the land on which blood has been shed, except by the blood of the one who shed it.

· και ου μη φονοκτονησητε την γην εις ην υμεις κατοικειτε το γ-αρ αιμα τουτο φονοκτονει την γην και ουκ εξιλασθησεται η γη απο του αιματος του εκχυθεντος επ αυτης αλλ επι του αιματος του εκ-χεοντος

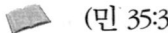 (민 35:34)
· 너희는 너희 거하는 땅 곧 나의 거하는 땅을 더럽히지 말라 나 여호와가 이스라엘 자손 중에 거함이니라

· Do not defile the land where you live and where I dwell, for I, the LORD, dwell among the Israelites.'"

· και ου μιανειτε την γην εφ ης κατοικειτε επ αυτης εφ ης εγω κατασκηνωσω εν υμιν εγω γαρ ειμι κυριος κατασκηνων εν μεσω τ-ων υιων ισραηλ

방주
[창 7:6-24]

 (창 7:6)
· 홍수가 땅에 있을 때에 노아가 육백 세라

· Noah was six hundred years old when the floodwaters came on the earth.

· νωε δε ην ετων εξακοσιων και ο κατακλυσμος εγενετο υδατος επι της γης

📖　(창 7:7)

· 노아가 아들들과 아내와 자부들과 함께 홍수를 피하여 방주에 들어갔고

· And Noah and his sons and his wife and his sons' wives entered the ark to escape the waters of the flood.

· εισηλθεν δε νωε και οι υιοι αυτου και η γυνη αυτου και αι γυναικες των υιων αυτου μετ αυτου εις την κιβωτον δια το υδωρ του κατακλυσμου

📖　(창 7:8)

· 정결한 짐승과 부정한 짐승과 새와 땅에 기는 모든 것이

· Pairs of clean and unclean animals, of birds and of all creatures that move along the ground,

· και απο των πετεινων και απο των κτηνων των καθαρων και απο των κτηνων των μη καθαρων και απο παντων των ερπετων των επι της γης

📖　(창 7:9)

· 하나님이 노아에게 명하신 대로 암수 둘씩 노아에게 나아와 방주로 들어갔더니

· male and female, came to Noah and entered the ark, as God had commanded Noah.

- δυο δυο εισηλθον προς νωε εις την κιβωτον αρσεν και θηλυ καθα ενετειλατο αυτω ο θεος

📖　(창 7:10)
- 칠 일 후에 홍수가 땅에 덮이니
- And after the seven days the floodwaters came on the earth.
- και εγενετο μετα τας επτα ημερας και το υδωρ του κατακλυσμου εγενετο επι της γης

📖　(창 7:11)
- 노아 육백 세 되던 해 이 월 곧 그달 십칠 일이라 그날에 큰 깊음의 샘들이 터지며 하늘의 창들이 열려
- In the six hundredth year of Noah's life, on the seventeenth day of the second month-on that day all the springs of the great deep burst forth, and the floodgates of the heavens were opened.
- εν τω εξακοσιοστω ετει εν τη ζωη του νωε του δευτερου μηνος εβδομη και εικαδι του μηνος τη ημερα ταυτη ερραγησαν πασαι αι πηγαι της αβυσσου και οι καταρρακται του ουρανου ηνεωχθησαν

📖　(창 7:12)
- 사십 주야를 비가 땅에 쏟아졌더라
- And rain fell on the earth forty days and forty nights.
- και εγενετο ο υετος επι της γης τεσσαρακοντα ημερας και τεσσαρακοντα νυκτας

📖　(창 7:13)
- 곧 그날에 노아와 그의 아들 셈, 함, 야벳과 노아의 처와 세 자부가 다 방주로 들어갔고

· On that very day Noah and his sons, Shem, Ham and Japheth, together with his wife and the wives of his three sons, entered the ark.

· εν τη ημερα ταυτη εισηλθεν νωε σημ χαμ ιαφεθ υιοι νωε και η γυνη νωε και αι τρεις γυναικες των υιων αυτου μετ αυτου εις την κιβωτον

📖 (창 7:14)

· 그들과 모든 들짐승이 그 종류대로, 모든 육축이 그 종류대로, 땅에 기는 모든 것이 그 종류대로, 모든 새 곧 각양의 새가 그 종류대로

· They had with them every wild animal according to its kind, all livestock according to their kinds, every creature that moves along the ground according to its kind and every bird according to its kind, everything with wings.

· και παντα τα θηρια κατα γενος και παντα τα κτηνη κατα γενο-ς και παν ερπετον κινουμενον επι της γης κατα γενος και παν πετεινον κατα γενος

📖 (창 7:15)

· 무릇 기식이 있는 육체가 둘씩 노아에게 나아와 방주로 들어갔으니

· Pairs of all creatures that have the breath of life in them came to Noah and entered the ark.

· εισηλθον προς νωε εις την κιβωτον δυο δυο απο πασης σαρκος εν ω εστιν πνευμα ζωης

📖 (창 7:16)

· 들어간 것들은 모든 것의 암수라 하나님이 그에게 명하신 대로 들어가매 여호와께서 그를 닫아 넣으시니라

· The animals going in were male and female of every living thing, as God had commanded Noah. Then the LORD shut him in.

· και τα εισπορευομενα αρσεν και θηλυ απο πασης σαρκος εισηλθ-εν καθα ενετειλατο ο θεος τω νωε και εκλεισεν κυριος ο θεος εξω-θεν αυτου την κιβωτον

📖 (창 7:17)

· 홍수가 땅에 사십 일을 있었는지라 물이 많아져 방주가 땅에서 떠올랐고

· For forty days the flood kept coming on the earth, and as the waters increased they lifted the ark high above the earth.

· και εγενετο ο κατακλυσμος τεσσαρακοντα ημερας και τεσσαρακ-οντα νυκτας επι της γης και επληθυνθη το υδωρ και επηρεν την κ-ιβωτον και υψωθη απο της γης

📖 (창 7:18)

· 물이 더 많아져 땅에 창일하매 방주가 물 위에 떠다녔으며

· The waters rose and increased greatly on the earth, and the ark floated on the surface of the water.

· και επεκρατει το υδωρ και επληθυνετο σφοδρα επι της γης και επεφερετο η κιβωτος επανω του υδατος

📖 (창 7:19)

· 물이 땅에 더욱 창일하매 천하에 높은 산이 다 덮였더니

· They rose greatly on the earth, and all the high mountains un-der the entire heavens were covered.

· το δε υδωρ επεκρατει σφοδρα σφοδρως επι της γης και επεκαλυψεν παντα τα ορη τα υψηλα α ην υποκατω του ουρανου

📖 (창 7:20)

· 물이 불어서 십오 규빗이 오르매 산들이 덮인지라

· The waters rose and covered the mountains to a depth of more than twenty feet.

· δεκα πεντε πηχεις επανω υψωθη το υδωρ και επεκαλυψεν παντα τα ορη τα υψηλα

📖 (창 7:21)

· 땅 위에 움직이는 생물이 다 죽었으니 곧 새와 육축과 들짐승과 땅에 기는 모든 것과 모든 사람이라

· Every living thing that moved on the earth perished-birds, livestock, wild animals, all the creatures that swarm over the earth, and all mankind.

· και απεθανεν πασα σαρξ κινουμενη επι της γης των πετεινων και των κτηνων και των θηριων και παν ερπετον κινουμενον επι της γης και πας ανθρωπος

📖 (창 7:22)

· 육지에 있어 코로 생물의 기식을 호흡하는 것은 다 죽었더라

· Everything on dry land that had the breath of life in its nostrils died.

· και παντα οσα εχει πνοην ζωης και πας ος ην επι της ξηρας απεθανεν

📖 (창 7:23)

· 지면의 모든 생물을 쓸어 버리시니 곧 사람과 짐승과 기는 것과

공중의 새까지라 이들은 땅에서 쓸어 버림을 당하였으되 홀로 노아와 그와 함께 방주에 있던 자만 남았더라

· Every living thing on the face of the earth was wiped out; men and animals and the creatures that move along the ground and the birds of the air were wiped from the earth. Only Noah was left, and those with him in the ark.

· και εξηλειψεν παν το αναστημα ο ην επι προσωπου πασης της γης απο ανθρωπου εως κτηνους και ερπετων και των πετεινων του ουρανου και εξηλειφθησαν απο της γης και κατελειφθη μονος νωε και οι μετ αυτου εν τη κιβωτω

 (창 7:24)

· 물이 일백오십 일을 땅에 창일하였더라
· The waters flooded the earth for a hundred and fifty days.
· και υψωθη το υδωρ επι της γης ημερας εκατον πεντηκοντα

15. 안식일 논쟁을 그치라

초대 교회 성도들의 믿음이 후대에 세밀히 전달되지 못한 부분은 안식일과 주의 날에 관한 부분이었다.

그러나 성경을 자세히 관찰해 보면, 예수님 당시 예수께서 죽임을 당하시기 전에는 안식일 준수 여부로 논란이 많았으나(마 12:1-12; 눅 6:6-11) 사도 시대의 사도행전과 그 후의 기록에는 논쟁이 일어나지 않았으며 전혀 기록이 없다.

[마 12:1-12]

📖 (마 12:1)

· 그때에 예수께서 안식일에 밀밭 사이로 가실새 제자들이 시장하여 이삭을 잘라 먹으니

· At that time Jesus went through the grainfields on the Sabbath. His disciples were hungry and began to pick some heads of grain and eat them.

· Ἐν ἐκείνῳ τῷ καιρῷ ἐπορεύθη ὁ Ἰησοῦς τοῖς σάββασιν διὰ τῶν σπορίμων· οἱ δὲ μαθηταὶ αὐτοῦ ἐπείνασαν καὶ ἤρξαντο τίλλειν στάχυας καὶ ἐσθίειν.

📖 (마 12:2)

· 바리새인들이 보고 예수께 고하되 보시오 당신의 제자들이 안식

일에 하지 못할 일을 하나이다
· When the Pharisees saw this, they said to him, "Look! Your disciples are doing what is unlawful on the Sabbath."
· οἱ δὲ Φαρισαῖοι ἰδόντες εἶπαν αὐτῷ, Ἰδοὺ οἱ μαθηταί σου ποιοῦσιν ὃ οὐκ ἔξεστιν ποιεῖν ἐν σαββάτῳ.

📖 (마 12:3)
· 예수께서 가라사대 다윗이 자기와 그 함께한 자들이 시장할 때에 한 일을 읽지 못하였느냐
· He answered, "Haven't you read what David did when he and his companions were hungry?
· ὁ δὲ εἶπεν αὐτοῖς, Οὐκ ἀνέγνωτε τί ἐποίησεν Δαυὶδ ὅτε ἐπείνασεν καὶ οἱ μετ' αὐτοῦ,

📖 (마 12:4)
· 그가 하나님의 전에 들어가서 제사장 외에는 자기나 그 함께한 자들이 먹지 못하는 진설병을 먹지 아니하였느냐
· He entered the house of God, and he and his companions ate the consecrated bread-which was not lawful for them to dobut only for the priests.
· πῶς εἰσῆλθεν εἰς τὸν οἶκον τοῦ θεοῦ καὶ τοὺς ἄρτους τῆς προθέσεως ἔφαγον, ὃ οὐκ ἐξὸν ἦν αὐτῷ φαγεῖν οὐδὲ τοῖς μετ' αὐτοῦ εἰ μὴ τοῖς ἱερεῦσιν μόνοις

📖 (마 12:5)
· 또 안식일에 제사장들이 성전 안에서 안식을 범하여도 죄가 없음을 너희가 율법에서 읽지 못하였느냐

- Or haven't you read in the Law that on the Sabbath the priests in the temple desecrate the day and yet are innocent?
- ἢ οὐκ ἀνέγνωτε ἐν τῷ νόμῳ ὅτι τοῖς σάββασιν οἱ ἱερεῖς ἐν τῷ ἱερῷ τὸ σάββατον βεβηλοῦσιν καὶ ἀναίτιοί εἰσιν

📖 (마 12:6)
- 내가 너희에게 이르노니 성전보다 더 큰 이가 여기 있느니라
- I tell you that one greater than the temple is here.
- λέγω δὲ ὑμῖν ὅτι τοῦ ἱεροῦ μεῖζόν ἐστιν ὧδε.

📖 (마 12:7)
- 나는 자비를 원하고 제사를 원치 아니하노라 하신 뜻을 너희가 알았더면 무죄한 자를 죄로 정치 아니하였으리라
- If you had known what these words mean, 'I desire mercy, not sacrifice,' you would not have condemned the innocent.
- εἰ δὲ ἐγνώκειτε τί ἐστιν, Ἔλεος θέλω καὶ οὐ θυσίαν, οὐκ ἂν κατεδικάσατε τοὺς ἀναιτίους.

📖 (마 12:8)
- 인자는 안식일의 주인이니라 하시니라
- For the Son of Man is Lord of the Sabbath."
- κύριος γάρ ἐστιν τοῦ σαββάτου ὁ υἱὸς τοῦ ἀνθρώπου.

📖 (마 12:9)
- 거기를 떠나 저희 회당에 들어가시니
- Going on from that place, he went into their synagogue,
- Καὶ μεταβὰς ἐκεῖθεν ἦλθεν εἰς τὴν συναγωγὴν αὐτῶν·

📖 (마 12:10)

· 한편 손 마른 사람이 있는지라 사람들이 예수를 송사하려 하여 물어 가로되 안식일에 병 고치는 것이 옳으니이까

· and a man with a shriveled hand was there. Looking for a reason to accuse Jesus, they asked him, "Is it lawful to heal on the Sabbath?"

· καὶ ἰδοὺ ἄνθρωπος χεῖρα ἔχων ξηράν. καὶ ἐπηρώτησαν αὐτὸν λέγοντες, Εἰ ἔξεστιν τοῖς σάββασιν θεραπεῦσαι ἵνα κατηγορήσωσιν αὐτοῦ.

📖 (마 12:11)

· 예수께서 가라사대 너희 중에 어느 사람이 양 한 마리가 있어 안식일에 구덩이에 빠졌으면 붙잡아내지 않겠느냐

· He said to them, "If any of you has a sheep and it falls into a pit on the Sabbath, will you not take hold of it and lift it out?

· ὁ δὲ εἶπεν αὐτοῖς, Τίς ἔσται ἐξ ὑμῶν ἄνθρωπος ὃς ἕξει πρόβατον ἕν καὶ ἐὰν ἐμπέσῃ τοῦτο τοῖς σάββασιν εἰς βόθυνον, οὐχὶ κρατήσει αὐτὸ καὶ ἐγερεῖ

📖 (마 12:12)

· 사람이 양보다 얼마나 더 귀하냐 그러므로 안식일에 선을 행하는 것이 옳으니라 하시고

· How much more valuable is a man than a sheep! Therefore it is lawful to do good on the Sabbath."

· πόσῳ οὖν διαφέρει ἄνθρωπος προβάτου. ὥστε ἔξεστιν τοῖς σάββασιν καλῶς ποιεῖν.

[눅 6:6-11]

📖 (눅 6:6)

· 또 다른 안식일에 예수께서 회당에 들어가사 가르치실새 거기 오른손 마른 사람이 있는지라

· On another Sabbath he went into the synagogue and was teaching, and a man was there whose right hand was shriveled.

· Ἐγένετο δὲ ἐν ἑτέρῳ σαββάτῳ εἰσελθεῖν αὐτὸν εἰς τὴν συναγωγὴν καὶ διδάσκειν. καὶ ἦν ἄνθρωπος ἐκεῖ καὶ ἡ χεὶρ αὐτοῦ ἡ δεξιὰ ἦν ξηρά.

📖 (눅 6:7)

· 서기관과 바리새인들이 예수를 송사할 빙거를 찾으려 하여 안식일에 병 고치시는가 엿보니

· The Pharisees and the teachers of the law were looking for a reason to accuse Jesus, so they watched him closely to see if he would heal on the Sabbath.

· παρετηροῦντο δὲ αὐτὸν οἱ γραμματεῖς καὶ οἱ Φαρισαῖοι εἰ ἐν τῷ σαββάτῳ θεραπεύει, ἵνα εὕρωσιν κατηγορεῖν αὐτοῦ.

📖 (눅 6:8)

· 예수께서 저희 생각을 아시고 손 마른 사람에게 이르시되 일어나 한가운데 서라 하시니 저가 일어나 서거늘

· But Jesus knew what they were thinking and said to the man with the shriveled hand, "Get up and stand in front of everyone." So he got up and stood there.

· αὐτὸς δὲ ᾔδει τοὺς διαλογισμοὺς αὐτῶν, εἶπεν δὲ τῷ ἀνδρὶ

τῷ ξηρὰν ἔχοντι τὴν χεῖρα, Ἔγειρε καὶ στῆθι εἰς τὸ μέσον· καὶ ἀναστὰς ἔστη.

📖 (눅 6:9)

· 예수께서 저희에게 이르시되 내가 너희에게 묻노니 안식일에 선을 행하는 것과 악을 행하는 것, 생명을 구하는 것과 멸하는 것, 어느 것이 옳으냐 하시며

· Then Jesus said to them, "I ask you, which is lawful on the Sabbath: to do good or to do evil, to save life or to destroy it?"

· εἶπεν δὲ ὁ Ἰησοῦς πρὸς αὐτούς, Ἐπερωτῶ ὑμᾶς εἰ ἔξεστιν τῷ σαββάτῳ ἀγαθοποιῆσαι ἢ κακοποιῆσαι, ψυχὴν σῶσαι ἢ ἀπολέσαι

📖 (눅 6:10)

· 무리를 둘러보시고 그 사람에게 이르시되 네 손을 내밀라 하시니 저가 그리하매 그 손이 회복된지라

· He looked around at them all, and then said to the man, "Stretch out your hand." He did so, and his hand was completely restored.

· καὶ περιβλεψάμενος πάντας αὐτοὺς εἶπεν αὐτῷ, Ἔκτεινον τὴν χεῖρά σου. ὁ δὲ ἐποίησεν καὶ ἀπεκατεστάθη ἡ χεὶρ αὐτοῦ.

📖 (눅 6:11)

· 저희는 분기가 가득하여 예수를 어떻게 처치할 것을 서로 의논하니라

· But they were furious and began to discuss with one another what they might do to Jesus.

· αὐτοὶ δὲ ἐπλήσθησαν ἀνοίας καὶ διελάλουν πρὸς ἀλλήλους τί ἂν ποιήσαιεν τῷ Ἰησοῦ.

레위기 23장의 내용에 의거하여 날짜와 안식일을 그토록 고집하던 이들이 공격을 철회한 것도 아닌데 '주의 날', '안식 후 첫날'을 지키는 초대 교인들을 공격하거나 논쟁한 기록이 전혀 없다.

그 이유와 까닭은 이러하다.

유대인들이 구약의 율례를 따라 제8일을 자연스럽게 절기 예식의 한 날로 지켜왔기 때문에 '제8일', '안식 후 첫날'이 충돌 없이 받아들여졌던 것이다.

안식 후 첫날이 '제8일'로 제자들에게 인식되기 시작한 것은 그날 부활하셨고 다음 안식 후 첫날(요 20:26) 다시 나타나심으로 계속되는 부활하신 주님의 출현이 그날이 된 것이다. 그래서 자연스레 그날을 기다리게 되었다.

결국 예배일이 되었으며, 점차 주의 오시는 날, 죽음을 이기고 왕의 왕으로 오시는 주의 날(계 1:10, 임페리얼 데이: 왕이 방문한 날, NIV)의 의미가 확대되었다.

황제의 축일이 주일(일요일)이 되었다고 강변하지만 초대교회 성도들은 황제를 축하한 것이 아니라 예수 그리스도가 자신들의 예배의 중심이 되는 왕으로서 부활하시고 다시 현현하신 날이 계속 안식 후 첫날이 되었으므로 왕 되신 예수께서 다시 오실 것을 기대하고 축하하기 위하여 주일에 예배하였고, 떡을 뗌도 예수께서 이것을 행하여 "나를 기념하라"하심을 실행한 것이다. 그래서 이 날을 주의 날이라 한 것이지 안식일이라고는 하지 않았다.

[요 20:26]

 (요 20:26)

· 여드레를 지나서 제자들이 다시 집 안에 있을 때에 도마도 함께

있고 문들이 닫혔는데 예수께서 오사 가운데 서서 가라사대 너희에게 평강이 있을지어다 하시고
· A week later his disciples were in the house again, and Thomas was with them. Though the doors were locked, Jesus came and stood among them and said, "Peace be with you!"
· Καὶ μεθ' ἡμέρας ὀκτὼ πάλιν ἦσαν ἔσω οἱ μαθηταὶ αὐτοῦ καὶ Θωμᾶς μετ' αὐτῶν. ἔρχεται ὁ Ἰησοῦς τῶν θυρῶν κεκλεισμένων καὶ ἔστη εἰς τὸ μέσον καὶ εἶπεν, Εἰρήνη ὑμῖν.

예수님을 기념하는 날이 안식일이 아닌 것은 사도 바울이 빌립보서 2장 4-11절에서 모든 무릎을 예수의 이름에 꿇게 하시고 모든 입으로 주라 시인하여 하나님 아버지께 영광을 돌리게 하셨다 함으로 예수를 예배함이 아버지께 영광된다 하였다.

[계 1:10]

 (계 1:10)
· 주의 날에 내가 성령에 감동하여 내 뒤에서 나는 나팔 소리 같은 큰 음성을 들으니
· On the Lord's Day I was in the Spirit, and I heard behind me a loud voice like a trumpet,
· ἐγενόμην ἐν πνεύματι ἐν τῇ κυριακῇ ἡμέρᾳ καὶ ἤκουσα ὀπίσω μου φωνὴν μεγάλην ὡς σάλπιγγος

또한 제자들이 '주의 가르치심'을 받고 '주의 날'의 의미를 확실히 알고 지켰

기 때문이다.

  안식주의자들은 예수께서 안식일에 안식하셨다고 하였으나 성경은 명백하게 예수는 죽임을 당하시고 안식일까지 "사망의 고통에 매여 계셨다"(행 2:24)고 했다. 성령께서 베드로의 입으로 설교할 때에 "하나님께서 사망의 고통을 풀어 살리셨으니" 이는 그가 사망에게 매어 있을 수 없었다고 하였다.

  고린도전서 15장 55절에 사망의 쏘는 것은 죄요(고통) 죄의 권능은 율법이라고 하였다. 즉 율법은 우리 죗값을 예수께 받기 위해 예수님을 아프게 하고 고통케 한 죄의 권능이다. 예수님은 우리가 당하고 맛보아야 할 율법이 정한 형벌의 고통과 죽음의 쏘는 아픔을 당하셨다. 그것이 사망이요 죽음이다. 이것이 안식인가?

  예수님은 죽음과 사망을 오게 한 우리 죄를 없이 하시기 위하여 고통 가운데 계셨다는 말이다.

  그런데 안식주의자들은 예수께서 무덤(사망) 속에서 안식(편히 쉼)하셨다고 한다. 이 얼마나 억측인가?

  하나님께서 사망의 고통에서 그를 풀어 살리셨다. 즉 고통 가운데 계셨다는 것이다.

  구약의 안식일은 율법으로 예수를 죽음으로 괴롭힌 바로 그것이다.

  그분은 우리에게 참된 안식을 주시고자 옛 안식을 율법과 함께 폐하시고 자기 안에 들어온 자에게 참된 안식, 영원한 안식을 주신 그림자 안식일을 몸 된 자신의 몸으로 계시하시고 자신을 열어 우리를 받으셨다.

16. 주 예수의 가르치심

부활 후 예수님께서 40일간 하나님 나라의 일을 강론하심으로(행 1:3) 성경에 감춰져 있던 주의 그림자들을 깨우치셨으므로 제자들과 성도들이 잘 알고 믿고 있었음을 발견할 수 있다.

[행 1:3]

 (행 1:3)

· 해 받으신 후에 또한 저희에게 확실한 많은 증거로 친히 사심을 나타내사 사십 일 동안 저희에게 보이시며 하나님 나라의 일을 말씀하시니라

· After his suffering, he showed himself to these men and gave many convincing proofs that he was alive. He appeared to them over a period of forty days and spoke about the kingdom of God.

· οἷς καὶ παρέστησεν ἑαυτὸν ζῶντα μετὰ τὸ παθεῖν αὐτὸν ἐν πολλοῖς τεκμηρίοις, δι' ἡμερῶν τεσσεράκοντα ὀπτανόμενος αὐτοῖς καὶ λέγων τὰ περὶ τῆς βασιλείας τοῦ θεοῦ·

엠마오 도상에서 부활하신 주님을 만난 이들이 모세와 모든 선지자의 글로 시작하여 모든 성경에 쓴 바 예수님에 관한 것을 예수님으로부터 자세하게 들었다(눅 24:13-35).

[눅 24:13-35]

 (눅 24:13)

· 그날에 저희 중 둘이 예루살렘에서 이십오 리 되는 엠마오라 하는 촌으로 가면서

· Now that same day two of them were going to a village called Emmaus, about seven miles from Jerusalem.

· Καὶ ἰδοὺ δύο ἐξ αὐτῶν ἐν αὐτῇ τῇ ἡμέρᾳ ἦσαν πορευόμενοι εἰς κώμην ἀπέχουσαν σταδίους ἑξήκοντα ἀπὸ Ἰερουσαλήμ, ᾗ ὄνομα Ἐμμαοῦς,

 (눅 24:14)

· 이 모든 된 일을 서로 이야기하더라

· They were talking with each other about everything that had happened.

· καὶ αὐτοὶ ὡμίλουν πρὸς ἀλλήλους περὶ πάντων τῶν συμβεβηκότων τούτων.

 (눅 24:15)

· 저희가 서로 이야기하며 문의할 때에 예수께서 가까이 이르러 저희와 동행하시나

· As they talked and discussed these things with each other, Jesus himself came up and walked along with them;

· καὶ ἐγένετο ἐν τῷ ὁμιλεῖν αὐτοὺς καὶ συζητεῖν καὶ αὐτὸς Ἰησοῦς ἐγγίσας συνεπορεύετο αὐτοῖς,

 (눅 24:16)

· 저희의 눈이 가리워져서 그인 줄 알아보지 못하거늘

- but they were kept from recognizing him.
- οἱ δὲ ὀφθαλμοὶ αὐτῶν ἐκρατοῦντο τοῦ μὴ ἐπιγνῶναι αὐτόν.

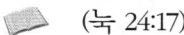 (눅 24:17)

- 예수께서 이르시되 너희가 길 가면서 서로 주고받고 하는 이야기가 무엇이냐 하시니 두 사람이 슬픈 빛을 띠고 머물러 서더라
- He asked them, "What are you discussing together as you walk along?" They stood still, their faces downcast.
- εἶπεν δὲ πρὸς αὐτούς, Τίνες οἱ λόγοι οὗτοι οὓς ἀντιβάλλετε πρὸς ἀλλήλους περιπατοῦντες καὶ ἐστάθησαν σκυθρωποί.

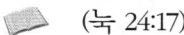 (눅 24:18)

- 그 한 사람인 글로바라 하는 자가 대답하여 가로되 당신이 예루살렘에 우거하면서 근일 거기서 된 일을 홀로 알지 못하느뇨
- One of them, named Cleopas, asked him, "Are you only a visitor to Jerusalem and do not know the things that have happened there in these days?"
- ἀποκριθεὶς δὲ εἷς ὀνόματι Κλεοπᾶς εἶπεν πρὸς αὐτόν, Σὺ μόνος παροικεῖς Ἰερουσαλὴμ καὶ οὐκ ἔγνως τὰ γενόμενα ἐν αὐτῇ ἐν ταῖς ἡμέραις ταύταις

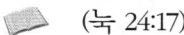 (눅 24:19)

- 가라사대 무슨 일이뇨 가로되 나사렛 예수의 일이니 그는 하나님과 모든 백성 앞에서 말과 일에 능하신 선지자여늘
- "What things?" he asked. "About Jesus of Nazareth," they replied. "He was a prophet, powerful in word and deed before God and all the people.

• καὶ εἶπεν αὐτοῖς, Ποῖα οἱ δὲ εἶπαν αὐτῷ, Τὰ περὶ Ἰησοῦ τοῦ Ναζαρηνοῦ, ὃς ἐγένετο ἀνὴρ προφήτης δυνατὸς ἐν ἔργῳ καὶ λόγῳ ἐναντίον τοῦ θεοῦ καὶ παντὸς τοῦ λαοῦ,

 (눅 24:20)

• 우리 대제사장들과 관원들이 사형 판결에 넘겨주어 십자가에 못 박았느니라

• The chief priests and our rulers handed him over to be sentenced to death, and they crucified him;

• ὅπως τε παρέδωκαν αὐτὸν οἱ ἀρχιερεῖς καὶ οἱ ἄρχοντες ἡμῶν εἰς κρίμα θανάτου καὶ ἐσταύρωσαν αὐτόν.

 (눅 24:21)

• 우리는 이 사람이 이스라엘을 구속할 자라고 바랐노라 이뿐 아니라 이 일이 된 지가 사흘째요

• but we had hoped that he was the one who was going to redeem Israel. And what is more, it is the third day since all this took place.

• ἡμεῖς δὲ ἠλπίζομεν ὅτι αὐτός ἐστιν ὁ μέλλων λυτροῦσθαι τὸν Ἰ-σραήλ· ἀλλά γε καὶ σὺν πᾶσιν τούτοις τρίτην ταύτην ἡμέραν ἄγει ἀφ' οὗ ταῦτα ἐγένετο.

 (눅 24:22)

• 또한 우리 중에 어떤 여자들이 우리로 놀라게 하였으니 이는 저희가 새벽에 무덤에 갔다가

• In addition, some of our women amazed us. They went to the tomb early this morning

· ἀλλὰ καὶ γυναῖκές τινες ἐξ ἡμῶν ἐξέστησαν ἡμᾶς· γενόμεναι ὀρθριναὶ ἐπὶ τὸ μνημεῖον,

📖 (눅 24:23)

· 그의 시체는 보지 못하고 와서 그가 살으셨다 하는 천사들의 나타남을 보았다 함이라

· but didn't find his body. They came and told us that they had seen a vision of angels, who said he was alive.

· καὶ μὴ εὑροῦσαι τὸ σῶμα αὐτοῦ ἦλθον λέγουσαι καὶ ὀπτασίαν ἀγγέλων ἑωρακέναι, οἳ λέγουσιν αὐτὸν ζῆν.

📖 (눅 24:24)

· 또 우리와 함께한 자 중에 두어 사람이 무덤에 가 과연 여자들의 말한 바와 같음을 보았으나 예수는 보지 못하였느니라 하거늘

· Then some of our companions went to the tomb and found it just as the women had said, but him they did not see."

· καὶ ἀπῆλθόν τινες τῶν σὺν ἡμῖν ἐπὶ τὸ μνημεῖον καὶ εὗρον οὕτως καθὼς καὶ αἱ γυναῖκες εἶπον, αὐτὸν δὲ οὐκ εἶδον.

📖 (눅 24:25)

· 가라사대 미련하고 선지자들의 말한 모든 것을 마음에 더디 믿는 자들이여

· He said to them, "How foolish you are, and how slow of heart to believe all that the prophets have spoken!

· καὶ αὐτὸς εἶπεν πρὸς αὐτούς, Ὦ ἀνόητοι καὶ βραδεῖς τῇ καρδίᾳ τοῦ πιστεύειν ἐπὶ πᾶσιν οἷς ἐλάλησαν οἱ προφῆται·

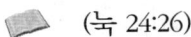 (눅 24:26)

• 그리스도가 이런 고난을 받고 자기의 영광에 들어가야 할 것이 아니냐 하시고

• Did not the Christ have to suffer these things and then enter his glory?"

• οὐχὶ ταῦτα ἔδει παθεῖν τὸν Χριστὸν καὶ εἰσελθεῖν εἰς τὴν δόξαν αὐτοῦ

📖 (눅 24:27)

• 이에 모세와 및 모든 선지자의 글로 시작하여 모든 성경에 쓴 바 자기에 관한 것을 자세히 설명하시니라

• And beginning with Moses and all the Prophets, he explained to them what was said in all the Scriptures concerning himself.

• καὶ ἀρξάμενος ἀπὸ Μωϋσέως καὶ ἀπὸ πάντων τῶν προφητῶν δ-ιερμήνευσεν αὐτοῖς ἐν πάσαις ταῖς γραφαῖς τὰ περὶ ἑαυτοῦ.

📖 (눅 24:28)

• 저희의 가는 촌에 가까이 가매 예수는 더 가려 하는 것같이 하시니

• As they approached the village to which they were going, Jesus acted as if he were going farther.

• Καὶ ἤγγισαν εἰς τὴν κώμην οὗ ἐπορεύοντο, καὶ αὐτὸς προσεποιήσατο πορρώτερον πορεύεσθαι.

📖 (눅 24:29)

• 저희가 강권하여 가로되 우리와 함께 유하사이다 때가 저물어가고 날이 이미 기울었나이다 하니 이에 저희와 함께 유하러 들어가시니라

• But they urged him strongly, "Stay with us, for it is nearly evening: the day is almost over." So he went in to stay with them.

· καὶ παρεβιάσαντο αὐτὸν λέγοντες, Μεῖνον μεθ' ἡμῶν, ὅτι πρὸ-ς ἑσπέραν ἐστὶν καὶ κέκλικεν ἤδη ἡ ἡμέρα. καὶ εἰσῆλθεν τοῦ μεῖναι σὺν αὐτοῖς.

📖 (눅 24:30)

· 저희와 함께 음식 잡수실 때에 떡을 가지사 축사하시고 떼어 저희에게 주시매

· When he was at the table with them, he took bread, gave thanks, broke it and began to give it to them.

· καὶ ἐγένετο ἐν τῷ κατακλιθῆναι αὐτὸν μετ' αὐτῶν λαβὼν τὸν ἄ-ρτον εὐλόγησεν καὶ κλάσας ἐπεδίδου αὐτοῖς·

📖 (눅 24:31)

· 저희 눈이 밝아져 그인 줄 알아보더니 예수는 저희에게 보이지 아니하시는지라

· Then their eyes were opened and they recognized him, and he disappeared from their sight.

· αὐτῶν δὲ διηνοίχθησαν οἱ ὀφθαλμοὶ καὶ ἐπέγνωσαν αὐτόν· καὶ αὐτὸς ἄφαντος ἐγένετο ἀπ' αὐτῶν.

📖 (눅 24:32)

· 저희가 서로 말하되 길에서 우리에게 말씀하시고 우리에게 성경을 풀어 주실 때에 우리 속에서 마음이 뜨겁지 아니하더냐 하고

· They asked each other, "Were not our hearts burning within us while he talked with us on the road and opened the Scriptures to us?"

· καὶ εἶπαν πρὸς ἀλλήλους, Οὐχὶ ἡ καρδία ἡμῶν καιομένη ἦν [ἐν ἡμῖν] ὡς ἐλάλει ἡμῖν ἐν τῇ ὁδῷ, ὡς διήνοιγεν ἡμῖν τὰς γραφάς

📖 (눅 24:33)

· 곧 그 시로 일어나 예루살렘에 돌아가 보니 열한 사도와 및 그와 함께 한 자들이 모여 있어

· They got up and returned at once to Jerusalem. There they found the Eleven and those with them, assembled together

· καὶ ἀναστάντες αὐτῇ τῇ ὥρᾳ ὑπέστρεψαν εἰς Ἰερουσαλὴμ καὶ εὗρον ἠθροισμένους τοὺς ἕνδεκα καὶ τοὺς σὺν αὐτοῖς,

📖 (눅 24:34)

· 말하기를 주께서 과연 살아나시고 시몬에게 나타나셨다 하는지라

· and saying, "It is true! The Lord has risen and has appeared to Simon."

· λέγοντας ὅτι ὄντως ἠγέρθη ὁ κύριος καὶ ὤφθη Σίμωνι.

📖 (눅 24:35)

· 두 사람도 길에서 된 일과 예수께서 떡을 떼심으로 자기들에게 알려지신 것을 말하더라

· Then the two told what had happened on the way, and how Jesus was recognized by them when he broke the bread.

· καὶ αὐτοὶ ἐξηγοῦντο τὰ ἐν τῇ ὁδῷ καὶ ὡς ἐγνώσθη αὐτοῖς ἐν τῇ κλάσει τοῦ ἄρτου.

또한 주께서 제자들과 함께 있을 때에 "너희에게 말한 바 곧 모세의 율법과 선지자의 글과 시편에 나를 가리켜 기록된 모든 것이 이루

어져야 하리라" 하시고, 이에 그들의 "마음을 열어" "성경을 깨닫게" 하셨다(눅 24:48).

[눅 24:48]

 (눅 24:48)
- 너희는 이 모든 일의 증인이라
- You are witnesses of these things.
- ὑμεῖς μάρτυρες τούτων.

주님은 제자들과 500여 형제에게 40일간 성경의 예언과 선지자, 절기의 의미와 성막, 성전, 율법과 교훈, 모형과 인물, 사건과 상징, 비유와 성취가 예수님 자신임을 깊이 있게 자세히 가르치셨다(행 1:3).

[행 1:3]

 (행 1:3)
- 해 받으신 후에 또한 저희에게 확실한 많은 증거로 친히 사심을 나타내사 사십 일 동안 저희에게 보이시며 **하나님 나라의 일**을 말씀하시니라
- After his suffering, he showed himself to these men and gave many convincing proofs that he was alive. He appeared to them over a period of forty days and spoke about the kingdom of God.
- οἷς καὶ παρέστησεν ἑαυτὸν ζῶντα μετὰ τὸ παθεῖν αὐτὸν ἐν πολλοῖς τεκμηρίοις, δι' ἡμερῶν τεσσεράκοντα ὀπτανόμενος αὐτοῖς καὶ λέγων τὰ περὶ τῆς βασιλείας τοῦ θεοῦ·

예수 그리스도 자신이 하나님 나라를 세우시는 교회의 기초요 머리 되심을 교훈하셨다. 또한 성령께서 생각나게 하시고 말할 것을 주시리라 하셨다(마 10:19-20).

[마 10:19-20]

 (마 10:19)

· 너희를 넘겨줄 때에 어떻게 또는 무엇을 말할까 염려치 말라 그때에 무슨 말할 것을 주시리니

· But when they arrest you, do not worry about what to say or how to say it. At that time you will be given what to say,

· ὅταν δὲ παραδῶσιν ὑμᾶς, μὴ μεριμνήσητε πῶς ἢ τί λαλήσητε· δοθήσεται γὰρ ὑμῖν ἐν ἐκείνῃ τῇ ὥρᾳ τί λαλήσητε·

 (마 10:20)

· 말하는 이는 너희가 아니라 너희 속에서 말씀하시는 자 곧 너희 아버지의 성령이시니라

· for it will not be you speaking, but the Spirit of your Father speaking through you.

· οὐ γὰρ ὑμεῖς ἐστε οἱ λαλοῦντες ἀλλὰ τὸ πνεῦμα τοῦ πατρὸς ὑμῶν τὸ λαλοῦν ἐν ὑμῖν.

그 나타난 증거를 보자.

첫째, 사도행전 2장에 나타난 사도 베드로의 설교는 선지서 요엘서를 시작으로 다윗과 예수 그리스도로 이어지는 역사와 선지자 예수 그리스도의 희생과 부활과 구원의 일관된 외침이었다.

이는 성령의 역사도 역사이지만, 주께로부터 사사받은 성경을 관통하는 실력과 성령 충만한 현란한 설교로 대적자들의 입을 막고, 회개시키고, 구원의 예수 그리스도를 영접하게 하기에 부족함이 없었다.

둘째, 사도행전 3장에서 베드로가 앉은뱅이를 치료한 후에 행한 설교 또한 강력한 설교였다.

그는 아브라함을 필두로 모든 선지자의 입을 의탁하사 자기의 그리스도의 해 받으실 것을 미리 알게 하신 것을 이와 같이 이루셨다고 말하며, 모세의 글과 말을 인용하여

"하나님께서 너희 형제 가운데 나와 같은 선지자 하나를 세울 것이니 너희가 그 모든 말씀을 들을 것이라 그 말을 듣지 않으면 백성 중에 멸망 받으리라"(신 18:15)고 말했다. 베드로는 사무엘과 모든 선지자를 거론하는 예수께 사사받은 성경적 지식을 담대히 선포하였으며, 대적자들로 반론의 여지를 남기지 않았다.

[신 18:15]

 (신 18:15)

· 네 하나님 여호와께서 너의 중 네 형제 중에서 나와 같은 선지자 하나를 너를 위하여 일으키시리니 너희는 그를 들을지니라

· The LORD your God will raise up for you a prophet like me from among your own brothers. You must listen to him.

· προφητην εκ των αδελφων σου ως εμε αναστησει σοι κυριος ο θεος σου αυτου ακουσεσθε

셋째, 사도행전 7장의 스데반 집사도 아브라함, 이삭, 야곱, 요셉, 모세, 다윗과 모든 선지자를 망라하여 예수 그리스도를 증거하는 확신에 찬 설교를 했다.

그가 예수님에 관한 성경 전체를 망라하고 아우르며 일관되고 확고부동하며 주께 받은 성경적 지식과 예수 그리스도로 확립된 믿음을 지니고 있었음을 알 수 있다.

이러한 성경적 지식과 확신을 가진 초대 교회 사도와 성도들이 예수를 죽인 '율법의 날이자 옛 계명의 날' 인 안식일을 주의 날로 지켰을 리가 없으며, 혼돈하였을 까닭도 없다.

초대 교회 사도들과 성도들은 예수가 그리스도임을 가르치고 증거하고자 안식일에 회당에 간 것이지 '그날'을 '주의 날'로 지키고 예배하기 위하여 간 것이 결코 아니었다.

초대 교회 성도들을 어리석거나 무식하게 여기지 말라! 그들은 성령 충만하였다. 스데반은 집사였지만 목사님 설교보다 더 확실한 성경적 실력과 영력을 갖추고 있었다.

17. '주의 날'의 여러 모양과 명칭들

성경은 '주의 날'을 여러 모양으로 말씀한다.

1) 오늘날(히 3:7, 13, 15, 4:7, 5:5)

[히 3:7]

 (히 3:7)

· 그러므로 성령이 이르신 바와 같이 오늘날 너희가 그의 음성을 듣거든

· So as the Holy Spirit says: "Today, if you hear his voice,

· Διό, καθὼς λέγει τὸ πνεῦμα τὸ ἅγιον, Σήμερον ἐὰν τῆς φωνῆς αὐτοῦ ἀκούσητε,

[히 3:13]

 (히 3:13)

· 오직 **오늘**이라 일컫는 동안에 매일 피차 권면하여 너희 중에 누구든지 죄의 유혹으로 강퍅케 됨을 면하라

· But encourage one another daily, as long as it is called Today, so that none of you may be hardened by sin's deceitfulness.

· ἀλλὰ παρακαλεῖτε ἑαυτοὺς καθ᾽ ἑκάστην ἡμέραν, ἄχρις οὗ τὸ Σήμερον καλεῖται, ἵνα μὴ σκληρυνθῇ τις ἐξ ὑμῶν ἀπάτῃ τῆς ἁμαρτίας·

[히 3:15]

 (히 3:15)

· 성경에 일렀으되 **오늘날** 너희가 그의 음성을 듣거든 노하심을 격동할 때와 같이 너희 마음을 강퍅케 하지 말라 하였으니

· As has just been said: "Today, if you hear his voice, do not harden your hearts as you did in the rebellion."

· ἐν τῷ λέγεσθαι, Σήμερον ἐὰν τῆς φωνῆς αὐτοῦ ἀκούσητε, Μὴ σκληρύνητε τὰς καρδίας ὑμῶν ὡς ἐν τῷ παραπικρασμῷ.

[히 4:7]

 (히 4:7)

· 오랜 후에 다윗의 글에 다시 어느 날을 정하여 **오늘날**이라고 미리 이같이 일렀으되 오늘날 너희가 그의 음성을 듣거든 너희 마음을 강퍅케 말라 하였나니

· Therefore God again set a certain day, calling it Today, when a long time later he spoke through David, as was said before: "Today, if you hear his voice, do not harden your hearts."

· πάλιν τινὰ ὁρίζει ἡμέραν, Σήμερον, ἐν Δαυὶδ λέγων μετὰ τοσοῦτον χρόνον, καθὼς προείρηται, Σήμερον ἐὰν τῆς φωνῆς αὐτοῦ ἀκούσητε, μὴ σκληρύνητε τὰς καρδίας ὑμῶν.

[히 5:5]

📖 (히 5:5)

· 또한 이와 같이 그리스도께서 대제사장 되심도 스스로 영광을 취하심이 아니요 오직 말씀하신 이가 저더러 이르시되 너는 내 아들이니 내가 **오늘날** 너를 낳았다 하셨고

· So Christ also did not take upon himself the glory of becoming a high priest. But God said to him, "You are my Son; today I have become your Father."

· Οὕτως καὶ ὁ Χριστὸς οὐχ ἑαυτὸν ἐδόξασεν γενηθῆναι ἀρχιερέα ἀλλ᾽ ὁ λαλήσας πρὸς αὐτόν, Υἱός μου εἶ σύ, ἐγὼ σήμερον γεγέννηκά σε·

성경은 너희가 '**오늘날**' 그의 음성을 듣거든 마음을 강퍅하게(굳게) 말라고 '여섯 번'이나 강조하는데, 그 강조점의 핵심은 "그의 음성"이다. 또한 **시제가 고정된 한 날에 있지 않고** '오늘', 즉 유동성 있는 현재의 때, '지금'이다.

말씀하시는 분은 하나님이시며, 말씀은 예수 그리스도시다. 또한 그 시제(때)가 고정된 '날'인 '안식일'이 아닌 '오늘' 말씀을 듣는 믿음으로 순종하는 '지금'이 '주의 날'이라는 것이다.

2) 다시 어느 날 (히 4:7; 시 95:7-11)

[히 4:7]

 (히 4:7)

· 오랜 후에 다윗의 글에 **다시 어느 날**을 정하여 오늘날이라고 미리 이같이 일렀으되 오늘날 너희가 그의 음성을 듣거든 너희 마음을 강퍅케 말라 하였나니

· Therefore God again set a certain day, calling it Today, when a long time later he spoke through David, as was said before: "Today, if you hear his voice, do not harden your hearts."

· πάλιν τινὰ ὁρίζει ἡμέραν, Σήμερον, ἐν Δαυὶδ λέγων μετὰ τοσοῦτον χρόνον, καθὼς προείρηται, Σήμερον ἐὰν τῆς φωνῆς αὐτοῦ ἀκούσητε, μὴ σκληρύνητε τὰς καρδίας ὑμῶν.

[시 95:7-11]

 (시 95:7)

· 대저 저는 우리 하나님이시요 우리는 그의 기르시는 백성이며 그 손의 양이라 너희가 오늘날 그 음성 듣기를 원하노라

· for he is our God and we are the people of his pasture, the flock under his care. Today, if you hear his voice,

· οτι αυτος εστιν ο θεος ημων και ημεις λαος νομης αυτου και προβατα χειρος αυτου σημερον εαν της φωνης αυτου ακουσητε

 (시 95:8)

· 이르시기를 너희는 므리바에서와 같이 또 광야 맛사의 날과 같이

너희 마음을 강퍅하게 말지어다
· do not harden your hearts as you did at Meribahas you did that day at Massah in the desert,
· μη σκληρυνητε τας καρδιας υμων ως εν τω παραπικρασμω κατα την ημεραν του πειρασμου εν τη ερημω

   (시 95:9)
· 그때에 너희 열조가 나를 시험하며 나를 탐지하고 나의 행사를 보았도다
· where your fathers tested and tried me, though they had seen what I did.
· ου επειρασαν οι πατερες υμων εδοκιμασαν και ειδοσαν τα εργα μου

   (시 95:10)
· 내가 사십 년을 그 세대로 인하여 근심하여 이르기를 저희는 마음이 미혹된 백성이라 내 도를 알지 못한다 하였도다
· For forty years I was angry with that generation; I said, "They are a people whose hearts go astray, and they have not known my ways."
· τεσσαρακοντα ετη προσωχθισα τη γενεα εκεινη και ειπα αει πλανωνται τη καρδια και αυτοι ουκ εγνωσαν τας οδους μου

   (시 95:11)
· 그러므로 내가 노하여 맹세하기를 저희는 **내 안식**에 들어오지 못하리라 하였도다
· So I declared on oath in my anger, "They shall never enter my

rest."

· ως ωμοσα εν τη οργη μου ει εισελευσονται εις την καταπαυσιν μου

위의 시편 말씀에서 말하는 '**내 안식**'은 **안식일**이 아닌 '**가나안 약속의 땅**'이다. 이는 결코 **안식일**에 들어오지 못하리라는 말씀이 아니다(히 3:7-11).

[히 3:7-11]

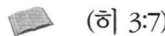 (히 3:7)
· 그러므로 성령이 이르신 바와 같이 오늘날 너희가 그의 음성을 듣거든
· So, as the Holy Spirit says: "Today, if you hear his voice,
· Διό, καθὼς λέγει τὸ πνεῦμα τὸ ἅγιον, Σήμερον ἐὰν τῆς φωνῆς αὐτοῦ ἀκούσητε,

 (히 3:8)
· 노하심을 격동하여 광야에서 시험하던 때와 같이 너희 마음을 강팍케 하지 말라
· do not harden your hearts as you did in the rebellion, during the time of testing in the desert,
· μὴ σκληρύνητε τὰς καρδίας ὑμῶν ὡς ἐν τῷ παραπικρασμῷ κατὰ τὴν ἡμέραν τοῦ πειρασμοῦ ἐν τῇ ἐρήμῳ,

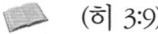 (히 3:9)
· 거기서 너희 열조가 나를 시험하여 증험하고 사십 년 동안에 나

의 행사를 보았느니라

· where your fathers tested and tried me and for forty years saw what I did.

· οὗ ἐπείρασαν οἱ πατέρες ὑμῶν ἐν δοκιμασίᾳ καὶ εἶδον τὰ ἔργα μου

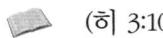 (히 3:10)

· 그러므로 내가 이 세대를 노하여 가로되 저희가 항상 마음이 미혹되어 내 길을 알지 못하는도다 하였고

· That is why I was angry with that generation, and I said, 'Their hearts are always going astray, and they have not known my ways.'

· τεσσεράκοντα ἔτη· διὸ προσώχθισα τῇ γενεᾷ ταύτῃ καὶ εἶπον, Ἀεὶ πλανῶνται τῇ καρδίᾳ, αὐτοὶ δὲ οὐκ ἔγνωσαν τὰς ὁδούς μου,

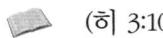 (히 3:11)

· 내가 노하여 맹세한 바와 같이 저희는 **내 안식에** 들어오지 못하리라 하셨다 하였으니

· So I declared on oath in my anger, 'They shall never enter my rest.'"

· ὡς ὤμοσα ἐν τῇ ὀργῇ μου· Εἰ εἰσελεύσονται εἰς τὴν κατάπαυσίν μου.

'그날'은 불순종하던 때와 같이 처음의 '그날'과 '다른 날' 가나안 땅에 들어가는 날을 '**다시 어느 날**'이라 하였다(히 4:7-8).

[히 4:7-8]

　(히 4:7)

- 오랜 후에 다윗의 글에 **다시 어느 날**을 정하여 오늘날이라고 미리 이같이 일렀으되 오늘날 너희가 그의 음성을 듣거든 너희 마음을 강퍅케 말라 하였나니

- Therefore God again set a certain day, calling it Today, when a long time later he spoke through David, as was said before: "Today, if you hear his voice, do not harden your hearts."

- πάλιν τινὰ ὁρίζει ἡμέραν, Σήμερον, ἐν Δαυὶδ λέγων μετὰ τοσοῦτον χρόνον, καθὼς προείρηται, Σήμερον ἐὰν τῆς φωνῆς αὐτοῦ ἀκούσητε, μὴ σκληρύνητε τὰς καρδίας ὑμῶν.

　(히 4:8)

- 만일 여호수아가 저희에게 안식을 주었더면 그 후에 **다른 날**을 말씀하지 아니하셨으리라

- For if Joshua had given them rest, God would not have spoken later about another day.

- εἰ γὰρ αὐτοὺς Ἰησοῦς κατέπαυσεν, οὐκ ἄν περὶ ἄλλης ἐλάλει μετὰ ταῦτα ἡμέρας.

가데스바네아에서 불순종하던 때의 '그날'(안식일)이 아닌 '**다시 어느 날**', 주의 음성을 듣고 순종함으로 가나안 땅에 들어가는 '새로운 날'(안식일이 아님: 안식의 땅)을 말하는 것이다.

이스라엘은 광야에서 안식일을 철저히 지켰으며 안식일을 지키지 않으면 벌을 받던 때였는데, 안식일을 철저히 지키던 그들이 왜 가나안에 들어가지

못했는가? 안식일이 아닌 하나님께 불순종했기 때문이었다. 왜 이것을 깨닫지 못하는가?

오늘날에도 하나님의 뜻, 곧 예수 그리스도 안에 들어가는 믿음의 순종보다 안식일이라는 날짜에 매달려 주께 불순종하는 이들이 있다. 참으로 안타깝다.

가나안 땅의 안식을 누리는 이 승리와 영광의 '날'은 안식일이 아닌 오늘날 예수 그리스도를 믿음으로 죄 사함 받고, 하늘의 백성이 되고, 예수 그리스도 안에서 승리와 영광의 안식을 얻는 날, 곧 주 안에 들어가는 날, '주의 날'이다. 이는 믿음으로 생명과 평안을 얻는 날, 곧 '새 날', '안식일이 아니다. 다시 어느 날'인 것이다(히 4:1-11).

[히 4:1-11]

 (히 4:1)
· 그러므로 우리는 두려워할지니 그의 안식에 들어갈 약속이 남아 있을지라도 너희 중에 혹 미치지 못할 자가 있을까 함이라
· Therefore, since the promise of entering his rest still stands, let us be careful that none of you be found to have fallen short of it.
· Φοβηθῶμεν οὖν, μήποτε καταλειπομένης ἐπαγγελίας εἰσελθεῖν εἰς τὴν κατάπαυσιν αὐτοῦ δοκῇ τις ἐξ ὑμῶν ὑστερηκέναι.

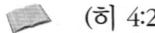 (히 4:2)
· 저희와 같이 우리도 복음 전함을 받은 자이나 그러나 그 들은 바 말씀이 저희에게 유익 되지 못한 것은 듣는 자가 **믿음을 화합지 아**

니함이라

· For we also have had the gospel preached to us, just as they did; but the message they heard was of no value to them, because those who heard did not combine it with faith.

· καὶ γάρ ἐσμεν εὐηγγελισμένοι καθάπερ κἀκεῖνοι· ἀλλ' οὐκ ὠφέλησεν ὁ λόγος τῆς ἀκοῆς ἐκείνους μὴ συγκεκερασμένους τῇ πίστει τοῖς ἀκούσασιν.

📖 (히 4:3)

· 이미 믿는 우리들은 **저 안식**에 들어가는도다 그 말씀하신 바와 같으니 내가 노하여 맹세한 바와 같이 저희가 **내 안식**에 들어오지 못하리라 하셨다 하였으나 세상을 창조할 때부터 그 일이 이루었느니라

· Now we who have believed enter that rest, just as God has said, "So I declared on oath in my anger, 'They shall never enter my rest.'" And yet his work has been finished since the creation of the world.

· εἰσερχόμεθα γὰρ εἰς [τὴν] κατάπαυσιν οἱ πιστεύσαντες, καθὼς εἴρηκεν, Ὡς ὤμοσα ἐν τῇ ὀργῇ μου, Εἰ εἰσελεύσονται εἰς τὴν κατά-παυσίν μου, καίτοι τῶν ἔργων ἀπὸ καταβολῆς κόσμου γενηθέντων.

📖 (히 4:4)

· 제칠일에 관하여는 어디 이렇게 일렀으되 하나님은 **제칠일**에 그의 모든 일을 쉬셨다 하였으며

· For somewhere he has spoken about the seventh day in these words: "And on the seventh day God rested from all his work."

· εἴρηκεν γάρ που περὶ τῆς ἑβδόμης οὕτως, Καὶ κατέπαυσεν ὁ θεὸς ἐν τῇ ἡμέρᾳ τῇ ἑβδόμῃ ἀπὸ πάντων τῶν ἔργων αὐτοῦ,

📖 (히 4:5)

· 또다시 거기 저희가 **내 안식**에 들어오지 못하리라 하였으니

· And again in the passage above he says, "They shall never enter my rest."

· καὶ ἐν τούτῳ πάλιν, Εἰ εἰσελεύσονται εἰς τὴν κατάπαυσίν μου.

📖 (히 4:6)

· 그러면 거기 들어갈 자들이 남아 있거니와 복음 전함을 먼저 받은 자들은 **순종치 아니함**을 인하여 들어가지 못하였으므로

· It still remains that some will enter that restand those who formerly had the gospel preached to them did not go in, because of their disobedience.

· ἐπεὶ οὖν ἀπολείπεται τινὰς εἰσελθεῖν εἰς αὐτήν, καὶ οἱ πρότερον εὐαγγελισθέντες οὐκ εἰσῆλθον δι᾿ ἀπείθειαν,

📖 (히 4:7)

· 오랜 후에 다윗의 글에 **다시 어느 날**을 정하여 **오늘날**이라고 미리 이같이 일렀으되 **오늘날** 너희가 그의 음성을 듣거든 너희 마음을 강퍅케 말라 하였나니

· Therefore God again set a certain day, calling it Today, when a long time later he spoke through David, as was said before: "Today, if you hear his voice, do not harden your hearts."

· πάλιν τινὰ ὁρίζει ἡμέραν, Σήμερον, ἐν Δαυὶδ λέγων μετὰ τοσοῦτον χρόνον, καθὼς προείρηται, Σήμερον ἐὰν τῆς φωνῆς αὐτοῦ ἀκούσητε, μὴ σκληρύνητε τὰς καρδίας ὑμῶν.

📖 (히 4:8)

· 만일 여호수아가 저희에게 안식을 주었더면 그 후에 **다른 날**을 말씀하지 아니하셨으리라

· For if Joshua had given them rest, God would not have spoken later about another day.

· εἰ γὰρ αὐτοὺς Ἰησοῦς κατέπαυσεν, οὐκ ἂν περὶ ἄλλης ἐλάλει μετὰ ταῦτα ἡμέρας.

📖 (히 4:9)

· 그런즉 안식할 때가 하나님의 백성에게 남아 있도다

· There remains, then, a Sabbath-rest for the people of God;

· ἄρα ἀπολείπεται σαββατισμὸς τῷ λαῷ τοῦ θεοῦ.

📖 (히 4:10)

· 이미 **그의 안식**에 들어간 자는 하나님이 자기 일을 쉬심과 같이 자기 일을 쉬느니라

· for anyone who enters God's rest also rests from his own work, just as God did from his.

· ὁ γὰρ εἰσελθὼν εἰς τὴν κατάπαυσιν αὐτοῦ καὶ αὐτὸς κατέπαυσεν ἀπὸ τῶν ἔργων αὐτοῦ ὥσπερ ἀπὸ τῶν ἰδίων ὁ θεός.

📖 (히 4:11)

· 그러므로 우리가 **저 안식**에 들어가기를 힘쓸지니 이는 누구든지 저 순종치 아니하는 본에 빠지지 않게 하려 함이라

· Let us, therefore, make every effort to enter that rest, so that no one will fall by following their example of disobedience.

- σπουδάσωμεν οὖν εἰσελθεῖν εἰς ἐκείνην τὴν κατάπαυσιν, ἵνα μὴ ἐν τῷ αὐτῷ τις ὑποδείγματι πέσῃ τῆς ἀπειθείας.

3) 다른 날(히 4:8)

[히 4:8]

 (히 4:8)

- 만일 여호수아가 저희에게 안식을 주었더면 그 후에 **다른 날**을 말씀하지 아니하셨으리라
- For if Joshua had given them rest, God would not have spoken later about another day.
- εἰ γὰρ αὐτοὺς Ἰησοῦς κατέπαυσεν, οὐκ ἂν περὶ ἄλλης ἐλάλει μετὰ ταῦτα ἡμέρας.

여호수아가 안식을 주었다면 그 후에 '다른 날'을 말씀하지 않았으리라.

하나님이 이스라엘에게 약속하신 안식의 궁극적 의미는 예수 그리스도 안에 있는 참된 안식이었기에, 여호수아가 가나안 땅을 그 백성에게 주었을지라도 그것은 완전한 안식을 주었다고 할 수 없다. 그러므로 그 후에 '다른 날'을 말씀하셨는데, 그것이 예수 그리스도의 참된 안식인 **주의 날**', 즉 주일인 것이다

4) 그의 안식(히 4:1), 내 안식(히 4:3), 저 안식(히 4:11)

[히 4:1]

 (히 4:1)

· 그러므로 우리는 두려워할지니 **그의 안식**에 들어갈 약속이 남아 있을지라도 너희 중에 혹 미치지 못할 자가 있을까 함이라

· Therefore, since the promise of entering his rest still stands, let us be careful that none of you be found to have fallen short of it.

· Φοβηθῶμεν οὖν, μήποτε καταλειπομένης ἐπαγγελίας εἰσελθεῖν εἰς τὴν κατάπαυσιν αὐτοῦ δοκῇ τις ἐξ ὑμῶν ὑστερηκέναι.

[히 4:3]

 (히 4:3)

· **이미 믿는 우리들은 저 안식**에 들어가는도다 그 말씀하신 바와 같으니 내가 노하여 맹세한 바와 같이 저희가 **내 안식**에 들어오지 못하리라 하셨다 하였으나 세상을 창조할 때부터 그 일이 이루었느니라

· Now we who have believed enter that rest, just as God has said, "So I declared on oath in my anger, 'They shall never enter my rest.'" And yet his work has been finished since the creation of the world.

· εἰσερχόμεθα γὰρ εἰς [τὴν] κατάπαυσιν οἱ πιστεύσαντες, καθὼς εἴρηκεν, Ὡς ὤμοσα ἐν τῇ ὀργῇ μου, Εἰ εἰσελεύσονται εἰς τὴν κατάπαυσίν μου, καίτοι τῶν ἔργων ἀπὸ καταβολῆς κόσμου γενηθέντων.

[히 4:11]

 (히 4:11)

- 그러므로 우리가 **저 안식에** 들어가기를 힘쓸지니 이는 누구든지 저 순종치 아니하는 본에 빠지지 않게 하려 함이라
- Let us, therefore, make every effort to enter that rest, so that no one will fall by following their example of disobedience.
- σπουδάσωμεν οὖν εἰσελθεῖν εἰς ἐκείνην τὴν κατάπαυσιν, ἵνα μὴ ἐν τῷ αὐτῷ τις ὑποδείγματι πέσῃ τῆς ἀπειθείας.

이스라엘 백성들이 광야에서 안식일을 잘 지켰음에도 가나안의 안식에 들어가지 못하고 실패한 까닭이 무엇인지 아직도 모르겠는가?

여기서 말하는 '**안식**'은 '**안식일**'이 아니다. 그들이 불순종함으로 그 마음이 강퍅케 되었기 때문인데, 아직도 안식주의자들이 잘못된 안식일을 고집하고, 예수 그리스도께 불순종함으로 들어오려 하지 않고 있음은 **사람의 교훈과 사탄의 거짓말에 속고 있기 때문이다.** 깨어나라!

'**안식일**'을 지키라 하지 않고 '**안식에 들어가라**'고 말한다 '**다른 날**', '**오늘날**', '**다시 어느 날**', '**내 안식**', '**그의 안식**', '**저 안식**' 중 그 어느 것도 안식일을 지키라고 지시하지 않는다(히 4:1-11).

여기서 말하는 '그'와 '나'는 예수 그리스도를 지칭하고, '예수 안'에 들어갈 것을 명령하고 있다(히 4:3, 5, 10).

[히 4:3]

   (히 4:3)

· 이미 믿는 우리들은 **저 안식**에 들어가는도다 그 말씀하신 바와 같으니 내가 노하여 맹세한 바와 같이 저희가 내 안식에 들어오지 못하리라 하셨다 하였으나 세상을 창조할 때부터 그 일이 이루었느니라

· Now we who have believed enter that rest, just as God has said, "So I declared on oath in my anger, 'They shall never enter my rest.'" And yet his work has been finished since the creation of the world.

· εἰσερχόμεθα γὰρ εἰς [τὴν] κατάπαυσιν οἱ πιστεύσαντες, καθὼς ε-ἴρηκεν, Ὡς ὤμοσα ἐν τῇ ὀργῇ μου, Εἰ εἰσελεύσονται εἰς τὴν κατά-παυσίν μου, καίτοι τῶν ἔργων ἀπὸ καταβολῆς κόσμου γενηθέντων.

[히 4:5]

   (히 4:5)

· 또다시 거기 저희가 내 안식에 들어오지 못하리라 하였으니

· And again in the passage above he says, "They shall never enter my rest."

· καὶ ἐν τούτῳ πάλιν, Εἰ εἰσελεύσονται εἰς τὴν κατάπαυσίν μου.

[히 4:10]

   (히 4:10)

· 이미 그의 안식에 들어간 자는 하나님이 자기 일을 쉬심과 같이 자기 일을 쉬느니라

· for anyone who enters God's rest also rests from his own work, just as God did from his.

· ὁ γὰρ εἰσελθὼν εἰς τὴν κατάπαυσιν αὐτοῦ καὶ αὐτὸς κατέπαυσεν ἀπὸ τῶν ἔργων αὐτοῦ ὥσπερ ἀπὸ τῶν ἰδίων ὁ θεός.

이는 예수 그리스도 안에서만 참된 안식을 누릴 수 있기 때문이다. 그 들은 바 말씀을 '믿음으로 화합지' 아니한 자들은 '이 안식'에 들어가지 못한다. 세상을 창조할 때부터 그 일이 이루었다(히 4:1-3). 온전치 못한 믿음이기에 그런 것이다.

[히 4:1-3]

 (히 4:1)

· 그러므로 우리는 두려워할지니 그의 안식에 들어갈 약속이 남아 있을지라도 너희 중에 혹 미치지 못할 자가 있을까 함이라

· Therefore, since the promise of entering his rest still stands, let us be careful that none of you be found to have fallen short of it.

· Φοβηθῶμεν οὖν, μήποτε καταλειπομένης ἐπαγγελίας εἰσελθεῖν εἰς τὴν κατάπαυσιν αὐτοῦ δοκῇ τις ἐξ ὑμῶν ὑστερηκέναι.

 (히 4:2)

· 저희와 같이 우리도 복음 전함을 받은 자이나 그러나 그 들은 바 말씀이 저희에게 유익 되지 못한 것은 듣는 자가 믿음을 화합지 아니함이라

· For we also have had the gospel preached to us, just as they did; but the message they heard was of no value to them, because those who heard did not combine it with faith.

- καὶ γάρ ἐσμεν εὐηγγελισμένοι καθάπερ κἀκεῖνοι· ἀλλ' οὐκ ὠφέλησεν ὁ λόγος τῆς ἀκοῆς ἐκείνους μὴ συγκεκερασμένους τῇ πίστει τοῖς ἀκούσασιν.

 (히 4:3)

- 이미 믿는 우리들은 저 안식에 들어가는도다 그 말씀하신 바와 같으니 내가 노하여 맹세한 바와 같이 저희가 내 안식에 들어오지 못하리라 하셨다 하였으나 세상을 창조할 때부터 그 일이 이루었느니라

- Now we who have believed enter that rest, just as God has said, "So I declared on oath in my anger, 'They shall never enter my rest.'" And yet his work has been finished since the creation of the world.

- εἰσερχόμεθα γὰρ εἰς [τὴν] κατάπαυσιν οἱ πιστεύσαντες, καθὼς ἐ-ίρηκεν, Ὡς ὤμοσα ἐν τῇ ὀργῇ μου, Εἰ εἰσελεύσονται εἰς τὴν κατά-παυσίν μου, καίτοι τῶν ἔργων ἀπὸ καταβολῆς κόσμου γενηθέντων.

그들은 예수 그리스도의 은혜를 받아들인 순종의 믿음이 아니라 율법과 날짜와 외식과 형식과 사람의 교훈을 따라 '자신의 의, 율법을 행함으로 얻어지는 의'를 세우고 의지하려 했다. 그러면서 예수 그리스도의 믿음으로 얻는 의의 공로(은혜, 십자가의 완전한 대속)를 거절했기 때문에 참된 안식에 들어갈 수 없는 것이다(왕의 초청을 거절한 자들의 행위, 예복을 입지 않았거나 중도에 벗은 자).

18. 참된 안식이란 무엇인가?

안식일 제정은 하나님이 장차 인간의 수고와 고통을 쉬게 하고자 아들 예수 그리스도로 새로이 지으실 하나님 나라를 준비하실 모형과 예시이며, 장차 이 땅에 오실 예수 그리스도의 참된 안식을 보여주는 그림자이다(골 2:16-17).

[골 2:16-17]

 (골 2:16)
· 그러므로 먹고 마시는 것과 절기나 월삭이나 안식일을 인하여 누구든지 너희를 폄론하지 못하게 하라
· Therefore do not let anyone judge you by what you eat or drink, or with regard to a religious festival, a New Moon celebration or a Sabbath day.
· Μὴ οὖν τις ὑμᾶς κρινέτω ἐν βρώσει καὶ ἐν πόσει ἢ ἐν μέρει ἑορτῆς ἢ νεομηνίας ἢ σαββάτων·

 (골 2:17)
· 이것들은 장래 일의 그림자이나 몸은 그리스도의 것이니라
· These are a shadow of the things that were to come; the reality, however, is found in Christ.
· ἅ ἐστιν σκιὰ τῶν μελλόντων, τὸ δὲ σῶμα τοῦ Χριστοῦ.

안식일은 사람을 위하여 제정하신 것이며, 하나님을 위하여 강제하신 날이

결코 아니다. 안식일은 예수 그리스도 안에 들어가게 될 사건의 예표로서 천국과 진정한 기쁨의 안식을 미리 보여주려 하심이다. 이 안식은 심판과 사망과 절망과 두려움에서 절대적 용서와 구원과 긍휼의 기쁨과 생명이 넘치는 하나님의 나라를 제시하는 그림자적 교훈이다.(※ 도표 ① 참조)

이 참된 안식의 나라는 예수 안에 있다.

19. '예수 그리스도 안'이란 무엇인가?

에베소서와 서신서를 보면 바울 사도가 성도들에게 "예수 안에서"라는 말을 무수히 반복적으로 사용하고 있다.

성경에 나타난 예수 안의 모형적 사건의 예를 살펴보자.

1) 안과 밖

첫째, 방주이다(창 6-7장).

노아 홍수 때의 방주는 예수 그리스도의 몸인 교회의 형상이며, 예수 그리스도의 언약 안, 곧 예수 안에 있는 자들이 죄와 사망으로부터 건짐 받고 구원받는 모형이다. 방주 밖에는 불순종한 자들의 사망의 권세가, 방주 안에는 하나님의 언약을 믿고 순종한 자들에게 생명의 권세가 있는 것과 같다.

둘째, 유월절 양의 피가 뿌려진 집이다(창 12장).

이스라엘 백성이 하나님의 명령으로 유월절에 잡은 양의 피를 문 좌우 인방과 설주에 뿌림으로 죽음의 천사가 그 집을 넘어가 장자와 초태생의 가축을 죽이지 않았다. 이처럼 말씀에 순종하고 주의 언약을 믿고 순종한 자들은 유월절 희생양 되신 예수 그리스도의 피를 믿고 의지함으로 그 '집 안에 있는 자들이' 사망의 권세에서 구원을 받는다.

셋째, 여리고 성의 기생 라합의 집이다(수 2장).

이스라엘이 가나안 정탐꾼 둘을 여리고 성에 보냈을 때 그들을 살려 주고 믿음으로 약속을 맺은 기생 라합의 '집 안'에 피신한 자들을 살려 주리라는 언약이다. 붉은 줄로 표시된 생명의 언약이 그 집 밖에 부어진 진노의 사망 권세와 대조되어 나타나는데, 붉은 줄은 예수 그리스도의 피를 상징하고 구원의 표시가 된다.

넷째, 도피성이다(민 35:9-28).

살인한 자가 도피할 도피성은 그 보수자(복수할 자)로부터 지켜 주기 위하여 제정한 성으로, 그 성의 대제사장이 죽기까지 그 '성' 안에서 살면 죄가 면제되어 고향으로 돌아갈 수 있었다. **이 성이 죄인들의 목숨을 보전하는 죄인의 피난처요, 죄를 짊어지고 죽으신 예수의 대제사장 되심의 모형이다.** 이렇듯 구약의 여러 곳에서 그 모형을 발견할 수 있다.

'예수 안'은 그를 믿는 언약과 구원의 영역을 말한다.

예수께서 "나의 안에 거하라. 그리하면 나도 너희 안에 거하리라"고 하셨다(요 15:4-11). 예수 안에 거하는 자는 포도나무 가지가 포도나무 원줄기에 붙어 있어 과실을 맺는 것처럼 생명의 구원을 받는다.

[요 15:4-11]

　(요 15:4)
- 내 안에 거하라 나도 너희 안에 거하리라 가지가 포도나무에 붙

어 있지 아니하면 절로 과실을 맺을 수 없음같이 너희도 내 안에 있지 아니하면 그러하리라

· Remain in me, and I will remain in you. No branch can bear fruit by itself; it must remain in the vine. Neither can you bear fruit unless you remain in me.

· μείνατε ἐν ἐμοί, κἀγὼ ἐν ὑμῖν. καθὼς τὸ κλῆμα οὐ δύναται καρπὸν φέρειν ἀφ' ἑαυτοῦ ἐὰν μὴ μένῃ ἐν τῇ ἀμπέλῳ, οὕτως οὐδὲ ὑμεῖς ἐὰν μὴ ἐν ἐμοὶ μένητε.

📖 (요 15:5)

· 나는 포도나무요 너희는 가지니 저가 내 안에, 내가 저 안에 있으면 이 사람은 과실을 많이 맺나니 나를 떠나서는 너희가 아무것도 할 수 없음이라

· "I am the vine; you are the branches. If a man remains in me and I in him, he will bear much fruit; apart from me you can do nothing.

· ἐγώ εἰμι ἡ ἄμπελος, ὑμεῖς τὰ κλήματα. ὁ μένων ἐν ἐμοὶ κἀγὼ ἐν αὐτῷ, οὗτος φέρει καρπὸν πολύν, ὅτι χωρὶς ἐμοῦ οὐ δύνασθε ποιεῖν οὐδέν.

📖 (요 15:6)

· 사람이 내 안에 거하지 아니하면 가지처럼 밖에 버리워 말라지나니 사람들이 이것을 모아다가 불에 던져 사르느니라

· If anyone does not remain in me, he is like a branch that is thrown away and withers; such branches are picked up, thrown into the fire and burned.

• ἐὰν μή τις μένῃ ἐν ἐμοί, ἐβλήθη ἔξω ὡς τὸ κλῆμα καὶ ἐξηράνθη καὶ συνάγουσιν αὐτὰ καὶ εἰς τὸ πῦρ βάλλουσιν καὶ καίεται.

📖 (요 15:7)

• 너희가 내 안에 거하고 내 말이 너희 안에 거하면 무엇이든지 원하는 대로 구하라 그리하면 이루리라

• If you remain in me and my words remain in you, ask whatever you wish, and it will be given you.

• ἐὰν μείνητε ἐν ἐμοὶ καὶ τὰ ῥήματά μου ἐν ὑμῖν μείνῃ, ὃ ἐὰν θέλητε αἰτήσασθε, καὶ γενήσεται ὑμῖν.

📖 (요 15:8)

• 너희가 과실을 많이 맺으면 내 아버지께서 영광을 받으실 것이요 너희가 내 제자가 되리라

• This is to my Father's glory, that you bear much fruit, showing yourselves to be my disciples.

• ἐν τούτῳ ἐδοξάσθη ὁ πατήρ μου, ἵνα καρπὸν πολὺν φέρητε καὶ γένησθε ἐμοὶ μαθηταί.

📖 (요 15:9)

• 아버지께서 나를 사랑하신 것같이 나도 너희를 사랑하였으니 나의 사랑 안에 거하라

• "As the Father has loved me, so have I loved you. Now remain in my love.

• καθὼς ἠγάπησέν με ὁ πατήρ, κἀγὼ ὑμᾶς ἠγάπησα· μείνατε ἐν τῇ ἀγάπῃ τῇ ἐμῇ.

📖 (요 15:10)

- 내가 아버지의 계명을 지켜 그의 사랑 안에 거하는 것같이 너희도 내 계명을 지키면 내 사랑 안에 거하리라
- If you obey my commands, you will remain in my love, just as I have obeyed my Father's commands and remain in his love.
- ἐὰν τὰς ἐντολάς μου τηρήσητε, μενεῖτε ἐν τῇ ἀγάπῃ μου, καθὼς ἐγὼ τὰς ἐντολὰς τοῦ πατρός μου τετήρηκα καὶ μένω αὐτοῦ ἐν τῇ ἀγάπῃ.

(요 15:11)

- 내가 이것을 너희에게 이름은 내 기쁨이 너희 안에 있어 너희 기쁨을 충만하게 하려 함이니라
- I have told you this so that my joy may be in you and that your joy may be complete.
- Ταῦτα λελάληκα ὑμῖν ἵνα ἡ χαρὰ ἡ ἐμὴ ἐν ὑμῖν ᾖ καὶ ἡ χαρὰ ὑμῶν πληρωθῇ.

이 말은, '예수 안'에 있는 자는 죄 때문에 심판받을 율법과 사망의 권세에서 벗어나 구원의 영역 안에 거하게 된다는 뜻이다.

노아 시대의 홍수와 모세 시대의 장자와 초태생이 죽는 유월절 재앙 그리고 멸망이 예고된 여리고 성의 파멸의 날은 모두 죄와 불순종 때문에 일어났다. 죄와 불순종은 사망의 원인이다. 그럴더라도 살아날 방법은 있다.

살인죄로 인해 마땅히 죽임을 당할 자가 살아날 수 있는 유일한 방법은 말씀을 믿고 순종하여 도피성으로 들어가 피하는 것이었다. 이처럼 생명을 얻는 방법은 약속된 '언약의 믿음'과 '순종함'인 '예수 안'에 있어야만 한다.

2) 성전 되신 예수 그리스도

예수님은 안식일의 주인이시며 성전보다 크신 분이었다(마 12:5-8).

[마 12:5-8]

 (마 12:5)
· 또 안식일에 제사장들이 성전 안에서 안식을 범하여도 죄가 없음을 너희가 율법에서 읽지 못하였느냐
· Or haven't you read in the Law that on the Sabbath the priests in the temple desecrate the day and yet are innocent?
· ἢ οὐκ ἀνέγνωτε ἐν τῷ νόμῳ ὅτι τοῖς σάββασιν οἱ ἱερεῖς ἐν τῷ ἱερῷ τὸ σάββατον βεβηλοῦσιν καὶ ἀναίτιοί εἰσιν

 (마 12:6)
· 내가 너희에게 이르노니 성전보다 더 큰 이가 여기 있느니라
· I tell you that one greater than the temple is here.
· λέγω δὲ ὑμῖν ὅτι τοῦ ἱεροῦ μεῖζόν ἐστιν ὧδε.

 (마 12:7)
· 나는 자비를 원하고 제사를 원치 아니하노라 하신 뜻을 너희가 알았더면 무죄한 자를 죄로 정치 아니하였으리라
· If you had known what these words mean, 'I desire mercy, not sacrifice,' you would not have condemned the innocent.
· εἰ δὲ ἐγνώκειτε τί ἐστιν, Ἔλεος θέλω καὶ οὐ θυσίαν, οὐκ ἂν κατεδικάσατε τοὺς ἀναιτίους.

 (마 12:8)

- 인자는 안식일의 주인이니라 하시니라
- For the Son of Man is Lord of the Sabbath."
- κύριος γάρ ἐστιν τοῦ σαββάτου ὁ υἱὸς τοῦ ἀνθρώπου.

예수 그리스도는 자신의 육체를 성전으로 비유하셨다(요 2:19-21).

[요 2:19-21]

 (요 2:19)
- 예수께서 대답하여 가라사대 너희가 이 성전을 헐라 내가 사흘 동안에 일으키리라
- Jesus answered them, "Destroy this temple, and I will raise it again in three days."
- ἀπεκρίθη Ἰησοῦς καὶ εἶπεν αὐτοῖς, Λύσατε τὸν ναὸν τοῦτον καὶ ἐν τρισὶν ἡμέραις ἐγερῶ αὐτόν.

 (요 2:20)
- 유대인들이 가로되 이 성전은 사십육 년 동안에 지었거늘 네가 삼일 동안에 일으키겠느뇨 하더라
- The Jews replied, "It has taken forty-six years to build this temple, and you are going to raise it in three days?"
- εἶπαν οὖν οἱ Ἰουδαῖοι, Τεσσεράκοντα καὶ ἓξ ἔτεσιν οἰκοδομήθη ὁ ναὸς οὗτος, καὶ σὺ ἐν τρισὶν ἡμέραις ἐγερεῖς αὐτόν

 (요 2:21)
- 그러나 예수는 성전 된 자기 육체를 가리켜 말씀하신 것이라
- But the temple he had spoken of was his body.

· ἐκεῖνος δὲ ἔλεγεν περὶ τοῦ ναοῦ τοῦ σώματος αὐτοῦ.

    예수 안, 곧 '그의 영향권 안', '그의 믿음 안'에 있는 자는 안식(율법)을 범하여도 죄가 되지 않는다고 하셨다. 예수 그리스도 안에서는 율법이 적용되지 않고 '자비와 긍휼의 사랑의 법'이 적용된다는 것이다. 그 실제적 예로 다윗의 진설병 사건과, 안식일에 성전 안에서 제사장들이 안식을 범하여도 죄가 없음을 실제로 말씀하셨다. 그러므로 제자들이 배고파서 안식일에 밀 이삭을 자르고 비벼 먹은 일(농사의 추수와 타작)은 율법으로 보면 범죄지만 사랑의 법으로는 예수 안에서 죄가 되지 않는다.

    그 언약의 장소는 이 시대에 '예수 그리스도'로 선포되었고, '그분 안'에 들어와야 한다고 복음으로 선포하였다. 예수 안에 들어온 자는 율법에서 자유하게 된다(롬 7:1-6; 갈 3:13, 4:5-6).

[롬 7:1-6]

 (롬 7:1)

· 형제들아 내가 법 아는 자들에게 말하노니 너희는 율법이 사람의 살 동안만 그를 주관하는 줄 알지 못하느냐

· Do you not know, brothers-for I am speaking to men who know the law-that the law has authority over a man only as long as he lives?

· Ἢ ἀγνοεῖτε, ἀδελφοί, γινώσκουσιν γὰρ νόμον λαλῶ, ὅτι ὁ νόμος κυριεύει τοῦ ἀνθρώπου ἐφ' ὅσον χρόνον ζῇ.

 (롬 7:2)

· 남편 있는 여인이 그 남편 생전에는 법으로 그에게 매인 바 되나

만일 그 남편이 죽으면 남편의 법에서 벗어났느니라

· For example, by law a married woman is bound to her husband as long as he is alive, but if her husband dies, she is released from the law of marriage.

· ἡ γὰρ ὕπανδρος γυνὴ τῷ ζῶντι ἀνδρὶ δέδεται νόμῳ· ἐὰν δὲ ἀποθάνῃ ὁ ἀνήρ, κατήργηται ἀπὸ τοῦ νόμου τοῦ ἀνδρός.

📖 (롬 7:3)

· 그러므로 만일 그 남편 생전에 다른 남자에게 가면 음부라 이르되 남편이 죽으면 그 법에서 자유케 되나니 다른 남자에게 갈지라도 음부가 되지 아니하느니라

· So then, if she marries another man while her husband is still alive, she is called an adulteress. But if her husband dies, she is released from that law and is not an adulteress, even though she marries another man.

· ἄρα οὖν ζῶντος τοῦ ἀνδρὸς μοιχαλὶς χρηματίσει ἐὰν γένηται ἀνδρὶ ἑτέρῳ· ἐὰν δὲ ἀποθάνῃ ὁ ἀνήρ, ἐλευθέρα ἐστὶν ἀπὸ τοῦ νόμου, τοῦ μὴ εἶναι αὐτὴν μοιχαλίδα γενομένην ἀνδρὶ ἑτέρῳ.

📖 (롬 7:4)

· 그러므로 내 형제들아 너희도 그리스도의 몸으로 말미암아 율법에 대하여 죽임을 당하였으니 이는 다른 이 곧 죽은 자 가운데서 살아나신 이에게 가서 우리로 하나님을 위하여 열매를 맺게 하려 함이니라

· So, my brothers, you also died to the law through the body of Christ, that you might belong to another, to him who was raised from the dead, in order that we might bear fruit to God.

- ὥστε, ἀδελφοί μου, καὶ ὑμεῖς ἐθανατώθητε τῷ νόμῳ διὰ τοῦ σώματος τοῦ Χριστοῦ, εἰς τὸ γενέσθαι ὑμᾶς ἑτέρῳ, τῷ ἐκ νεκρῶν ἐγερθέντι, ἵνα καρποφορήσωμεν τῷ θεῷ.

📖 (롬 7:5)

- 우리가 육신에 있을 때에는 율법으로 말미암는 죄의 정욕이 우리 지체 중에 역사하여 우리로 사망을 위하여 열매를 맺게 하였더니

- For when we were controlled by the sinful nature, the sinful passions aroused by the law were at work in our bodies, so that we bore fruit for death.

- ὅτε γὰρ ἦμεν ἐν τῇ σαρκί, τὰ παθήματα τῶν ἁμαρτιῶν τὰ διὰ τοῦ νόμου ἐνηργεῖτο ἐν τοῖς μέλεσιν ἡμῶν, εἰς τὸ καρποφορῆσαι τῷ θανάτῳ·

📖 (롬 7:6)

- 이제는 우리가 얽매였던 것에 대하여 죽었으므로 율법에서 벗어났으니 이러므로 우리가 영의 새로운 것으로 섬길 것이요 의문의 묵은 것으로 아니할지니라

- But now, by dying to what once bound us, we have been released from the law so that we serve in the new way of the Spirit, and not in the old way of the written code.

- νυνὶ δὲ κατηργήθημεν ἀπὸ τοῦ νόμου ἀποθανόντες ἐν ᾧ κατειχόμεθα, ὥστε δουλεύειν ἡμᾶς ἐν καινότητι πνεύματος καὶ οὐ παλαιότητι γράμματος.

[갈 3:13]

 (갈 3:13)

· 그리스도께서 우리를 위하여 저주를 받은 바 되사 율법의 저주에서 우리를 속량하셨으니 기록된 바 나무에 달린 자마다 저주 아래 있는 자라 하였음이라

· Christ redeemed us from the curse of the law by becoming a curse for us, for it is written: "Cursed is everyone who is hung on a tree."

· Χριστὸς ἡμᾶς ἐξηγόρασεν ἐκ τῆς κατάρας τοῦ νόμου γενόμενος ὑπὲρ ἡμῶν κατάρα, ὅτι γέγραπται, Ἐπικατάρατος πᾶς ὁ κρεμάμενος ἐπὶ ξύλου,

[갈 4:5-6]

 (갈 4:5)

· 율법 아래 있는 자들을 속량하시고 우리로 아들의 명분을 얻게 하려 하심이라

· to redeem those under law, that we might receive the full rights of sons.

· ἵνα τοὺς ὑπὸ νόμον ἐξαγοράσῃ, ἵνα τὴν υἱοθεσίαν ἀπολάβωμεν.

 (갈 4:6)

· 너희가 아들인 고로 하나님이 그 아들의 영을 우리 마음 가운데 보내사 아바 아버지라 부르게 하셨느니라

· Because you are sons, God sent the Spirit of his Son into our hearts, the Spirit who calls out, "Abba Father."

- ῞Οτι δέ ἐστε υἱοί, ἐξαπέστειλεν ὁ θεὸς τὸ πνεῦμα τοῦ υἱοῦ αὐτοῦ εἰς τὰς καρδίας ἡμῶν κράζον, Αββα ὁ πατήρ.

예수 안에 들어온 자는 율법의 심판에서 벗어났다(롬 8:1-4; 갈 2:19-20).

[롬 8:1-4]

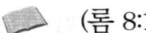 (롬 8:1)
- 그러므로 이제 그리스도 예수 안에 있는 자에게는 결코 정죄함이 없나니
- Therefore, there is now no condemnation for those who are in Christ Jesus,
- Οὐδὲν ἄρα νῦν κατάκριμα τοῖς ἐν Χριστῷ Ἰησοῦ·

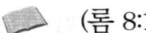 (롬 8:2)
- 이는 그리스도 예수 안에 있는 생명의 성령의 법이 죄와 사망의 법에서 너를 해방하였음이라
- because through Christ Jesus the law of the Spirit of life set me free from the law of sin and death.
- ὁ γὰρ νόμος τοῦ πνεύματος τῆς ζωῆς ἐν Χριστῷ Ἰησοῦ ἠλευθέρωσέν σε ἀπὸ τοῦ νόμου τῆς ἁμαρτίας καὶ τοῦ θανάτου.

 (롬 8:3)
- 율법이 육신으로 말미암아 연약하여 할 수 없는 그것을 하나님은 하시나니 곧 죄를 인하여 자기 아들을 죄 있는 육신의 모양으로 보내어 육신에 죄를 정하사
- For what the law was powerless to do in that it was weakened

by the sinful nature, God did by sending his own Son in the likeness of sinful man to be a sin offering. And so he condemned sin in sinful man,

· τὸ γὰρ ἀδύνατον τοῦ νόμου ἐν ᾧ ἠσθένει διὰ τῆς σαρκός, ὁ θεὸς τὸν ἑαυτοῦ υἱὸν πέμψας ἐν ὁμοιώματι σαρκὸς ἁμαρτίας καὶ περὶ ἁμαρτίας κατέκρινεν τὴν ἁμαρτίαν ἐν τῇ σαρκί,

 (롬 8:4)

· 육신을 좇지 않고 그 영을 좇아 행하는 우리에게 율법의 요구를 이루어지게 하려 하심이니라

· in order that the righteous requirements of the law might be fully met in us, who do not live according to the sinful nature but according to the Spirit.

· ἵνα τὸ δικαίωμα τοῦ νόμου πληρωθῇ ἐν ἡμῖν τοῖς μὴ κατὰ σάρκα περιπατοῦσιν ἀλλὰ κατὰ πνεῦμα.

[갈 2:19-20]

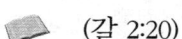 (갈 2:19)

· 내가 율법으로 말미암아 율법을 향하여 죽었나니 이는 하나님을 향하여 살려 함이니라

· For through the law I died to the law so that I might live for God.

· ἐγὼ γὰρ διὰ νόμου νόμῳ ἀπέθανον, ἵνα θεῷ ζήσω. Χριστῷ συνεσταύρωμαι·

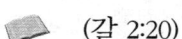 (갈 2:20)

· 내가 그리스도와 함께 십자가에 못 박혔나니 그런즉 이제는 내가 산 것이 아니요 오직 내 안에 그리스도께서 사신 것이라 이제 내가 육체 가운데 사는 것은 나를 사랑하사 나를 위하여 자기 몸을 버리신 하나님의 아들을 믿는 믿음 안에서 사는 것이라

· I have been crucified with Christ and I no longer live, but Christ lives in me. The life I live in the body, I live by faith in the Son of God, who loved me and gave himself for me.

· ζῶ δὲ οὐκέτι ἐγώ, ζῇ δὲ ἐν ἐμοὶ Χριστός· ὃ δὲ νῦν ζῶ ἐν σαρκί, ἐν πίστει ζῶ τῇ τοῦ υἱοῦ τοῦ θεοῦ τοῦ ἀγαπήσαντός με καὶ παραδόντος ἑαυτὸν ὑπὲρ ἐμοῦ.

또한 예수 안에는 율법의 효력이 미칠 수 없다(롬 10:4; 골 2:11-15).

[롬 10:4]

 (롬 10:4)

· 그리스도는 모든 믿는 자에게 의를 이루기 위하여 율법의 마침이 되시니라

· Christ is the end of the law so that there may be righteousness for everyone who believes.

· τέλος γὰρ νόμου Χριστὸς εἰς δικαιοσύνην παντὶ τῷ πιστεύοντι.

[골 2:11-15]

 (골 2:11)

· 또 그 안에서 너희가 손으로 하지 아니한 할례를 받았으니 곧 육

적 몸을 벗는 것이요 그리스도의 할례니라

· In him you were also circumcised, in the putting off of the sinful nature, not with a circumcision done by the hands of men but with the circumcision done by Christ,

· ἐν ᾧ καὶ περιετμήθητε περιτομῇ ἀχειροποιήτῳ ἐν τῇ ἀπεκδύσει τοῦ σώματος τῆς σαρκός, ἐν τῇ περιτομῇ τοῦ Χριστοῦ,

📖 (골 2:12)

· 너희가 침례로 그리스도와 함께 장사한 바 되고 또 죽은 자들 가운데서 그를 일으키신 하나님의 역사를 믿음으로 말미암아 그 안에서 함께 일으키심을 받았느니라

· having been buried with him in baptism and raised with him through your faith in the power of God, who raised him from the dead.

· συνταφέντες αὐτῷ ἐν τῷ βαπτισμῷ, ἐν ᾧ καὶ συνηγέρθητε διὰ τῆς πίστεως τῆς ἐνεργείας τοῦ θεοῦ τοῦ ἐγείραντος αὐτὸν ἐκ νεκρῶν·

📖 (골 2:13)

· 또 너희의 범죄와 육체의 무할례로 죽었던 너희를 하나님이 그와 함께 살리시고 우리에게 모든 죄를 사하시고

· When you were dead in your sins and in the uncircumcision of your sinful nature, God made you alive with Christ. He forgave us all our sins,

· καὶ ὑμᾶς νεκροὺς ὄντας [ἐν] τοῖς παραπτώμασιν καὶ τῇ ἀκροβυστίᾳ τῆς σαρκὸς ὑμῶν, συνεζωοποίησεν ὑμᾶς σὺν αὐτῷ, χαρισάμενος ἡμῖν πάντα τὰ παραπτώματα.

📖 (골 2:14)
· 우리를 거스리고 우리를 대적하는 의문에 쓴 증서를 도말하시고 제하여 버리사 십자가에 못 박으시고
· having canceled the written code, with its regulations, that was against us and that stood opposed to us; he took it away, nailing it to the cross.
· ἐξαλείψας τὸ καθ' ἡμῶν χειρόγραφον τοῖς δόγμασιν ὃ ἦν ὑπεναντίον ἡμῖν, καὶ αὐτὸ ἦρκεν ἐκ τοῦ μέσου προσηλώσας αὐτὸ τῷ σταυρῷ·

📖 (골 2:15)
· 정사와 권세를 벗어 버려 밝히 드러내시고 십자가로 승리하셨느니라
· And having disarmed the powers and authorities, he made a public spectacle of them, triumphing over them by the cross.
· ἀπεκδυσάμενος τὰς ἀρχὰς καὶ τὰς ἐξουσίας ἐδειγμάτισεν ἐν παρρησίᾳ, θριαμβεύσας αὐτοὺς ἐν αὐτῷ.

우리는 항상 방주 되신 예수 안에, 유월절 희생양의 피 되신 예수 안에, 생명의 언약 되신 예수 안에, 죄인의 피난처 되신 도피성 예수 안에, 성전 되신 예수 안에 거해야 한다.

이것이 진정한 안식 안에 들어가는 것이다.

20. 예수 그리스도 안에 거하는 법

성경은 우리에게 예수 안에 거하는 여러 방법을 가르쳐 주고 있다.

1) 예수 그리스도를 영접함으로(계 3:20)

[계 3:20]

 (계 3:20)

· 볼지어다 내가 문 밖에 서서 두드리노니 누구든지 내 음성을 듣고 문을 열면 내가 그에게로 들어가 그로 더불어 먹고 그는 나로 더불어 먹으리라

· Here I am! I stand at the door and knock. If anyone hears my voice and opens the door, I will come in and eat with him, and he with me.

· ἰδοὺ ἕστηκα ἐπὶ τὴν θύραν καὶ κρούω· ἐάν τις ἀκούσῃ τῆς φωνῆς μου καὶ ἀνοίξῃ τὴν θύραν, [καὶ] εἰσελεύσομαι πρὸς αὐτὸν καὶ δειπνήσω μετ' αὐτοῦ καὶ αὐτὸς μετ' ἐμοῦ.

죄인 된 우리를 찾아오신 그리스도를 영접하고(계 3:20), 전인격적으로 오신 주를 맞아들임으로 인격적 · 영적 교제가 이루어진다. 성경의 약속된 말씀

을 믿음으로 보이지 않고 들리지 않으나 나를 위하여 십자가에 대신 죽으심을 인정하고 받아들임으로 그분과의 연합이 이루어진다.

2) 예수를 믿어 권세 있는 신분을 얻음으로(요 1:12-13)

[요 1:12-13]

 (요 1:12)
· 영접하는 자 곧 그 이름을 믿는 자들에게는 하나님의 자녀가 되는 권세를 주셨으니
· Yet to all who received him, to those who believed in his name, he gave the right to become children of God-
· ὅσοι δὲ ἔλαβον αὐτόν, ἔδωκεν αὐτοῖς ἐξουσίαν τέκνα θεοῦ γενέσθαι, τοῖς πιστεύουσιν εἰς τὸ ὄνομα αὐτοῦ,

 (요 1:13)
· 이는 혈통으로나 육정으로나 사람의 뜻으로 나지 아니하고 오직 하나님께로서 난 자들이니라
· children born not of natural descent, nor of human decision or a husband's will, but born of God.
· οἳ οὐκ ἐξ αἱμάτων οὐδὲ ἐκ θελήματος σαρκὸς οὐδὲ ἐκ θελήματος ἀνδρὸς ἀλλ' ἐκ θεοῦ ἐγεννήθησαν.

위의 말씀처럼 하나님의 자녀가 됨으로 얻는 새로운 신분은, 하나님의 가족이 됨으로 예수 그리스도의 사랑과 보호의 영역 안에 살게

됨을 뜻한다.

3) 그리스도의 침례(세례)를 받음으로(롬 6:1-11; 골 2:10-15)

[롬 6:1-11]

　(롬 6:1)
- 그런즉 우리가 무슨 말 하리요 은혜를 더하게 하려고 죄에 거하겠느뇨
- What shall we say, then? Shall we go on sinning so that grace may increase?
- Τί οὖν ἐροῦμεν ἐπιμένωμεν τῇ ἁμαρτίᾳ, ἵνα ἡ χάρις πλεονάσῃ

　(롬 6:2)
- 그럴 수 없느니라 죄에 대하여 죽은 우리가 어찌 그 가운데 더 살리요
- By no means! We died to sin; how can we live in it any longer?
- μὴ γένοιτο. οἵτινες ἀπεθάνομεν τῇ ἁμαρτίᾳ, πῶς ἔτι ζήσομεν ἐν αὐτῇ

　(롬 6:3)
- 무릇 그리스도 예수와 합하여 침례를 받은 우리는 그의 죽으심과 합하여 침례 받은 줄을 알지 못하느뇨
- Or don't you know that all of us who were baptized into Christ Jesus were baptized into his death?

· ἢ ἀγνοεῖτε ὅτι, ὅσοι ἐβαπτίσθημεν εἰς Χριστὸν Ἰησοῦν, εἰς τὸν θάνατον αὐτοῦ ἐβαπτίσθημεν;

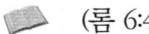 (롬 6:4)

· 그러므로 우리가 그의 죽으심과 합하여 침례를 받음으로 그와 함께 장사되었나니 이는 아버지의 영광으로 말미암아 그리스도를 죽은 자 가운데서 살리심과 같이 우리로 또한 새 생명 가운데서 행하게 하려 함이니라

· We were therefore buried with him through baptism into death in order that, just as Christ was raised from the dead through the glory of the Father, we too may live a new life.

· συνετάφημεν οὖν αὐτῷ διὰ τοῦ βαπτίσματος εἰς τὸν θάνατον, ἵνα ὥσπερ ἠγέρθη Χριστὸς ἐκ νεκρῶν διὰ τῆς δόξης τοῦ πατρός, οὕτως καὶ ἡμεῖς ἐν καινότητι ζωῆς περιπατήσωμεν.

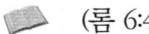 (롬 6:5)

· 만일 우리가 그의 죽으심을 본받아 연합한 자가 되었으면 또한 그의 부활을 본받아 연합한 자가 되리라

· If we have been united with him like this in his death, we will certainly also be united with him in his resurrection.

· εἰ γὰρ σύμφυτοι γεγόναμεν τῷ ὁμοιώματι τοῦ θανάτου αὐτοῦ, ἀλλὰ καὶ τῆς ἀναστάσεως ἐσόμεθα·

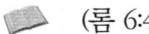 (롬 6:6)

· 우리가 알거니와 우리 옛 사람이 예수와 함께 십자가에 못 박힌 것은 죄의 몸이 멸하여 다시는 우리가 죄에게 종 노릇 하지 아니하려 함이니

· For we know that our old self was crucified with him so that the body of sin might be done away with, that we should no longer be slaves to sin-

· τοῦτο γινώσκοντες ὅτι ὁ παλαιὸς ἡμῶν ἄνθρωπος συνεσταυρώθη, ἵνα καταργηθῇ τὸ σῶμα τῆς ἁμαρτίας, τοῦ μηκέτι δουλεύειν ἡμᾶς τῇ ἁμαρτίᾳ·

📖 (롬 6:7)

· 이는 죽은 자가 죄에서 벗어나 의롭다 하심을 얻었음이니라
· because anyone who has died has been freed from sin.
· ὁ γὰρ ἀποθανὼν δεδικαίωται ἀπὸ τῆς ἁμαρτίας.

📖 (롬 6:8)

· 만일 우리가 그리스도와 함께 죽었으면 또한 그와 함께 살 줄을 믿노니
· Now if we died with Christ, we believe that we will also live with him.
· εἰ δὲ ἀπεθάνομεν σὺν Χριστῷ, πιστεύομεν ὅτι καὶ συζήσομεν αὐτῷ,

📖 (롬 6:9)

· 이는 그리스도께서 죽은 자 가운데서 사셨으매 다시 죽지 아니하시고 사망이 다시 그를 주장하지 못할 줄을 앎이로라
· For we know that since Christ was raised from the dead, he cannot die again; death no longer has mastery over him.
· εἰδότες ὅτι Χριστὸς ἐγερθεὶς ἐκ νεκρῶν οὐκέτι ἀποθνῄσκει, θάνατος αὐτοῦ οὐκέτι κυριεύει.

   (롬 6:10)

· 그의 죽으심은 죄에 대하여 단번에 죽으심이요 그의 살으심은 하나님께 대하여 살으심이니

· The death he died, he died to sin once for all; but the life he lives, he lives to God.

· ὃ γὰρ ἀπέθανεν, τῇ ἁμαρτίᾳ ἀπέθανεν ἐφάπαξ· ὃ δὲ ζῇ, ζῇ τῷ θεῷ.

   (롬 6:11)

· 이와 같이 너희도 너희 자신을 죄에 대하여는 죽은 자요 그리스도 예수 안에서 하나님을 대하여는 산 자로 여길지어다

· In the same way, count yourselves dead to sin but alive to God in Christ Jesus.

· οὕτως καὶ ὑμεῖς λογίζεσθε ἑαυτοὺς [εἶναι] νεκροὺς μὲν τῇ ἁμαρτίᾳ ζῶντας δὲ τῷ θεῷ ἐν Χριστῷ Ἰησοῦ.

[골 2:10-15]

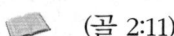   (골 2:10)

· 너희도 그 안에서 충만하여졌으니 그는 모든 정사와 권세의 머리시라

· and you have been given fullness in Christ, who is the head over every power and authority.

· καὶ ἐστὲ ἐν αὐτῷ πεπληρωμένοι, ὅς ἐστιν ἡ κεφαλὴ πάσης ἀρχῆς καὶ ἐξουσίας,

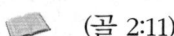   (골 2:11)

· 또 그 안에서 너희가 손으로 하지 아니한 할례를 받았으니 곧 육적 몸을 벗는 것이요 그리스도의 할례니라

· In him you were also circumcised, in the putting off of the sinful nature, not with a circumcision done by the hands of men but with the circumcision done by Christ,

· ἐν ᾧ καὶ περιετμήθητε περιτομῇ ἀχειροποιήτῳ ἐν τῇ ἀπεκδύσει τοῦ σώματος τῆς σαρκός, ἐν τῇ περιτομῇ τοῦ Χριστοῦ,

📖 (골 2:12)

· 너희가 침례로 그리스도와 함께 장사한 바 되고 또 죽은 자들 가운데서 그를 일으키신 하나님의 역사를 믿음으로 말미암아 그 안에서 함께 일으키심을 받았느니라

· having been buried with him in baptism and raised with him through your faith in the power of God, who raised him from the dead.

· συνταφέντες αὐτῷ ἐν τῷ βαπτισμῷ, ἐν ᾧ καὶ συνηγέρθητε διὰ τῆς πίστεως τῆς ἐνεργείας τοῦ θεοῦ τοῦ ἐγείραντος αὐτὸν ἐκ νεκρῶν·

📖 (골 2:13)

· 또 너희의 범죄와 육체의 무할례로 죽었던 너희를 하나님이 그와 함께 살리시고 우리에게 모든 죄를 사하시고

· When you were dead in your sins and in the uncircumcision of your sinful nature, God made you alive with Christ. He forgave us all our sins,

· καὶ ὑμᾶς νεκροὺς ὄντας [ἐν] τοῖς παραπτώμασιν καὶ τῇ ἀκροβυστία τῆς σαρκὸς ὑμῶν, συνεζωοποίησεν ὑμᾶς σὺν αὐτῷ, χαρισάμενος ἡμῖν πάντα τὰ παραπτώματα.

📖 (골 2:14)

· 우리를 거스리고 우리를 대적하는 의문에 쓴 증서를 도말하시고 제하여 버리사 십자가에 못 박으시고

· having canceled the written code, with its regulations, that was against us and that stood opposed to us: he took it away, nailing it to the cross.

· ἐξαλείψας τὸ καθ' ἡμῶν χειρόγραφον τοῖς δόγμασιν ὃ ἦν ὑπεναντίον ἡμῖν, καὶ αὐτὸ ἦρκεν ἐκ τοῦ μέσου προσηλώσας αὐτὸ τῷ σταυρῷ·

📖 (골 2:15)

· 정사와 권세를 벗어 버려 밝히 드러내시고 십자가로 승리하셨느니라

· And having disarmed the powers and authorities, he made a public spectacle of them, triumphing over them by the cross.

· ἀπεκδυσάμενος τὰς ἀρχὰς καὶ τὰς ἐξουσίας ἐδειγμάτισεν ἐν παρρησίᾳ, θριαμβεύσας αὐτοὺς ἐν αὐτῷ.

예수 그리스도의 침례(세례)를 받는 것은 그리스도와 연합하는 것이다. 이는 그의 죽으심과 부활에 동참함으로 하나 되는 것이며, 골로새서에서 말하는 그리스도의 할례도 동일하다. 그의 고난에 참예함으로 그의 영광에 함께하게 된다.

4) 성찬에 참예함으로(마 26:26-28)

[마 26:26-28]

 (마 26:26)
· 저희가 먹을 때에 예수께서 떡을 가지사 축복하시고 떼어 제자들을 주시며 가라사대 받아 먹으라 이것이 내 몸이니라 하시고
· While they were eating, Jesus took bread, gave thanks and broke it, and gave it to his disciples, saying, "Take and eat; this is my body."
· Ἐσθιόντων δὲ αὐτῶν λαβὼν ὁ Ἰησοῦς ἄρτον καὶ εὐλογήσας ἔκλασεν καὶ δοὺς τοῖς μαθηταῖς εἶπεν, Λάβετε φάγετε, τοῦτό ἐστιν τὸ σῶμά μου.

 (마 26:27)
· 또 잔을 가지사 사례하시고 저희에게 주시며 가라사대 너희가 다 이것을 마시라
· Then he took the cup, gave thanks and offered it to them, saying"Drink from it, all of you.
· καὶ λαβὼν ποτήριον καὶ εὐχαριστήσας ἔδωκεν αὐτοῖς λέγων, Πίετε ἐξ αὐτοῦ πάντες,

 (마 26:28)
· 이것은 죄 사함을 얻게 하려고 많은 사람을 위하여 흘리는 바 나의 피 곧 언약의 피니라
· This is my blood of the covenant, which is poured out for many for the forgiveness of sins.

- τοῦτο γάρ ἐστιν τὸ αἷμά μου τῆς διαθήκης τὸ περὶ πολλῶν ἐκχυννόμενον εἰς ἄφεσιν ἁμαρτιῶν.

예수께서는 자신을 하늘에서 내린 생명의 참 떡이라고 하셨다(요 6:35). 예수의 살과 피를 먹고 마심(요 6:50-58)으로 우리가 그 안에, 예수가 우리 안에 거하게 된다.

[요 6:35]

 (요 6:35)

- 예수께서 가라사대 내가 곧 생명의 떡이니 내게 오는 자는 결코 주리지 아니할 터이요 나를 믿는 자는 영원히 목마르지 아니하리라
- Then Jesus declared, "I am the bread of life. He who comes to me will never go hungry, and he who believes in me will never be thirsty.
- εἶπεν αὐτοῖς ὁ Ἰησοῦς, Ἐγώ εἰμι ὁ ἄρτος τῆς ζωῆς· ὁ ἐρχόμενος πρὸς ἐμὲ οὐ μὴ πεινάσῃ, καὶ ὁ πιστεύων εἰς ἐμὲ οὐ μὴ διψήσει πώποτε.

[요 6:50-58]

 (요 6:50)

- 이는 하늘로서 내려오는 떡이니 사람으로 하여금 먹고 죽지 아니하게 하는 것이니라
- But here is the bread that comes down from heaven, which a man may eat and not die.

• οὗτός ἐστιν ὁ ἄρτος ὁ ἐκ τοῦ οὐρανοῦ καταβαίνων, ἵνα τις ἐξ αὐτοῦ φάγῃ καὶ μὴ ἀποθάνῃ.

📖 (요 6:51)
• 나는 하늘로서 내려온 산 떡이니 사람이 이 떡을 먹으면 영생하리라 나의 줄 떡은 곧 세상의 생명을 위한 내 살이로라 하시니라
• I am the living bread that came down from heaven. If anyone eats of this bread, he will live forever. This bread is my flesh, which I will give for the life of the world."
• ἐγώ εἰμι ὁ ἄρτος ὁ ζῶν ὁ ἐκ τοῦ οὐρανοῦ καταβάς· ἐάν τις φάγῃ ἐκ τούτου τοῦ ἄρτου ζήσει εἰς τὸν αἰῶνα, καὶ ὁ ἄρτος δὲ ὃν ἐγὼ δώσω ἡ σάρξ μού ἐστιν ὑπὲρ τῆς τοῦ κόσμου ζωῆς.

📖 (요 6:52)
• 이러므로 유대인들이 서로 다투어 가로되 이 사람이 어찌 능히 제 살을 우리에게 주어 먹게 하겠느냐
• Then the Jews began to argue sharply among themselves, "How can this man give us his flesh to eat?"
• Ἐμάχοντο οὖν πρὸς ἀλλήλους οἱ Ἰουδαῖοι λέγοντες, Πῶς δύναται οὗτος ἡμῖν δοῦναι τὴν σάρκα [αὐτοῦ] φαγεῖν

📖 (요 6:53)
• 예수께서 이르시되 내가 진실로 진실로 너희에게 이르노니 인자의 살을 먹지 아니하고 인자의 피를 마시지 아니하면 너희 속에 생명이 없느니라
• Jesus said to them, "I tell you the truth, unless you eat the flesh of the Son of Man and drink his blood, you have no life in you.

• εἶπεν οὖν αὐτοῖς ὁ Ἰησοῦς, Ἀμὴν ἀμὴν λέγω ὑμῖν, ἐὰν μὴ φάγητε τὴν σάρκα τοῦ υἱοῦ τοῦ ἀνθρώπου καὶ πίητε αὐτοῦ τὸ αἷμα, οὐκ ἔχετε ζωὴν ἐν ἑαυτοῖς.

📖 (요 6:54)

· 내 살을 먹고 내 피를 마시는 자는 영생을 가졌고 마지막 날에 내가 그를 다시 살리리니

· Whoever eats my flesh and drinks my blood has eternal life, and I will raise him up at the last day.

· ὁ τρώγων μου τὴν σάρκα καὶ πίνων μου τὸ αἷμα ἔχει ζωὴν αἰώνιον, κἀγὼ ἀναστήσω αὐτὸν τῇ ἐσχάτῃ ἡμέρᾳ.

📖 (요 6:55)

· 내 살은 참된 양식이요 내 피는 참된 음료로다

· For my flesh is real food and my blood is real drink.

· ἡ γὰρ σάρξ μου ἀληθής ἐστιν βρῶσις, καὶ τὸ αἷμά μου ἀληθής ἐστιν πόσις.

📖 (요 6:56)

· 내 살을 먹고 내 피를 마시는 자는 내 안에 거하고 나도 그 안에 거하나니

· Whoever eats my flesh and drinks my blood remains in me, and I in him.

· ὁ τρώγων μου τὴν σάρκα καὶ πίνων μου τὸ αἷμα ἐν ἐμοὶ μένει κἀγὼ ἐν αὐτῷ.

📖 (요 6:57)

· 살아 계신 아버지께서 나를 보내시매 내가 아버지로 인하여 사는

것같이 나를 먹는 그 사람도 나로 인하여 살리라
· Just as the living Father sent me and I live because of the Father, so the one who feeds on me will live because of me.
· καθὼς ἀπέστειλέν με ὁ ζῶν πατὴρ κἀγὼ ζῶ διὰ τὸν πατέρα, καὶ ὁ τρώγων με κἀκεῖνος ζήσει δι' ἐμέ.

 (요 6:58)
· 이것은 하늘로서 내려온 떡이니 조상들이 먹고도 죽은 그것과 같지 아니하여 이 떡을 먹는 자는 영원히 살리라
· This is the bread that came down from heaven. Your forefathers ate manna and died, but he who feeds on this bread will live forever."
· οὗτός ἐστιν ὁ ἄρτος ὁ ἐξ οὐρανοῦ καταβάς, οὐ καθὼς ἔφαγον οἱ πατέρες καὶ ἀπέθανον· ὁ τρώγων τοῦτον τὸν ἄρτον ζήσει εἰς τὸν αἰῶνα.

예수께서 잡히시기 전날 밤에 제자들과 성찬을 나누시며, 이것을 행하여 '나를 기념하라'고 명령하셨다. 성찬은 우리가 주와 하나 되는 법이다.

5) 예수의 마음을 품음으로(빌 2:5-13)

[빌 2:5-13]

 (빌 2:5)
· 너희 안에 이 마음을 품으라 곧 그리스도 예수의 마음이니

- Your attitude should be the same as that of Christ Jesus:
- τοῦτο φρονεῖτε ἐν ὑμῖν ὃ καὶ ἐν Χριστῷ Ἰησοῦ,

📖 (빌 2:6)
- 그는 근본 하나님의 본체시나 하나님과 동등됨을 취할 것으로 여기지 아니하시고
- Who, being in very nature God, did not consider equality with God something to be grasped,
- ὃς ἐν μορφῇ θεοῦ ὑπάρχων οὐχ ἁρπαγμὸν ἡγήσατο τὸ εἶναι ἴσα θεῷ,

📖 (빌 2:7)
- 오히려 자기를 비어 종의 형체를 가져 사람들과 같이 되었고
- but made himself nothing, taking the very nature of a servant, being made in human likeness.
- ἀλλὰ ἑαυτὸν ἐκένωσεν μορφὴν δούλου λαβών, ἐν ὁμοιώματι ἀνθρώπων γενόμενος· καὶ σχήματι εὑρεθεὶς ὡς ἄνθρωπος

📖 (빌 2:8)
- 사람의 모양으로 나타나셨으매 자기를 낮추시고 죽기까지 복종하셨으니 곧 십자가에 죽으심이라
- And being found in appearance as a man, he humbled himself and became obedient to death-even death on a cross!
- ἐταπείνωσεν ἑαυτὸν γενόμενος ὑπήκοος μέχρι θανάτου, θανάτου δὲ σταυροῦ.

📖 (빌 2:9)
- 이러므로 하나님이 그를 지극히 높여 모든 이름 위에 뛰어난 이름

을 주사

· Therefore God exalted him to the highest place and gave him the name that is above every name,

· διὸ καὶ ὁ θεὸς αὐτὸν ὑπερύψωσεν καὶ ἐχαρίσατο αὐτῷ τὸ ὄνομα τὸ ὑπὲρ πᾶν ὄνομα,

📖 (빌 2:10)

· 하늘에 있는 자들과 땅에 있는 자들과 땅 아래 있는 자들로 모든 무릎을 예수의 이름에 꿇게 하시고

· that at the name of Jesus every knee should bow, in heaven and on earth and under the earth,

· ἵνα ἐν τῷ ὀνόματι Ἰησοῦ πᾶν γόνυ κάμψῃ ἐπουρανίων καὶ ἐπιγείων καὶ καταχθονίων

📖 (빌 2:11)

· 모든 입으로 예수 그리스도를 주라 시인하여 하나님 아버지께 영광을 돌리게 하셨느니라

· and every tongue confess that Jesus Christ is Lord, to the glory of God the Father.

· καὶ πᾶσα γλῶσσα ἐξομολογήσηται ὅτι κύριος Ἰησοῦς Χριστὸς εἰς δόξαν θεοῦ πατρός.

📖 (빌 2:12)

· 그러므로 나의 사랑하는 자들아 너희가 나 있을 때뿐 아니라 더욱 지금 나 없을 때에도 항상 복종하여 두렵고 떨림으로 너희 구원을 이루라

· Therefore, my dear friends, as you have always obeyed-not only in my presence, but now much more in my absence-continue to work out your salvation with fear and trembling,

· Ὥστε, ἀγαπητοί μου, καθὼς πάντοτε ὑπηκούσατε, μὴ ὡς ἐν τῇ παρουσίᾳ μου μόνον ἀλλὰ νῦν πολλῷ μᾶλλον ἐν τῇ ἀπουσίᾳ μου, μετὰ φόβου καὶ τρόμου τὴν ἑαυτῶν σωτηρίαν κατεργάζεσθε·

 (빌 2:13)

· 너희 안에서 행하시는 이는 하나님이시니 자기의 기쁘신 뜻을 위하여 너희로 소원을 두고 행하게 하시나니

· for it is God who works in you to will and to act according to his good purpose.

· θεὸς γάρ ἐστιν ὁ ἐνεργῶν ἐν ὑμῖν καὶ τὸ θέλειν καὶ τὸ ἐνεργεῖν ὑπὲρ τῆς εὐδοκίας.

예수의 마음을 품고 행하는 자는 그 안에서 행하시는 이가 하나님이시기 때문이다. 예수를 깊이 생각함으로(히 3:1), 예수를 바라봄으로 (히 12:2) 예수 안에 거하게 된다.

[히 3:1]

(히 3:1)

· 그러므로 함께 하늘의 부르심을 입은 거룩한 형제들아 우리의 믿는 도리의 사도시며 대제사장이신 예수를 깊이 생각하라

· Therefore, holy brothers, who share in the heavenly calling, fix your thoughts on Jesus, the apostle and high priest whom we confess.

· Ὅθεν, ἀδελφοὶ ἅγιοι, κλήσεως ἐπουρανίου μέτοχοι, κατανοήσατε τὸν ἀπόστολον καὶ ἀρχιερέα τῆς ὁμολογίας ἡμῶν Ἰησοῦν,

[히 12:2]

 (히 12:2)

· 믿음의 주요 또 온전케 하시는 이인 예수를 바라보자 저는 그 앞에 있는 즐거움을 위하여 십자가를 참으사 부끄러움을 개의치 아니하시더니 하나님 보좌 우편에 앉으셨느니라

· Let us fix our eyes on Jesus, the author and perfecter of our faith, who for the joy set before him endured the cross, scorning its shame, and sat down at the right hand of the throne of God.

· ἀφορῶντες εἰς τὸν τῆς πίστεως ἀρχηγὸν καὶ τελειωτὴν Ἰησοῦν, ὃς ἀντὶ τῆς προκειμένης αὐτῷ χαρᾶς ὑπέμεινεν σταυρὸν αἰσχύνης καταφρονήσας ἐν δεξιᾷ τε τοῦ θρόνου τοῦ θεοῦ κεκάθικεν.

6) 예수를 사랑하여 그의 계명을 지킴으로(요 15:8-10)

예수 안에 거한다는 말은 그와 연합되는 것이며, 교회와 예수가 몸과 머리로 하나 됨과 같다.

[요 15:8-10]

 (요 15:8)

· 너희가 과실을 많이 맺으면 내 아버지께서 영광을 받으실 것이요

너희가 내 제자가 되리라
· This is to my Father's glory, that you bear much fruit, showing yourselves to be my disciples.
· ἐν τούτῳ ἐδοξάσθη ὁ πατήρ μου, ἵνα καρπὸν πολὺν φέρητε καὶ γένησθε ἐμοὶ μαθηταί.

 (요 15:9)
· 아버지께서 나를 사랑하신 것같이 나도 너희를 사랑하였으니 나의 사랑 안에 거하라
· "As the Father has loved me, so have I loved you. Now remain in my love.
· καθὼς ἠγάπησέν με ὁ πατήρ, κἀγὼ ὑμᾶς ἠγάπησα· μείνατε ἐν τῇ ἀγάπῃ τῇ ἐμῇ.

 (요 15:10)
· 내가 아버지의 계명을 지켜 그의 사랑 안에 거하는 것같이 너희도 내 계명을 지키면 내 사랑 안에 거하리라
· If you obey my commands, you will remain in my love, just as I have obeyed my Father's commands and remain in his love.
· ἐὰν τὰς ἐντολάς μου τηρήσητε, μενεῖτε ἐν τῇ ἀγάπῃ μου, καθὼς ἐγὼ τὰς ἐντολὰς τοῦ πατρός μου τετήρηκα καὶ μένω αὐτοῦ ἐν τῇ ἀγάπῃ.

사울이 교회를 박해하고 다메섹에 갈 때 예수께서 그를 만나 "어찌하여 나를 핍박하느냐" 하신 것, 예수 그리스도는 승천하여 하늘에 계시고 우리는 이 땅에 거할지라도 땅에 있는 교회와 성도를 핍박한

사울에게 "왜 나를"이라 하심으로 우리가 그분의 지체로서 주님과 하나임을 말씀하신 것이다(행 9:1-5).

[행 9:1-5]

 (행 9:1)
· 사울이 주의 제자들을 대하여 여전히 위협과 살기가 등등하여 대제사장에게 가서
· Meanwhile, Saul was still breathing out murderous threats against the Lord's disciples. He went to the high priest
· Ὁ δὲ Σαῦλος ἔτι ἐμπνέων ἀπειλῆς καὶ φόνου εἰς τοὺς μαθητὰς τοῦ κυρίου, προσελθὼν τῷ ἀρχιερεῖ

 (행 9:2)
· 다메섹 여러 회당에 갈 공문을 청하니 이는 만일 그 도를 좇는 사람을 만나면 무론남녀하고 결박하여 예루살렘으로 잡아오려 함이라
· and asked him for letters to the synagogues in Damascus, so that if he found any there who belonged to the Way, whether men or women, he might take them as prisoners to Jerusalem.
· ᾐτήσατο παρ' αὐτοῦ ἐπιστολὰς εἰς Δαμασκὸν πρὸς τὰς συναγωγάς, ὅπως ἐάν τινας εὕρῃ τῆς ὁδοῦ ὄντας, ἄνδρας τε καὶ γυναῖκας, δεδεμένους ἀγάγῃ εἰς Ἰερουσαλήμ.

 (행 9:3)
· 사울이 행하여 다메섹에 가까이 가더니 홀연히 하늘로서 빛이 저를 둘러 비추는지라
· As he neared Damascus on his journey, suddenly a light from

heaven flashed around him.

· ἐν δὲ τῷ πορεύεσθαι ἐγένετο αὐτὸν ἐγγίζειν τῇ Δαμασκῷ, ἐξαίφνης τε αὐτὸν περιήστραψεν φῶς ἐκ τοῦ οὐρανοῦ

 (행 9:4)

· 땅에 엎드러져 들으매 소리 있어 가라사대 사울아 사울아 네가 어찌하여 나를 핍박하느냐 하시거늘

· He fell to the ground and heard a voice say to him, "Saul, Saul, why do you persecute me?"

· καὶ πεσὼν ἐπὶ τὴν γῆν ἤκουσεν φωνὴν λέγουσαν αὐτῷ, Σαοὺλ Σαούλ, τί με διώκεις

 (행 9:5)

· 대답하되 주여 뉘시오니이까 가라사대 나는 네가 핍박하는 예수라

· "Who are you, Lord?" Saul asked. "I am Jesus, whom you are persecuting," he replied.

· εἶπεν δέ, Τίς εἶ, κύριε ὁ δέ, Ἐγώ εἰμι Ἰησοῦς ὃν σὺ διώκεις·

이 동일시는 예수 그리스도를 믿고 그분을 영접하면 그의 죽으심과 부활에 연합됨을 의미한다(롬 6장).

성도여, 예수 그리스도 안에 들어가 참된 안식을 얻으라. 죄와 사망과 율법의 두려움에서 해방되어 무거운 짐을 벗고 그분의 나라의 즐거움에 동참하라. 이 복된 소식인 복음은 당신의 것이다. 아무에게도 도적질당하지 말고, 빼앗기지 말며, 사기당하지 말라.

영원한 하나님의 나라가 당신 것이다. 할렐루야!

21. 자유하게 하는 온전한 율법인 새 계명

율법은 분명히 우리를 주장하고 주관하지 못한다. 그러나 자유하게 하는 온전한 율법이 있다(약 1:25). 그것은 예수 그리스도의 율법 곧 새 계명이다.

[약 1:25]

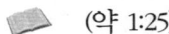 (약 1:25)
· 자유하게 하는 온전한 율법을 들여다보고 있는 자는 듣고 잊어버리는 자가 아니요 실행하는 자니 이 사람이 그 행하는 일에 복을 받으리라
· But the man who looks intently into the perfect law that gives freedom, and continues to do this, not forgetting what he has heard, but doing it-he will be blessed in what he does.
· ὁ δὲ παρακύψας εἰς νόμον τέλειον τὸν τῆς ἐλευθερίας καὶ παραμείνας, οὐκ ἀκροατὴς ἐπιλησμονῆς γενόμενος ἀλλὰ ποιητὴς ἔργου, οὗτος μακάριος ἐν τῇ ποιήσει αὐτοῦ ἔσται.

율법은 멍에이다. 사람으로 자유롭게 하지 못하는 억압과 속박과 굴레이다.
율법이 제공하는 자유도 있으나 예수 그리스도의 온전한 율법인 자유의 법과 비교할 때 그러하고, 심판과 저주와 형벌뿐인 율법의 결

과를 생각할 때 그러하다(골 2:14-15; 갈 3:13). 율법에는 용서와 자비와 긍휼이 없다. 눈에는 눈, 이에는 이, 그러므로 속죄와 희생의 피가 필요하다.

[골 2:14-15]

 (골 2:14)

· 우리를 거스리고 우리를 대적하는 의문에 쓴 증서를 도말하시고 제하여 버리사 십자가에 못 박으시고

· having canceled the written code, with its regulations, that was against us and that stood opposed to us: he took it away, nailing it to the cross.

· ἐξαλείψας τὸ καθ' ἡμῶν χειρόγραφον τοῖς δόγμασιν ὃ ἦν ὑπεναντίον ἡμῖν, καὶ αὐτὸ ἦρκεν ἐκ τοῦ μέσου προσηλώσας αὐτὸ τῷ σταυρῷ·

 (골 2:15)

· 정사와 권세를 벗어 버려 밝히 드러내시고 십자가로 승리하셨느니라

· And having disarmed the powers and authorities, he made a public spectacle of them, triumphing over them by the cross.

· ἀπεκδυσάμενος τὰς ἀρχὰς καὶ τὰς ἐξουσίας ἐδειγμάτισεν ἐν παρρησίᾳ, θριαμβεύσας αὐτοὺς ἐν αὐτῷ.

[갈 3:13]

 (갈 3:13)

· 그리스도께서 우리를 위하여 저주를 받은 바 되사 율법의 저주에

서 우리를 속량하셨으니 기록된 바 나무에 달린 자마다 저주 아래 있는 자라 하였음이라

· Christ redeemed us from the curse of the law by becoming a curse for us, for it is written: "Cursed is everyone who is hung on a tree."

· Χριστὸς ἡμᾶς ἐξηγόρασεν ἐκ τῆς κατάρας τοῦ νόμου γενόμενος ὑπὲρ ἡμῶν κατάρα, ὅτι γέγραπται, Ἐπικατάρατος πᾶς ὁ κρεμάμενος ἐπὶ ξύλου,

예수 그리스도의 복음의 자유는 듣고 잊어버리는 것이 아니라 실행하게 하는 법이다. 그것은 고아와 과부를 그 환난 중에 돌아보고, 자기를 지켜 세속에 물들지 않는 정결하고 깨끗한 경건이다.

어찌 그럴 수 있을까? 예수 그리스도께서 우리를 위하여 십자가 대속의 피와 생명을 희생시키심으로 우리가 은혜(선물)로 받았기 때문이다. 이것이 마음과 생각에 기록된 새 계명이요 자유의 율법이다(히 8:10, 10:16; 렘 31:33).

옛 계명이 돌과 양피지에 기록되었으니 몰랐다고 회피할 수 있었겠으나, 새 계명은 심비에 기록되었으니 핑계할 수 없다. 즉 어떤 면으로는 더욱 엄격해졌다고 할 수 있다.

[히 8:10]

 (히 8:10)

· 또 주께서 가라사대 그날 후에 내가 이스라엘 집으로 세울 언약이 이것이니 내 법을 저희 생각에 두고 저희 마음에 이것을 기록하리라 나는 저희에게 하나님이 되고 저희는 내게 백성이 되리라

- This is the covenant I will make with the house of Israel after that time, declares the Lord. I will put my laws in their minds and write them on their hearts. I will be their God, and they will be my people.
- ὅτι αὕτη ἡ διαθήκη, ἣν διαθήσομαι τῷ οἴκῳ Ἰσραὴλ μετὰ τὰς ἡμέρας ἐκείνας, λέγει κύριος· διδοὺς νόμους μου εἰς τὴν διάνοιαν αὐτῶν καὶ ἐπὶ καρδίας αὐτῶν ἐπιγράψω αὐτούς, καὶ ἔσομαι αὐτοῖς εἰς θεόν, καὶ αὐτοὶ ἔσονταί μοι εἰς λαόν·

[히 10:16]

 (히 10:16)

- 주께서 가라사대 그날 후로는 저희와 세울 언약이 이것이라 하시고 내 법을 저희 마음에 두고 저희 생각에 기록하리라 하신 후에
- "This is the covenant I will make with them after that time, says the Lord. I will put my laws in their hearts, and I will write them on their minds."
- Αὕτη ἡ διαθήκη ἣν διαθήσομαι πρὸς αὐτοὺς μετὰ τὰς ἡμέρας ἐκείνας, λέγει κύριος· διδοὺς νόμους μου ἐπὶ καρδίας αὐτῶν καὶ ἐπὶ τὴν διάνοιαν αὐτῶν ἐπιγράψω αὐτούς,

[렘 31:33]

 (렘 31:33)

- 나 여호와가 말하노라 그러나 그날 후에 내가 이스라엘 집에 세울 언약은 이러하니 곧 내가 나의 법을 그들의 속에 두며 그 마음에 기

록하여 나는 그들의 하나님이 되고 그들은 내 백성이 될 것이라

· "This is the covenant I will make with the house of Israel after that time," declares the LORD. "I will put my law in their minds and write it on their hearts. I will be their God, and they will be my people.

· οτι αυτη η διαθηκη ην διαθησομαι τω οικω ισραηλ μετα τας ημερας εκεινας φησιν κυριος διδους δωσω νομους μου εις την διανοιαν αυτων και επι καρδιας αυτων γραψω αυτους και εσομαι αυτοις εις θεον και αυτοι εσονται μοι εις λαον

'이웃 사랑의 최고한 법'은 긍휼(사랑)을 행하는 법이다(약 2:8).

[약 2:8]

 (약 2:8)

· 너희가 만일 경에 기록한 대로 네 이웃 사랑하기를 네 몸과 같이 하라 하신 최고한 법을 지키면 잘하는 것이거니와

· If you really keep the royal law found in Scripture, "Love your neighbor as yourself," you are doing right.

· εἰ μέντοι νόμον τελεῖτε βασιλικὸν κατὰ τὴν γραφήν, Ἀγαπήσεις τὸν πλησίον σου ὡς σεαυτόν, καλῶς ποιεῖτε·

긍휼은 심판을 이기고 자랑한다 하였다. 사랑은 허다한 허물을 덮는다. 사랑은 율법의 최상법이며, 율법은 사랑의 최하법이라고 할 수 있다.

예수 그리스도의 법은 '사랑을 실천함으로 율법 전체를 준행하게 하는 법'이다. 이는 '한 가지 율법을 범하면 모든 율법을 범하는 것이 된다는 법'의 반대 방법이다(약 2:10-11; 갈 5:3).

[약 2:10-11]

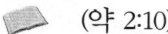 (약 2:10)

· 누구든지 온 율법을 지키다가 그 하나에 거치면 모두 범한 자가 되나니

· For whoever keeps the whole law and yet stumbles at just one point is guilty of breaking all of it.

· ὅστις γὰρ ὅλον τὸν νόμον τηρήσῃ πταίσῃ δὲ ἐν ἑνί, γέγονεν πάντων ἔνοχος.

 (약 2:11)

· 간음하지 말라 하신 이가 또한 살인하지 말라 하셨은즉 네가 비록 간음하지 아니하여도 살인하면 율법을 범한 자가 되느니라

· For he who said, "Do not commit adultery," also said, "Do not murder." If you do not commit adultery but do commit murder, you have become a lawbreaker.

· ὁ γὰρ εἰπών, Μὴ μοιχεύσῃς, εἶπεν καί, Μὴ φονεύσῃς· εἰ δὲ οὐ μοιχεύεις φονεύεις δέ, γέγονας παραβάτης νόμου.

[갈 5:3]

 (갈 5:3)

· 내가 할례를 받는 각 사람에게 다시 증거하노니 그는 율법 전체를

행할 의무를 가진 자라

· Again I declare to every man who lets himself be circumcised that he is obligated to obey the whole law.

· μαρτύρομαι δὲ πάλιν παντὶ ἀνθρώπῳ περιτεμνομένῳ ὅτι ὀφειλέτης ἐστὶν ὅλον τὸν νόμον ποιῆσαι.

22. 율법을 연구하는 유대인의 두 가지 방법

첫째로, 율법 전체를 크게 대별하고 전체의 뜻을 함축하는 방법이 있다(마 22:35-40).

[마 22:35-40]

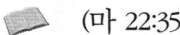 (마 22:35)
- 그중에 한 율법사가 예수를 시험하여 묻되
- One of them, an expert in the law, tested him with this question:
- καὶ ἐπηρώτησεν εἷς ἐξ αὐτῶν [νομικὸς] πειράζων αὐτόν,

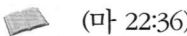 (마 22:36)
- 선생님이여 율법 중에 어느 계명이 크니이까
- "Teacher, which is the greatest commandment in the Law?"
- Διδάσκαλε, ποία ἐντολὴ μεγάλη ἐν τῷ νόμῳ

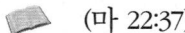 (마 22:37)
- 예수께서 가라사대 네 마음을 다하고 목숨을 다하고 뜻을 다하여 주 너의 하나님을 사랑하라 하셨으니
- Jesus replied: "'Love the Lord your God with all your heart and with all your soul and with all your mind.'
- ὁ δὲ ἔφη αὐτῷ, Ἀγαπήσεις κύριον τὸν θεόν σου ἐν ὅλῃ τῇ κα-

ρδία σου καὶ ἐν ὅλῃ τῇ ψυχῇ σου καὶ ἐν ὅλῃ τῇ διανοίᾳ σου·

📖 (마 22:38)
- 이것이 크고 첫째 되는 계명이요
- This is the first and greatest commandment.
- αὕτη ἐστὶν ἡ μεγάλη καὶ πρώτη ἐντολή.

📖 (마 22:39)
- 둘째는 그와 같으니 네 이웃을 네 몸과 같이 사랑하라 하셨으니
- And the second is like it: 'Love your neighbor as yourself.'
- δευτέρα δὲ ὁμοία αὐτῇ, Ἀγαπήσεις τὸν πλησίον σου ὡς σεαυτόν.

📖 (마 22:40)
- 이 두 계명이 온 율법과 선지자의 강령이니라
- All the Law and the Prophets hang on these two commandments."
- ἐν ταύταις ταῖς δυσὶν ἐντολαῖς ὅλος ὁ νόμος κρέμαται καὶ οἱ προφῆται.

둘째로, 율법의 세밀한 부분을 분석하고 각 부분을 실행하는 방법을 연구하는 것이다(마 23:1-5).

각 조항을 따라 율법을 세밀히 지키는 법은 유대인들이 서기관과 바리새인의 방법을 뒤따라 장로들의 유전을 행하느라 율법의 원뜻과 참된 의미를 상실하게 된, 복잡다단한 방법이다.

[마 23:1-5]

📖 (마 23:1)

- 이에 예수께서 무리와 제자들에게 말씀하여 가라사대
- Then Jesus said to the crowds and to his disciples:
- Τότε ὁ Ἰησοῦς ἐλάλησεν τοῖς ὄχλοις καὶ τοῖς μαθηταῖς αὐτοῦ

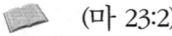 (마 23:2)

- 서기관들과 바리새인들이 모세의 자리에 앉았으니
- "The teachers of the law and the Pharisees sit in Moses' seat.
- λέγων, Ἐπὶ τῆς Μωϋσέως καθέδρας ἐκάθισαν οἱ γραμματεῖς καὶ οἱ Φαρισαῖοι.

 (마 23:3)

- 그러므로 무엇이든지 저희의 말하는 바는 행하고 지키되 저희의 하는 행위는 본받지 말라 저희는 말만 하고 행치 아니하며
- So you must obey them and do everything they tell you. But do not do what they do, for they do not practice what they preach.
- πάντα οὖν ὅσα ἐὰν εἴπωσιν ὑμῖν ποιήσατε καὶ τηρεῖτε, κατὰ δὲ τὰ ἔργα αὐτῶν μὴ ποιεῖτε· λέγουσιν γὰρ καὶ οὐ ποιοῦσιν.

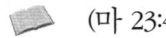 (마 23:4)

- 또 무거운 짐을 묶어 사람의 어깨에 지우되 자기는 이것을 한 손가락으로도 움직이려 하지 아니하며
- They tie up heavy loads and put them on men's shoulders, but they themselves are not willing to lift a finger to move them.
- δεσμεύουσιν δὲ φορτία βαρέα [καὶ δυσβάστακτα] καὶ ἐπιτιθέασιν ἐπὶ τοὺς ὤμους τῶν ἀνθρώπων, αὐτοὶ δὲ τῷ δακτύλῳ αὐτῶν οὐ θέλουσιν κινῆσαι αὐτά.

 (마 23:5)

· 저희 모든 행위를 사람에게 보이고자 하여 하나니 곧 그 차는 경문을 넓게 하며 옷술을 크게 하고

· "Everything they do is done for men to see: They make their phylacteries wide and the tassels on their garments long;

· πάντα δὲ τὰ ἔργα αὐτῶν ποιοῦσιν πρὸς τὸ θεαθῆναι τοῖς ἀνθρώποις· πλατύνουσιν γὰρ τὰ φυλακτήρια αὐτῶν καὶ μεγαλύνουσιν τὰ κράσπεδα,

예수께서는 십계명과 율법을 간략히 두 부분으로 함축하여 '온 율법과 선지자의 대강령'이라고 하심으로 율법의 완성을 '하나님 사랑, 이웃 사랑'으로 선포하셨다(마 22:37-40; 요 13:34).

[마 22:37-40]

 (마 23:37)

· 예수께서 가라사대 네 마음을 다하고 목숨을 다하고 뜻을 다하여 주 너의 하나님을 사랑하라 하셨으니

· Jesus replied: "'Love the Lord your God with all your heart and with all your soul and with all your mind.'

· ὁ δὲ ἔφη αὐτῷ, Ἀγαπήσεις κύριον τὸν θεόν σου ἐν ὅλῃ τῇ καρδίᾳ σου καὶ ἐν ὅλῃ τῇ ψυχῇ σου καὶ ἐν ὅλῃ τῇ διανοίᾳ σου·

 (마 22:38)

· 이것이 크고 첫째 되는 계명이요

· This is the first and greatest commandment.

· αὕτη ἐστὶν ἡ μεγάλη καὶ πρώτη ἐντολή.

📖　(마 22:39)
- 둘째는 그와 같으니 네 이웃을 네 몸과 같이 사랑하라 하셨으니
- And the second is like it: 'Love your neighbor as yourself.'
- δευτέρα δὲ ὁμοία αὐτῇ, Ἀγαπήσεις τὸν πλησίον σου ὡς σεαυτόν.

📖　(마 22:40)
- 이 두 계명이 온 율법과 선지자의 강령이니라
- All the Law and the Prophets hang on these two commandments."
- ἐν ταύταις ταῖς δυσὶν ἐντολαῖς ὅλος ὁ νόμος κρέμαται καὶ οἱ προφῆται.

　유대인들이 서기관과 바리새인들의 방법을 따라 율법을 철저히 지키고자 한 것은 율법을 행하여 구원받고, 의로워지고, 칭찬과 상을 얻으려 한 지극히 인간적이고 육신적인 방법이다. 이러한 삶을 실행한 이들은 행하면 행할수록 좌절과 낙망에 빠졌다(신 27:26).

[신 27:26]

　(신 27:26)
- 이 율법의 모든 말씀을 실행치 아니하는 자는 저주를 받을 것이라 할 것이요 모든 백성은 아멘 할지니라
- "Cursed is the man who does not uphold the words of this law by carrying them out." Then all the people shall say, "Amen!"
- επικαταρατος πας ανθρωπος ος ουκ εμμενει εν πασιν τοις λογοις του νομου τουτου του ποιησαι αυτους και ερουσιν πας ο λαος γενοιτο

그뿐만 아니라 장로들의 유전을 다 지키려니 더욱 힘들었다(마 23:1-5).

[마 23:1-5]

 (마 23:1)
- 이에 예수께서 무리와 제자들에게 말씀하여 가라사대
- Then Jesus said to the crowds and to his disciples:
- Τότε ὁ Ἰησοῦς ἐλάλησεν τοῖς ὄχλοις καὶ τοῖς μαθηταῖς αὐτοῦ

 (마 23:2)
- 서기관들과 바리새인들이 모세의 자리에 앉았으니
- "The teachers of the law and the Pharisees sit in Moses' seat.
- λέγων, Ἐπὶ τῆς Μωϋσέως καθέδρας ἐκάθισαν οἱ γραμματεῖς καὶ οἱ Φαρισαῖοι.

 (마 23:3)
- 그러므로 무엇이든지 저희의 말하는 바는 행하고 지키되 저희의 하는 행위는 본받지 말라 저희는 말만 하고 행치 아니하며
- So you must obey them and do everything they tell you. But do not do what they do, for they do not practice what they preach.
- πάντα οὖν ὅσα ἐὰν εἴπωσιν ὑμῖν ποιήσατε καὶ τηρεῖτε, κατὰ δὲ τὰ ἔργα αὐτῶν μὴ ποιεῖτε· λέγουσιν γὰρ καὶ οὐ ποιοῦσιν.

 (마 23:4)
- 또 무거운 짐을 묶어 사람의 어깨에 지우되 자기는 이것을 한 손가락으로도 움직이려 하지 아니하며
- They tie up heavy loads and put them on men's shoulders, but they themselves are not willing to lift a finger to move them.

· δεσμεύουσιν δὲ φορτία βαρέα [καὶ δυσβάστακτα] καὶ ἐπιτιθέασ-
ιν ἐπὶ τοὺς ὤμους τῶν ἀνθρώπων, αὐτοὶ δὲ τῷ δακτύλῳ αὐτῶν ο-
ὐ θέλουσιν κινῆσαι αὐτά.

 (마 23:5)

· 저희 모든 행위를 사람에게 보이고자 하여 하나니 곧 그 차는 경문을 넓게 하며 옷술을 크게 하고

· "Everything they do is done for men to see: They make their phylacteries wide and the tassels on their garments long;

· πάντα δὲ τὰ ἔργα αὐτῶν ποιοῦσιν πρὸς τὸ θεαθῆναι τοῖς ἀνθρ-
ώποις· πλατύνουσιν γὰρ τὰ φυλακτήρια αὐτῶν καὶ μεγαλύνουσιν τὰ κράσπεδα,

바리새인 니고데모의 고뇌(요 3:1-21)와 부자 청년의 고뇌에 찬 질문 "어찌해야 영생을 얻으리이까?"(마 19:16-22)를 보라. 이 질문은 율법을 행하는 이들이 불가항적이고 인간적인 한계에 부딪힌 절규였다.

[요 3:1-21]

 (요 3:1)

· 바리새인 중에 니고데모라 하는 사람이 있으니 유대인의 관원이라

· Now there was a man of the Pharisees named Nicodemus a member of the Jewish ruling council.

· Ἦν δὲ ἄνθρωπος ἐκ τῶν Φαρισαίων, Νικόδημος ὄνομα αὐτῷ, ἄ-
ρχων τῶν Ἰουδαίων·

 (요 3:2)

· 그가 밤에 예수께 와서 가로되 랍비여 우리가 당신은 하나님께로서 오신 선생인 줄 아나이다 하나님이 함께하시지 아니하시면 당신의 행하시는 이 표적을 아무라도 할 수 없음이니이다

· He came to Jesus at night and said, "Rabbi, we know you are a teacher who has come from God. For no one could perform the miraculous signs you are doing if God were not with him."

· οὗτος ἦλθεν πρὸς αὐτὸν νυκτὸς καὶ εἶπεν αὐτῷ, Ῥαββί, οἴδαμεν ὅτι ἀπὸ θεοῦ ἐλήλυθας διδάσκαλος· οὐδεὶς γὰρ δύναται ταῦτα τὰ σημεῖα ποιεῖν ἃ σὺ ποιεῖς, ἐὰν μὴ ᾖ ὁ θεὸς μετ' αὐτοῦ.

(요 3:3)

· 예수께서 대답하여 가라사대 진실로 진실로 네게 이르노니 사람이 거듭나지 아니하면 하나님 나라를 볼 수 없느니라

· In reply Jesus declared, "I tell you the truth, no one can see the kingdom of God unless he is born again."

· ἀπεκρίθη Ἰησοῦς καὶ εἶπεν αὐτῷ, Ἀμὴν ἀμὴν λέγω σοι, ἐὰν μή τις γεννηθῇ ἄνωθεν, οὐ δύναται ἰδεῖν τὴν βασιλείαν τοῦ θεοῦ.

(요 3:4)

· 니고데모가 가로되 사람이 늙으면 어떻게 날 수 있삽나이까 두 번째 모태에 들어갔다가 날 수 있삽나이까

· "How can a man be born when he is old?" Nicodemus asked. "Surely he cannot enter a second time into his mother's womb to be born!"

· λέγει πρὸς αὐτὸν [ὁ] Νικόδημος, Πῶς δύναται ἄνθρωπος γεννηθῆναι γέρων ὤν μὴ δύναται εἰς τὴν κοιλίαν τῆς μητρὸς αὐτοῦ δεύτερον εἰσελθεῖν καὶ γεννηθῆναι

 (요 3:5)

· 예수께서 대답하시되 진실로 진실로 네게 이르노니 사람이 물과 성령으로 나지 아니하면 하나님 나라에 들어갈 수 없느니라

· Jesus answered, "I tell you the truth, no one can enter the kingdom of God unless he is born of water and the Spirit.

· ἀπεκρίθη Ἰησοῦς, Ἀμὴν ἀμὴν λέγω σοι, ἐὰν μή τις γεννηθῇ ἐξ ὕδατος καὶ πνεύματος, οὐ δύναται εἰσελθεῖν εἰς τὴν βασιλείαν τοῦ θεοῦ.

 (요 3:6)

· 육으로 난 것은 육이요 성령으로 난 것은 영이니

· Flesh gives birth to flesh, but the Spirit gives birth to spirit.

· τὸ γεγεννημένον ἐκ τῆς σαρκὸς σάρξ ἐστιν, καὶ τὸ γεγεννημένον ἐκ τοῦ πνεύματος πνεῦμά ἐστιν.

 (요 3:7)

· 내가 네게 거듭나야 하겠다 하는 말을 기이히 여기지 말라

· You should not be surprised at my saying, 'You must be born again.'

· μὴ θαυμάσῃς ὅτι εἶπόν σοι, Δεῖ ὑμᾶς γεννηθῆναι ἄνωθεν.

 (요 3:8)

· 바람이 임의로 불매 네가 그 소리를 들어도 어디서 오며 어디로 가는지 알지 못하나니 성령으로 난 사람은 다 이러하니라

· The wind blows wherever it pleases. You hear its sound, but you cannot tell where it comes from or where it is going. So it is with everyone born of the Spirit."

• τὸ πνεῦμα ὅπου θέλει πνεῖ καὶ τὴν φωνὴν αὐτοῦ ἀκούεις, ἀλλ᾿οὐκ οἶδας πόθεν ἔρχεται καὶ ποῦ ὑπάγει· οὕτως ἐστὶν πᾶς ὁ γεγεννημένος ἐκ τοῦ πνεύματος.

📖 (요 3:9)
• 니고데모가 대답하여 가로되 어찌 이러한 일이 있을 수 있나이까
• "How can this be?" Nicodemus asked.
• ἀπεκρίθη Νικόδημος καὶ εἶπεν αὐτῷ, Πῶς δύναται ταῦτα γενέσθαι

📖 (요 3:10)
• 예수께서 가라사대 너는 이스라엘의 선생으로서 이러한 일을 알지 못하느냐
• "You are Israel's teacher," said Jesus, "and do you not understand these things?
• ἀπεκρίθη Ἰησοῦς καὶ εἶπεν αὐτῷ, Σὺ εἶ ὁ διδάσκαλος τοῦ Ἰσραὴλ καὶ ταῦτα οὐ γινώσκεις

📖 (요 3:11)
• 진실로 진실로 네게 이르노니 우리 아는 것을 말하고 본 것을 증거하노라 그러나 너희가 우리 증거를 받지 아니하는도다
• I tell you the truth, we speak of what we know, and we testify to what we have seen, but still you people do not accept our testimony.
• ἀμὴν ἀμὴν λέγω σοι ὅτι ὃ οἴδαμεν λαλοῦμεν καὶ ὃ ἑωράκαμεν μαρτυροῦμεν, καὶ τὴν μαρτυρίαν ἡμῶν οὐ λαμβάνετε.

📖 (요 3:12)
• 내가 땅의 일을 말하여도 너희가 믿지 아니하거든 하물며 하늘

일을 말하면 어떻게 믿겠느냐
- I have spoken to you of earthly things and you do not believe; how then will you believe if I speak of heavenly things?
- εἰ τὰ ἐπίγεια εἶπον ὑμῖν καὶ οὐ πιστεύετε, πῶς ἐὰν εἴπω ὑμῖν τὰ ἐπουράνια πιστεύσετε

 (요 3:13)
- 하늘에서 내려온 자 곧 인자 외에는 하늘에 올라간 자가 없느니라
- No one has ever gone into heaven except the one who came from heaven-the Son of Man.
- καὶ οὐδεὶς ἀναβέβηκεν εἰς τὸν οὐρανὸν εἰ μὴ ὁ ἐκ τοῦ οὐρανοῦ καταβάς, ὁ υἱὸς τοῦ ἀνθρώπου.

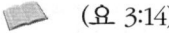 (요 3:14)
- 모세가 광야에서 뱀을 든 것같이 인자도 들려야 하리니
- Just as Moses lifted up the snake in the desert, so the Son of Man must be lifted up,
- καὶ καθὼς Μωϋσῆς ὕψωσεν τὸν ὄφιν ἐν τῇ ἐρήμῳ, οὕτως ὑψωθῆναι δεῖ τὸν υἱὸν τοῦ ἀνθρώπου,

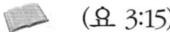 (요 3:15)
- 이는 저를 믿는 자마다 영생을 얻게 하려 하심이니라
- that everyone who believes in him may have eternal life.
- ἵνα πᾶς ὁ πιστεύων ἐν αὐτῷ ἔχῃ ζωὴν αἰώνιον.

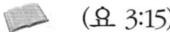 (요 3:16)
- 하나님이 세상을 이처럼 사랑하사 독생자를 주셨으니 이는 저를 믿는 자마다 멸망치 않고 영생을 얻게 하려 하심이니라

· "For God so loved the world that he gave his one and only Son, that whoever believes in him shall not perish but have eternal life.

· Οὕτως γὰρ ἠγάπησεν ὁ θεὸς τὸν κόσμον, ὥστε τὸν υἱὸν τὸν μονογενῆ ἔδωκεν, ἵνα πᾶς ὁ πιστεύων εἰς αὐτὸν μὴ ἀπόληται ἀλλ' ἔχῃ ζωὴν αἰώνιον.

📖 (요 3:17)

· 하나님이 그 아들을 세상에 보내신 것은 세상을 심판하려 하심이 아니요 저로 말미암아 세상이 구원을 받게 하려 하심이라

· For God did not send his Son into the world to condemn the world, but to save the world through him.

· οὐ γὰρ ἀπέστειλεν ὁ θεὸς τὸν υἱὸν εἰς τὸν κόσμον ἵνα κρίνῃ τὸν κόσμον, ἀλλ' ἵνα σωθῇ ὁ κόσμος δι' αὐτοῦ.

📖 (요 3:18)

· 저를 믿는 자는 심판을 받지 아니하는 것이요 믿지 아니하는 자는 하나님의 독생자의 이름을 믿지 아니하므로 벌써 심판을 받은 것이니라

· Whoever believes in him is not condemned, but whoever does not believe stands condemned already because he has not believed in the name of God's one and only Son.

· ὁ πιστεύων εἰς αὐτὸν οὐ κρίνεται· ὁ δὲ μὴ πιστεύων ἤδη κέκριται, ὅτι μὴ πεπίστευκεν εἰς τὸ ὄνομα τοῦ μονογενοῦς υἱοῦ τοῦ θεοῦ.

📖 (요 3:19)

· 그 정죄는 이것이니 곧 빛이 세상에 왔으되 사람들이 자기 행위가

악하므로 빛보다 어두움을 더 사랑한 것이니라

· This is the verdict: Light has come into the world, but men loved darkness instead of light because their deeds were evil.

· αὕτη δέ ἐστιν ἡ κρίσις ὅτι τὸ φῶς ἐλήλυθεν εἰς τὸν κόσμον καὶ ἠγάπησαν οἱ ἄνθρωποι μᾶλλον τὸ σκότος ἢ τὸ φῶς· ἦν γὰρ αὐτῶν πονηρὰ τὰ ἔργα.

📖 (요 3:20)

· 악을 행하는 자마다 빛을 미워하여 빛으로 오지 아니하나니 이는 그 행위가 드러날까 함이요

· Everyone who does evil hates the light, and will not come into the light for fear that his deeds will be exposed.

· πᾶς γὰρ ὁ φαῦλα πράσσων μισεῖ τὸ φῶς καὶ οὐκ ἔρχεται πρὸς τὸ φῶς, ἵνα μὴ ἐλεγχθῇ τὰ ἔργα αὐτοῦ·

📖 (요 3:21)

· 진리를 좇는 자는 빛으로 오나니 이는 그 행위가 하나님 안에서 행한 것임을 나타내려 함이라 하시니라

· But whoever lives by the truth comes into the light, so that it may be seen plainly that what he has done has been done through God."

· ὁ δὲ ποιῶν τὴν ἀλήθειαν ἔρχεται πρὸς τὸ φῶς, ἵνα φανερωθῇ αὐτοῦ τὰ ἔργα ὅτι ἐν θεῷ ἐστιν εἰργασμένα.

[마 19:16-22]

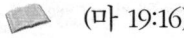 (마 19:16)

· 어떤 사람이 주께 와서 가로되 선생님이여 내가 무슨 선한 일을 하여야 영생을 얻으리이까

· Now a man came up to Jesus and asked, "Teacher, what good thing must I do to get eternal life?"

· Καὶ ἰδοὺ εἷς προσελθὼν αὐτῷ, εἶπεν, Διδάσκαλε, τί ἀγαθὸν ποιήσω ἵνα σχῶ ζωὴν αἰώνιον

📖 (마 19:17)

· 예수께서 가라사대 어찌하여 선한 일을 내게 묻느냐 선한 이는 오직 한 분이시니라 네가 생명에 들어가려면 계명들을 지키라

· "Why do you ask me about what is good?" Jesus replied. "There is only One who is good. If you want to enter life, obey the commandments."

· ὁ δὲ εἶπεν αὐτῷ, Τί με ἐρωτᾷς περὶ τοῦ ἀγαθοῦ εἷς ἐστιν ὁ ἀγαθός· εἰ δὲ θέλεις εἰς τὴν ζωὴν εἰσελθεῖν, τήρησον τὰς ἐντολάς.

📖 (마 19:18)

· 가로되 어느 계명이오니이까 예수께서 가라사대 살인하지 말라, 간음하지 말라, 도적질하지 말라, 거짓증거하지 말라,

· "Which ones?" the man inquired. Jesus replied, "'Do not murder, do not commit adultery, do not steal, do not give false testimony,

· λέγει αὐτῷ, Ποίας ὁ δὲ Ἰησοῦς εἶπεν, Τὸ Οὐ φονεύσεις, Οὐ μοιχεύσεις, Οὐ κλέψεις, Οὐ ψευδομαρτυρήσεις,

📖 (마 19:19)

· 네 부모를 공경하라, 네 이웃을 네 몸과 같이 사랑하라 하신 것이

니라

· honor your father and mother,' and 'love your neighbor as yourself.'"

· Τίμα τὸν πατέρα καὶ τὴν μητέρα, καί, Ἀγαπήσεις τὸν πλησίον σου ὡς σεαυτόν.

📖 (마 19:20)

· 그 청년이 가로되 이 모든 것을 내가 지키었사오니 아직도 무엇이 부족하니이까

· "All these I have kept," the young man said. "What do I still lack?"

· λέγει αὐτῷ ὁ νεανίσκος, Πάντα ταῦτα ἐφύλαξα· τί ἔτι ὑστερῶ

📖 (마 19:21)

· 예수께서 가라사대 네가 온전하고자 할진대 가서 네 소유를 팔아 가난한 자들을 주라 그리하면 하늘에서 보화가 네게 있으리라 그리고 와서 나를 좇으라 하시니

· Jesus answered, "If you want to be perfect, go, sell your possessions and give to the poor, and you will have treasure in heaven. Then come, follow me."

· ἔφη αὐτῷ ὁ Ἰησοῦς, Εἰ θέλεις τέλειος εἶναι, ὕπαγε πώλησόν σου τὰ ὑπάρχοντα καὶ δὸς [τοῖς] πτωχοῖς, καὶ ἕξεις θησαυρὸν ἐν οὐρανοῖς, καὶ δεῦρο ἀκολούθει μοι.

📖 (마 19:22)

· 그 청년이 재물이 많으므로 이 말씀을 듣고 근심하며 가니라

· When the young man heard this, he went away sad, because he had great wealth.

- ἀκούσας δὲ ὁ νεανίσκος τὸν λόγον ἀπῆλθεν λυπούμενος· ἦν γὰρ ἔχων κτήματα πολλά.

예수 그리스도는 하나님의 뜻에 합당하며 실현 가능한 방법, 곧 사랑을 실행함으로 이루라고 명하셨다. 또한 자신의 사랑을 실천하는 삶이 온 율법의 실현임을 선포하셨다.

사람이 친구를 위하여 목숨을 버리면 이에서 더 큰 사랑이 없나니 너희가 나의 명대로 행하면 나의 친구라 하셨다(요 15:9-14).

[요 15:9-14]

 (요 15:9)

- 아버지께서 나를 사랑하신 것같이 나도 너희를 사랑하였으니 나의 사랑 안에 거하라
- "As the Father has loved me, so have I loved you. Now remain in my love.
- καθὼς ἠγάπησέν με ὁ πατήρ, κἀγὼ ὑμᾶς ἠγάπησα· μείνατε ἐν τῇ ἀγάπῃ τῇ ἐμῇ.

 (요 15:10)

- 내가 아버지의 계명을 지켜 그의 사랑 안에 거하는 것같이 너희도 내 계명을 지키면 내 사랑 안에 거하리라
- If you obey my commands, you will remain in my love, just as I have obeyed my Father's commands and remain in his love.
- ἐὰν τὰς ἐντολάς μου τηρήσητε, μενεῖτε ἐν τῇ ἀγάπῃ μου, καθ-

ὡς ἐγὼ τὰς ἐντολὰς τοῦ πατρός μου τετήρηκα καὶ μένω αὐτοῦ ἐν τῇ ἀγάπῃ.

 (요 15:11)

· 내가 이것을 너희에게 이름은 내 기쁨이 너희 안에 있어 너희 기쁨을 충만하게 하려 함이니라

· I have told you this so that my joy may be in you and that your joy may be complete.

· Ταῦτα λελάληκα ὑμῖν ἵνα ἡ χαρὰ ἡ ἐμὴ ἐν ὑμῖν ᾖ καὶ ἡ χαρὰ ὑμῶν πληρωθῇ.

 (요 15:12)

· 내 계명은 곧 내가 너희를 사랑한 것같이 너희도 서로 사랑하라 하는 이것이니라

· My command is this: Love each other as I have loved you.

· αὕτη ἐστὶν ἡ ἐντολὴ ἡ ἐμή, ἵνα ἀγαπᾶτε ἀλλήλους καθὼς ἠγάπησα ὑμᾶς.

 (요 15:13)

· 사람이 친구를 위하여 자기 목숨을 버리면 이에서 더 큰 사랑이 없나니

· Greater love has no one than this, that he lay down his life for his friends.

· μείζονα ταύτης ἀγάπην οὐδεὶς ἔχει, ἵνα τις τὴν ψυχὴν αὐτοῦ θῇ ὑπὲρ τῶν φίλων αὐτοῦ.

 (요 15:14)

· 너희가 나의 명하는 대로 행하면 곧 나의 친구라

- You are my friends if you do what I command.
- ὑμεῖς φίλοι μού ἐστε ἐὰν ποιῆτε ἃ ἐγὼ ἐντέλλομαι ὑμῖν.

그러므로 사랑을 실행하는 것이 온 율법의 완성이다. 바울 사도는 '네 이웃 사랑하기를 네 몸과 같이 하라 하신 한 말씀에 이루었다' 라고 기록하였다(갈 5:14).

[갈 5:14]
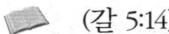 (갈 5:14)
- 온 율법은 네 이웃 사랑하기를 네 몸같이 하라 하신 한 말씀에 이루었나니
- The entire law is summed up in a single command: "Love your neighbor as yourself."
- ὁ γὰρ πᾶς νόμος ἐν ἑνὶ λόγῳ πεπλήρωται, ἐν τῷ, Ἀγαπήσεις τὸν πλησίον σου ὡς σεαυτόν.

또한 남을 사랑하는 자는 율법을 다 이루었다고 했다. 많은 계명이 있을지라도 이웃을 자신과 같이 사랑하라 하신 그 말씀 가운데 모두 다 있으며, 곧 사랑은 율법의 완성이라고 하였다(롬 13:8-9).

[롬 13:8-9]
 (롬 13:8)
- 피차 사랑의 빚 외에는 아무에게든지 아무 빚도 지지 말라 남을 사랑하는 자는 율법을 다 이루었느니라

· Let no debt remain outstanding, except the continuing debt to love one another, for he who loves his fellowman has fulfilled the law.

· Μηδενὶ μηδὲν ὀφείλετε εἰ μὴ τὸ ἀλλήλους ἀγαπᾶν· ὁ γὰρ ἀγαπῶν τὸν ἕτερον νόμον πεπλήρωκεν.

 (롬 13:9)

· 간음하지 말라 살인하지 말라 도적질하지 말라 탐내지 말라 한 것과 그 외에 다른 계명이 있을지라도 네 이웃을 네 자신과 같이 사랑하라 하신 그 말씀 가운데 다 들었느니라

· The commandments, "Do not commit adultery," "Do not murder," "Do not steal," "Do not covet," and whatever other commandment there may be, are summed up in this one rule: "Love your neighbor as yourself."

· τὸ γὰρ Οὐ μοιχεύσεις, Οὐ φονεύσεις, Οὐ κλέψεις, Οὐκ ἐπιθυμήσεις, καὶ εἴ τις ἑτέρα ἐντολή, ἐν τῷ λόγῳ τούτῳ ἀνακεφαλαιοῦται [ἐν τῷ] Ἀγαπήσεις τὸν πλησίον σου ὡς σεαυτόν.

이상 율법을 실행하는 두 방법을 비교하였다. 이제는 '투망이론'에 대해 이야기하려고 한다. 투망은 그물의 일종인데, 줄 하나 밑에 낙하산 모양 같은 그물과 밑에 추가 달려 있다. 투망은 당김줄을 통하여 고기를 잡게 만들어져 있다.(※ 도표 ④ 투망 이론 참조)

투망은 크기가 크고 넓어 추와 그물(율법: 옛 계명)을 잡고서는 고기를 잡을 수 없다. 추가 너무 많아 두 손으로 던질 수 없기 때문이다. 끝에 달린 줄(사랑의 계명: 새 계명)을 이용하여 그물과 추(율법)를 당겨 추슬러야만 그물을 던질

수 있고 고기를 잡을 수 있다.

여기에서 추와 그물을 직접 잡는 법은 율법주의자들의 방법이요, 끝의 한 줄을 잡고 그물 전체를 추슬러 잡는 법은 예수의 사랑의 계명을 실행하는 것이다.

율법을 행하여 구원과 의를 얻으려 하는가? 바리새인과 서기관, 장로들의 유전으로 구원과 상급을 얻으려 하는가? 사람의 계명과 가르침으로 구원과 상급을 얻으려 하는가? 포기하라!(갈 5:3; 신 27:26)

[갈 5:3]

 (갈 5:3)

· 내가 할례를 받는 각 사람에게 다시 증거하노니 그는 율법 전체를 행할 의무를 가진 자라(※ 도표 ④ 투망 이론 참조)

· Again I declare to every man who lets himself be circumcised that he is obligated to obey the whole law.

· μαρτύρομαι δὲ πάλιν παντὶ ἀνθρώπῳ περιτεμνομένῳ ὅτι ὀφειλέτης ἐστὶν ὅλον τὸν νόμον ποιῆσαι.

[신 27:26]

 (신 27:26)

· 이 율법의 모든 말씀을 실행치 아니하는 자는 저주를 받을 것이라 할 것이요 모든 백성은 아멘 할지니라

· "Cursed is the man who does not uphold the words of this law by carrying them out." Then all the people shall say, "Amen!"

· επικαταρατος πας ανθρωπος ος ουκ εμμενει εν πασιν τοις λογοις του νομου τουτου του ποιησαι αυτους και ερουσιν πας ο λαος γενοιτο

예수 그리스도의 사랑을 따라 그분의 삶을 행하라! 그분처럼 행하라! 율법이 저절로 끌려 따라오고 이루어져 당신은 구원과 상급과 칭찬을 받게 될 것이다(갈 5:14; 롬 13:8-10).(※ 도표 ④ 투망 이론 참조)

[갈 5:14]

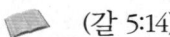 (갈 5:14)

· 온 율법은 네 이웃 사랑하기를 네 몸같이 하라 하신 한 말씀에 이루었나니

· The entire law is summed up in a single command: "Love your neighbor as yourself."

· ὁ γὰρ πᾶς νόμος ἐν ἑνὶ λόγῳ πεπλήρωται, ἐν τῷ Ἀγαπήσεις τὸν πλησίον σου ὡς σεαυτόν.

[롬 13:8-10]

 (롬 13:8)

· 피차 사랑의 빚 외에는 아무에게든지 아무 빚도 지지 말라 남을 사랑하는 자는 율법을 다 이루었느니라

· Let no debt remain outstanding, except the continuing debt to love one another, for he who loves his fellowman has fulfilled the law.

· Μηδενὶ μηδὲν ὀφείλετε εἰ μὴ τὸ ἀλλήλους ἀγαπᾶν· ὁ γὰρ ἀγαπῶν τὸν ἕτερον νόμον πεπλήρωκεν.

📖 (롬 13:9)

· 간음하지 말라, 살인하지 말라, 도적질하지 말라, 탐내지 말라 한 것과 그 외에 다른 계명이 있을지라도 네 이웃을 네 자신과 같이 사랑하라 하신 그 말씀 가운데 다 들었느니라

· The commandments, "Do not commit adultery," "Do not murder," "Do not steal," "Do not covet," and whatever other commandment there may be, are summed up in this one rule: "Love your neighbor as yourself."

· τὸ γὰρ Οὐ μοιχεύσεις, Οὐ φονεύσεις, Οὐ κλέψεις, Οὐκ ἐπιθυμήσεις, καὶ εἴ τις ἑτέρα ἐντολή, ἐν τῷ λόγῳ τούτῳ ἀνακεφαλαιοῦται [ἐν τῷ] Ἀγαπήσεις τὸν πλησίον σου ὡς σεαυτόν.

📖 (롬 13:10)

· 사랑은 이웃에게 악을 행치 아니하나니 그러므로 사랑은 율법의 완성이니라

· Love does no harm to its neighbor. Therefore love is the fulfillment of the law.

· ἡ ἀγάπη τῷ πλησίον κακὸν οὐκ ἐργάζεται· πλήρωμα οὖν νόμου ἡ ἀγάπη.

이것은 불순종한 한 사람 아담의 뒤에 설 것인가, 아니면 순종한 한 사람 예수 그리스도 뒤에 설 것인가를 결정하는 것이다(롬 5:12-21).

[롬 5:12-21]

 (롬 5:12)

· 이러므로 한 사람으로 말미암아 죄가 세상에 들어오고 죄로 말미암아 사망이 왔나니 이와 같이 모든 사람이 죄를 지었으므로 사망이 모든 사람에게 이르렀느니라

· Therefore, just as sin entered the world through one man, and death through sin, and in this way death came to all men, because all sinned-

· Διὰ τοῦτο ὥσπερ δι' ἑνὸς ἀνθρώπου ἡ ἁμαρτία εἰς τὸν κόσμον ἐισῆλθεν καὶ διὰ τῆς ἁμαρτίας ὁ θάνατος, καὶ οὕτως εἰς πάντας ἀνθρώπους ὁ θάνατος διῆλθεν, ἐφ' ᾧ πάντες ἥμαρτον·

 (롬 5:13)

· 죄가 율법 있기 전에도 세상에 있었으나 율법이 없을 때에는 죄를 죄로 여기지 아니하느니라

· for before the law was given, sin was in the world. But sin is not taken into account when there is no law.

· ἄχρι γὰρ νόμου ἁμαρτία ἦν ἐν κόσμῳ, ἁμαρτία δὲ οὐκ ἐλλογεῖται μὴ ὄντος νόμου,

 (롬 5:14)

· 그러나 아담으로부터 모세까지 아담의 범죄와 같은 죄를 짓지 아니한 자들 위에도 사망이 왕 노릇 하였나니 아담은 오실 자의 표상이라

· Nevertheless, death reigned from the time of Adam to the time of Moses, even over those who did not sin by breaking a command, as did Adam, who was a pattern of the one to come.

· ἀλλὰ ἐβασίλευσεν ὁ θάνατος ἀπὸ Ἀδὰμ μέχρι Μωϋσέως καὶ ἐπὶ τοὺς μὴ ἁμαρτήσαντας ἐπὶ τῷ ὁμοιώματι τῆς παραβάσεως Ἀδάμ ὅς ἐστιν τύπος τοῦ μέλλοντος.

📖 (롬 5:15)

· 그러나 이 은사는 그 범죄와 같지 아니하니 곧 한 사람의 범죄를 인하여 많은 사람이 죽었은즉 더욱 하나님의 은혜와 또는 한 사람 예수 그리스도의 은혜로 말미암은 선물이 많은 사람에게 넘쳤으리라

· But the gift is not like the trespass. For if the many died by the trespass of the one man, how much more did God's grace and the gift that came by the grace of the one man, Jesus Christ, overflow to the many!

· Ἀλλ' οὐχ ὡς τὸ παράπτωμα, οὕτως καὶ τὸ χάρισμα· εἰ γὰρ τῷ τοῦ ἑνὸς παραπτώματι οἱ πολλοὶ ἀπέθανον, πολλῷ μᾶλλον ἡ χάρις τοῦ θεοῦ καὶ ἡ δωρεὰ ἐν χάριτι τῇ τοῦ ἑνὸς ἀνθρώπου Ἰησοῦ Χριστοῦ εἰς τοὺς πολλοὺς ἐπερίσσευσεν.

📖 (롬 5:16)

· 또 이 선물은 범죄한 한 사람으로 말미암은 것과 같지 아니하니 심판은 한 사람을 인하여 정죄에 이르렀으나 은사는 많은 범죄를 인하여 의롭다 하심에 이름이니라

· Again, the gift of God is not like the result of the one man's sin: The judgment followed one sin and brought condemnation, but the gift followed many trespasses and brought justification.

· καὶ οὐχ ὡς δι' ἑνὸς ἁμαρτήσαντος τὸ δώρημα· τὸ μὲν γὰρ κρίμα ἐξ ἑνὸς εἰς κατάκριμα, τὸ δὲ χάρισμα ἐκ πολλῶν παραπτωμάτων ἐις δικαίωμα.

 (롬 5:17)

· 한 사람의 범죄를 인하여 사망이 그 한 사람으로 말미암아 왕 노릇 하였은즉 더욱 은혜와 의의 선물을 넘치게 받는 자들이 한 분 예수 그리스도로 말미암아 생명 안에서 왕 노릇 하리로다

· For if, by the trespass of the one man, death reigned through that one man, how much more will those who receive God's abundant provision of grace and of the gift of righteousness reign in life through the one man, Jesus Christ.

· εἰ γὰρ τῷ τοῦ ἑνὸς παραπτώματι ὁ θάνατος ἐβασίλευσεν διὰ τοῦ ἑνός, πολλῷ μᾶλλον οἱ τὴν περισσείαν τῆς χάριτος καὶ τῆς δωρεᾶς τῆς δικαιοσύνης λαμβάνοντες ἐν ζωῇ βασιλεύσουσιν διὰ τοῦ ἑνὸς Ἰησοῦ Χριστοῦ.

 (롬 5:18)

· 그런즉 한 범죄로 많은 사람이 정죄에 이른 것같이 의의 한 행동으로 말미암아 많은 사람이 의롭다 하심을 받아 생명에 이르렀느니라

· Consequently, just as the result of one trespass was condemnation for all men, so also the result of one act of righteousness was justification that brings life for all men.

· Ἄρα οὖν ὡς δι' ἑνὸς παραπτώματος εἰς πάντας ἀνθρώπους εἰς κατάκριμα, οὕτως καὶ δι' ἑνὸς δικαιώματος εἰς πάντας ἀνθρώπους εἰς δικαίωσιν ζωῆς·

 (롬 5:19)

· 한 사람의 순종치 아니함으로 많은 사람이 죄인 된 것같이 한 사

람의 순종하심으로 많은 사람이 의인이 되리라

· For just as through the disobedience of the one man the many were made sinners, so also through the obedience of the one man the many will be made righteous.

· ὥσπερ γὰρ διὰ τῆς παρακοῆς τοῦ ἑνὸς ἀνθρώπου ἁμαρτωλοὶ κατεστάθησαν οἱ πολλοί, οὕτως καὶ διὰ τῆς ὑπακοῆς τοῦ ἑνὸς δίκαιοι κατασταθήσονται οἱ πολλοί.

 (롬 5:20)

· 율법이 가입한 것은 범죄를 더하게 하려 함이라 그러나 죄가 더한 곳에 은혜가 더욱 넘쳤나니

· The law was added so that the trespass might increase. But where sin increased, grace increased all the more,

· νόμος δὲ παρεισῆλθεν, ἵνα πλεονάσῃ τὸ παράπτωμα· οὗ δὲ ἐπλεόνασεν ἡ ἁμαρτία, ὑπερεπερίσσευσεν ἡ χάρις,

 (롬 5:21)

· 이는 죄가 사망 안에서 왕 노릇 한 것같이 은혜도 또한 의로 말미암아 왕 노릇 하여 우리 주 예수 그리스도로 말미암아 영생에 이르게 하려 함이니라

· so that, just as sin reigned in death, so also grace might reign through righteousness to bring eternal life through Jesus Christ our Lord.

· ἵνα ὥσπερ ἐβασίλευσεν ἡ ἁμαρτία ἐν τῷ θανάτῳ, οὕτως καὶ ἡ χάρις βασιλεύσῃ διὰ δικαιοσύνης εἰς ζωὴν αἰώνιον διὰ Ἰησοῦ Χριστοῦ τοῦ κυρίου ἡμῶν.

또한 계집종과 그 아들, 곧 약속의 아들이 아니었던 하갈과 이스마엘을 따라 내어쫓김을 받으려느냐? 아니면 자유하는 여자의 자녀로 유업을 얻을 것이냐? 이것을 선택하는 것이다(갈 4:21-31).

[갈 4:21-31]

 (갈 4:21)

· 내게 말하라 율법 아래 있고자 하는 자들아 율법을 듣지 못하였느냐

· Tell me, you who want to be under the law, are you not aware of what the law says?

· Λέγετέ μοι, οἱ ὑπὸ νόμον θέλοντες εἶναι, τὸν νόμον οὐκ ἀκούετε

 (갈 4:22)

· 기록된 바 아브라함이 두 아들이 있으니 하나는 계집종에게서, 하나는 자유하는 여자에게서 났다 하였으나

· For it is written that Abraham had two sons, one by the slave woman and the other by the free woman.

· γέγραπται γὰρ ὅτι Ἀβραὰμ δύο υἱοὺς ἔσχεν, ἕνα ἐκ τῆς παιδίσκης καὶ ἕνα ἐκ τῆς ἐλευθέρας.

 (갈 4:23)

· 계집종에게서는 육체를 따라 났고 자유하는 여자에게서는 약속으로 말미암았느니라

· His son by the slave woman was born in the ordinary way; but his son by the free woman was born as the result of a promise.

· ἀλλ' ὁ μὲν ἐκ τῆς παιδίσκης κατὰ σάρκα γεγέννηται, ὁ δὲ ἐκ τἧς ἐλευθέρας δι' ἐπαγγελίας.

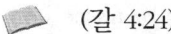 (갈 4:24)

· 이것은 비유니 이 여자들은 두 언약이라 하나는 시내 산으로부터 종을 낳은 자니 곧 하가라

· These things may be taken figuratively, for the women represent two covenants. One covenant is from Mount Sinai and bears children who are to be slaves: This is Hagar.

· ἅτινά ἐστιν ἀλληγορούμενα· αὗται γάρ εἰσιν δύο διαθῆκαι, μία μὲν ἀπὸ ὄρους Σινᾶ εἰς δουλείαν γεννῶσα, ἥτις ἐστὶν Ἁγάρ.

 (갈 4:25)

· 이 하가는 아라비아에 있는 시내 산으로 지금 있는 예루살렘과 같은 데니 저가 그 자녀들로 더불어 종 노릇 하고

· Now Hagar stands for Mount Sinai in Arabia and corresponds to the present city of Jerusalem, because she is in slavery with her children.

· τὸ δὲ Ἁγὰρ Σινᾶ ὄρος ἐστὶν ἐν τῇ Ἀραβίᾳ· συστοιχεῖ δὲ τῇ νῦν Ἰερουσαλήμ, δουλεύει γὰρ μετὰ τῶν τέκνων αὐτῆς.

 (갈 4:26)

· 오직 위에 있는 예루살렘은 자유자니 곧 우리 어머니라

· But the Jerusalem that is above is free, and she is our mother.

· ἡ δὲ ἄνω Ἰερουσαλὴμ ἐλευθέρα ἐστίν, ἥτις ἐστὶν μήτηρ ἡμῶν·

 (갈 4:27)

· 기록된 바 잉태치 못한 자여 즐거워하라 구로치 못한 자여 소리질러 외치라 이는 홀로 사는 자의 자녀가 남편 있는 자의 자녀보다 많

음이라 하였으니

· For it is written: "Be glad, O barren woman, who bears no children; break forth and cry aloud, you who have no labor pains; because more are the children of the desolate woman than of her who has a husband."

· γέγραπται γάρ, Εὐφράνθητι, στεῖρα ἡ οὐ τίκτουσα, ῥῆξον καὶ βόησον, ἡ οὐκ ὠδίνουσα· ὅτι πολλὰ τὰ τέκνα τῆς ἐρήμου μᾶλλον ἢ τῆς ἐχούσης τὸν ἄνδρα.

 (갈 4:28)

· 형제들아 너희는 이삭과 같이 약속의 자녀라

· Now you, brothers, like Isaac, are children of promise.

· ὑμεῖς δέ, ἀδελφοί, κατὰ Ἰσαὰκ ἐπαγγελίας τέκνα ἐστέ.

 (갈 4:29)

· 그러나 그때에 육체를 따라 난 자가 성령을 따라 난 자를 핍박한 것같이 이제도 그러하도다

· At that time the son born in the ordinary way persecuted the son born by the power of the Spirit. It is the same now.

· ἀλλ' ὥσπερ τότε ὁ κατὰ σάρκα γεννηθεὶς ἐδίωκεν τὸν κατὰ πνεῦμα, οὕτως καὶ νῦν.

 (갈 4:30)

· 그러나 성경이 무엇을 말하느뇨 계집종과 그 아들을 내어쫓으라 계집종의 아들이 자유하는 여자의 아들로 더불어 유업을 얻지 못하리라 하였느니라

· But what does the Scripture say? "Get rid of the slave woman and her son, for the slave woman's son will never share in the inheritance with the free woman's son."

- ἀλλὰ τί λέγει ἡ γραφή Ἔκβαλε τὴν παιδίσκην καὶ τὸν υἱὸν αὐτῆς· οὐ γὰρ μὴ κληρονομήσει ὁ υἱὸς τῆς παιδίσκης μετὰ τοῦ υἱοῦ τῆς ἐλευθέρας.

 (갈 4:31)

- 그런즉 형제들아 우리는 계집종의 자녀가 아니요 자유하는 여자의 자녀니라
- Therefore, brothers, we are not children of the slave woman, but of the free woman.
- διό, ἀδελφοί, οὐκ ἐσμὲν παιδίσκης τέκνα ἀλλὰ τῆς ἐλευθέρας.

23. 예수 그리스도

성경은 우리에게 영생과 예수 그리스도를 알려준다(요 5:39).

[요 5:39]

 (요 5:39)

· 너희가 성경에서 영생을 얻는 줄 생각하고 성경을 상고하거니와 이 성경이 곧 내게 대하여 증거하는 것이로다

· You diligently study the Scriptures because you think that by them you possess eternal life. These are the Scriptures that testify about me,

· ἐραυνᾶτε τὰς γραφάς, ὅτι ὑμεῖς δοκεῖτε ἐν αὐταῖς ζωὴν αἰώνιον ἔχειν· καὶ ἐκεῖναί εἰσιν αἱ μαρτυροῦσαι περὶ ἐμοῦ·

[히 1:1-2]

 (히 1:1)

· 옛적에 선지자들로 여러 부분과 여러 모양으로 우리 조상들에게 말씀하신 하나님이

· In the past God spoke to our forefathers through the prophets at many times and in various ways,

· Πολυμερῶς καὶ πολυτρόπως πάλαι ὁ θεὸς λαλήσας τοῖς πατράσιν

ἐν τοῖς προφήταις

옛적에 선지자들로 여러 부분과 여러 모양으로 우리 조상들에게 말씀하신 하나님이 이 모든 날 마지막에 아들로 우리에게 말씀하셨으니 이 아들을 만유의 후사로 세우시고 또 그로 말미암아 모든 세계를 지으셨다(히 1:1-2).

 (히 1:2)
· 이 모든 날 마지막에 아들로 우리에게 말씀하셨으니 이 아들을 만유의 후사로 세우시고 또 저로 말미암아 모든 세계를 지으셨느니라
· but in these last days he has spoken to us by his Son, whom he appointed heir of all things, and through whom he made the universe.
· ἐπ᾽ ἐσχάτου τῶν ἡμερῶν τούτων ἐλάλησεν ἡμῖν ἐν υἱῷ, ὃν ἔθηκεν κληρονόμον πάντων, δι᾽ οὗ καὶ ἐποίησεν τοὺς αἰῶνας·

보이는 것들과 보이지 않는 것 모두가 그로 말미암았고 그를 위하여 창조되었다(골 1:16).

[골 1:16]

 (골 1:16)
· 만물이 그에게 창조되되 하늘과 땅에서 보이는 것들과 보이지 않는 것들과 혹은 보좌들이나 주관들이나 정사들이나 권세들이나 만물이 다 그로 말미암고 그를 위하여 창조되었고

· For by him all things were created: things in heaven and on earth, visible and invisible, whether thrones or powers or rulers or authorities; all things were created by him and for him.

· ὅτι ἐν αὐτῷ ἐκτίσθη τὰ πάντα ἐν τοῖς οὐρανοῖς καὶ ἐπὶ τῆς γῆς, τὰ ὁρατὰ καὶ τὰ ἀόρατα, εἴτε θρόνοι εἴτε κυριότητες εἴτε ἀρχαὶ εἴτε ἐξουσίαι· τὰ πάντα δι᾽ αὐτοῦ καὶ εἰς αὐτὸν ἔκτισται·

예수 그리스도는 하나님의 비밀이다. 그 안에는 지혜와 지식의 모든 보화가 감추어 있다(골 2:2-3).

[골 2:2-3]
 (골 2:2)
· 이는 저희로 마음에 위안을 받고 사랑 안에서 연합하여 원만한 이해의 모든 부요에 이르러 하나님의 비밀인 그리스도를 깨닫게 하려 함이라

· My purpose is that they may be encouraged in heart and united in love, so that they may have the full riches of complete understanding, in order that they may know the mystery of God, namely, Christ,

· ἵνα παρακληθῶσιν αἱ καρδίαι αὐτῶν συμβιβασθέντες ἐν ἀγάπῃ καὶ εἰς πᾶν πλοῦτος τῆς πληροφορίας τῆς συνέσεως, εἰς ἐπίγνωσιν τοῦ μυστηρίου τοῦ θεοῦ, Χριστοῦ,

 (골 2:3)
· 그 안에는 지혜와 지식의 모든 보화가 감추어 있느니라

- in whom are hidden all the treasures of wisdom and knowledge.
- ἐν ᾧ εἰσιν πάντες οἱ θησαυροὶ τῆς σοφίας καὶ γνώσεως ἀπόκρυφοι.

그럼에도 불구하고 철학과 헛된 속임수로 그리스도를 따르는 이들을 노략하려는 자들이 있다. 그들을 주의해야 한다(골 2:8).

[골 2:8]

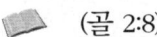 (골 2:8)

- 누가 철학과 헛된 속임수로 너희를 노략할까 주의하라 이것이 사람의 유전과 세상의 초등 학문을 좇음이요 그리스도를 좇음이 아니니라
- See to it that no one takes you captive through hollow and deceptive philosophy, which depends on human tradition and the basic principles of this world rather than on Christ.
- βλέπετε μή τις ὑμᾶς ἔσται ὁ συλαγωγῶν διὰ τῆς φιλοσοφίας καὶ κενῆς ἀπάτης κατὰ τὴν παράδοσιν τῶν ἀνθρώπων, κατὰ τὰ στοιχεῖα τοῦ κόσμου καὶ οὐ κατὰ Χριστόν·

예수님은 십자가 승리로 우리를 구원하시고 죄를 벗게 하셨다. 그러므로 먹고 마시는 것과 절기나 월삭이나 안식 때문에 폄론해서는 안 된다(골 2:14-17).

[골 2:14-17]

 (골 2:14)

· 우리를 거스리고 우리를 대적하는 의문에 쓴 증서를 도말하시고 제하여 버리사 십자가에 못 박으시고

· having canceled the written code, with its regulations, that was against us and that stood opposed to us; he took it away, nailing it to the cross.

· ἐξαλείψας τὸ καθ' ἡμῶν χειρόγραφον τοῖς δόγμασιν ὃ ἦν ὑπεναντίον ἡμῖν, καὶ αὐτὸ ἦρκεν ἐκ τοῦ μέσου προσηλώσας αὐτὸ τῷ σταυρῷ·

 (골 2:15)

· 정사와 권세를 벗어 버려 밝히 드러내시고 십자가로 승리하셨느니라

· And having disarmed the powers and authorities, he made a public spectacle of them, triumphing over them by the cross.

· ἀπεκδυσάμενος τὰς ἀρχὰς καὶ τὰς ἐξουσίας ἐδειγμάτισεν ἐν παρρησίᾳ, θριαμβεύσας αὐτοὺς ἐν αὐτῷ.

 (골 2:16)

· 그러므로 먹고 마시는 것과 절기나 월삭이나 안식일을 인하여 누구든지 너희를 폄론하지 못하게 하라

· Therefore do not let anyone judge you by what you eat or drink, or with regard to a religious festivala New Moon celebration or a Sabbath day.

· Μὴ οὖν τις ὑμᾶς κρινέτω ἐν βρώσει καὶ ἐν πόσει ἢ ἐν μέρει ἑορτῆς ἢ νεομηνίας ἢ σαββάτων·

 (골 2:17)

· 이것들은 장래 일의 그림자이나 몸은 그리스도의 것이니라
· These are a shadow of the things that were to come; the reality, however, is found in Christ.
· ἅ ἐστιν σκιὰ τῶν μελλόντων, τὸ δὲ σῶμα τοῦ Χριστοῦ.

예수 그리스도는 성경의 주인공이며, 열쇠이며 감춰인 보화이다. 그에게서 하나님을 보며 배우고, 교훈을 받고, 영생을 얻으며, 사탄을 물리칠 힘과 지혜를 얻는다.(※ 도표 ① ② ③ ④ ⑤ 참조)

그러므로 사탄은 예수를 바라보지 못하게 하고, 생각하지 못하게 하고, 따르지 못하도록 우리의 눈과 귀와 생각과 마음을 유혹하고 미혹한다. 속지 말라! 오직 예수로 성령의 인도함을 받으라!

마치는 글

안식일을 주장하는 이들에게.

이 책을 쓴 것은 안식교인들과 대적하기 위함이나 그들의 성경 지식을 비꼬려는 것이 아니다.

예수 그리스도를 성경의 중심으로, 하나님의 계시의 핵심으로 발견치 못한 이들에게 모든 창조된 것들 위에 계신 하나님 되신 예수님을 알려주고 보여주고 깨우쳐주고자 함이다.

안식교인들의 열심과 신앙생활은 모범이 되고 아름다우나 그릇된 성경 지식의 가르침으로 예수 그리스도를 일부만 보고 따르는 일이 안타까울 뿐이다.

결국 성경에 쓰여진 모든 것이 예수의 그림자라는 바울의 견해는 성경적이요, 성령이 충만한 고백이다.

세상에 나타난 모든 것이 하나님의 계획과 뜻 가운데 있었고, 그것이 주의 뜻에 의하여 세상에 모습을 갖추어 창조될 때 보이는 것과 보이지 않는 모든 것이 그 아들 예수 그리스도로 창조되고, 그를 위해 창조되었으며, 그의 것으로 창조되었다는 것을 성경은 밝히 가르치고 있다.

결국 만물의 주인이신 예수가 하나님이심을 만물에 분명히 보여지게 하셨으며, 그분이 역사의 핵심이요, 구원의 핵심이요, 찬양과 경배받으실 분임을 구약을 통하여 상징으로, 인물로, 사건으로, 제사로, 율법으로, 규례로, 절기로, 성전으로 예표되고, 모형으로 그림자로 쓰여졌다가 말세에 나타나셨다.(※ 도표 ① 그림자 참조)

성경을 대할 때 성경이 예언하고 약속한 그분이 분명해졌으며, 그분을 중심으로 구원과 영생의 하나님 나라가 이루어질 것을 인류의 대속물로 희생의 양으로, 십자가에서 증명하셨다.
 우리는 그분 안에 초청받았고 회개와 영접으로 하나님의 자녀가 되었다. 그분이 경배받으실 바로 그 하나님이시다.
 얼굴에 덮인 유한한 빛을 가리던 수건을 벗고 만왕의 왕 예수를 보라!
 주의 영이 계신 곳에 자유함이 있고 예수 안에서 수건은 사라지리라.

도표 1 구약은 예수의 그림자 (히 8:5, 10:1; 골 2:17)

너희가 성경에서 영생을 얻는 줄 생각하고 성경을 연구하거니와 이 성경이 곧 내게 대하여 증언하는 것이니라 (요 5:39)

하늘에 있는 것이나 땅에 있는 것이 다 그리스도 안에서 통일되게 하려 하심이라 (엡 1:10)

주인공

하나님의 목적

하나님의 뜻은 이것이니 아들을 보고 믿는 자마다 영생을 얻는 이것이니 마지막 날에 다시 살리는 이것이니라 (요 5:40)

1. 성경의 중심 (요 5:39)
2. 역사의 중심 (마 11:13)
3. 구원의 중심 (요 3:16)
4. 창조의 중심 (요 1:1-3)
5. 제사의 중심 (히 7-10장)
6. 성막, 성전의 중심 (히 10장)
7. 제물과 희생의 중심 (히 9장)
8. 대속의 피의 중심 (히 9:14)
9. 율법과 율례의 중심 (롬 13:8)
10. 사죄 은총의 중심 (히 9:14)
11. 은혜와 긍휼의 중심 (약 2:13)
12. 사랑과 희생의 중심 (요 15:9-13)
13. 섬김과 겸손의 중심 (마 20:28)
14. 나눔과 드림의 중심 (요 6:50-58)
15. 심판의 중심 (요 3:16-18)
16. 절기와 날의 중심 (레 23:1-44)
17. 새 계명의 중심 (요 13:34)
18. 진리의 중심 (요 14:6)
19. 새 계명과 사랑의 중심(요 13:34-35; 히 8:6)
20. 상징의 중심 (히 1:1-2)
21. 인물 모형의 중심 (행 3:22; 롬 5:14)
22. 역사 결과의 중심 (계 22:13)
23. 면류관의 중심 (계 4:10)
24. 그림자의 중심 (골 2:16; 히 8:5, 10:1)
25. 성소 휘장의 중심 (히 10:19)
26. 마음의 중심 (요 14:1)
27. 하나님 뜻의 중심 (요 6:38-40)
28. 생명의 중심 (요 1:4, 14:6)
29. 행동의 중심 (요 10:37-38)
30. 생각의 중심 (히 3:1)
31. 거룩함의 중심 (벧전 1:15-16)
32. 부활의 중심 (요 11:25)
33. 칭찬과 상급 중심 (계 2:10)
34. 비유의 중심 (마 13:11-17, 34-35)
35. 기도의 중심 (마 6:5-15, 26:39-44)
36. 교훈의 중심 (요 12:44-50)
37. 의의 중심 (마 6:33)
38. 중생과 거듭남의 중심 (요 3:5-18)
39. 예언과 성취의 중심 (눅 24:25-27)

부활의 주

(골 2:16-17)
구약은 오실 예수의 그림자요 모형(창 10:1) 예언의 성취

아버지와 나는 하나이니라 (요 10:30)
(요 14:9-11)

행 1:3
하나님 나라의 일을 말씀하심

옛적에 선지자들을 통하여 여러 부분과 여러 모양으로 우리 조상들에게 말씀하신 하나님이 이 모든 날 마지막에 아들을 통하여 우리에게 말씀하셨으니 이 아들을 만유의 상속자로 세우시고 그로 세계를 지으셨느니라.

도표 2

주의 날, 8일의 구약 증거

예수 그리스도의 날(계 1:10)

*제8일은 안식일 외에, 서원 제물 외에, 헌물 외에, 자원 예물 외에 해당하는 날(레 23:39)

안식 후(7일) 첫 날(8일) 부활하심(마 28:1; 막 16:2; 눅 24:2; 요 20:1, 19; 고전 15:20)

모든 절기의 주인공이시며 의미의 핵심이신 예수 그리스도

예수 그리스도는 구약의 율법과 제도를 뛰어넘어서 존재하시는 분이심을 확증함

유월절	무교절	초실절	오순절	나팔절	속죄절	초막절
1월14일 하루	1월 15일부터 7일간	안식 후 첫날	칠안식 후 다음 날	7월 1일 하루	7월 10일 하루	7월 15일부터 8일간
유월절과 무교절 연속됨	합하여 8일	8일	8일			8일
피의 대속양	무교병, 고난	부활 첫열매	성령강림축제	재림 고대함	죄 사함	천년왕국
애굽 재앙 보호	고난의 떡	새생명 축하 홍해 건넘	만나의 떡	약속을 기다림		광야교회
세상에서 구별됨, 거룩	영육의 분리	하나님의 백성 됨	신령한 양식 먹음	약속된 언약을 고대함	거룩한 백성 됨	하나님의 나라 성취
예수로 거듭남	예수의 고난에 동참함	예수의 생명에 연합함	예수의 능력으로 증인됨	휴거를 고대함	예수로 성화 입음	영원한 기쁨에 동참

* 유월절과 무교절이 연속되어 8일로 지켜짐.
　* 초실절이 안식 후 첫날 칠일 안식일 다음 날이므로 8일임
　* 오순절은 칠일 안식을 일곱 번 더한 다음 날(7×7=49일+1일). 이 더하는 하루가 8일임.
　* 초막절을 7일 동안 초막에서 지키고 8일에도 안식하여 지키라(레 23:36, 39). 이 끝 날 8일이 '성회'요 '거룩한 대회'라.
　이 '8일'에 예수께서 '명절 끝 날' 곧 '큰 날'에 성전에서 서서 외쳐 가라사대
　"누구든지 목마르거든 내게로 와서 마시라!"라고 모든 자를 초청하셨다(요 7:37-38). 이날이 주의 날이다.
　* 희년은 칠년 안식년을 일곱 번 더한 해(7×7=49년+1년=50년=오순절의 확대). 이 1년이 '8일'의 확대된 '주의 해'이다.

　*** 희년(기쁨의 해)의 주인공은 곧 예수 그리스도이시다.***
　예수께서 가버나움 회당에서 선지자 이사야의 글(사 61:1-3)을 읽으시고 "이 글이 너희에게 응하였다"고 선포하심으로 영적 희년이 자신으로 시작되었음을 만천하에 공포하셨다.

　율법은 장차 오는 좋은 일의 그림자요 참 형상이 아니므로(히 10:1) 첫 것을 폐하심은 둘째 것을 세우려 하심이다(히 10:9). 저 첫 언약이 무흠하였더라면 둘째 것을 요구할 일이 없었으려니와(히 8:7) 새 언약이라 말씀하셨으매 첫 것은 낡아지게 하신 것이니 낡아지고 쇠하는 것은 없어져 가는 것이니라(히 8:13).
　이전의 계명이 무익함으로 폐하고 율법은 아무것도 온전케 못할지

라. 이에 더 좋은 소망이 생기니 '예수는 더 좋은 언약의 보증'이라. 이것으로 우리가 하나님께 가까이 가느니라(히 7:18-22). 그렇다. 예수의 새 계명으로 된다. 옛 율법으로는 안 된다.

도표 3

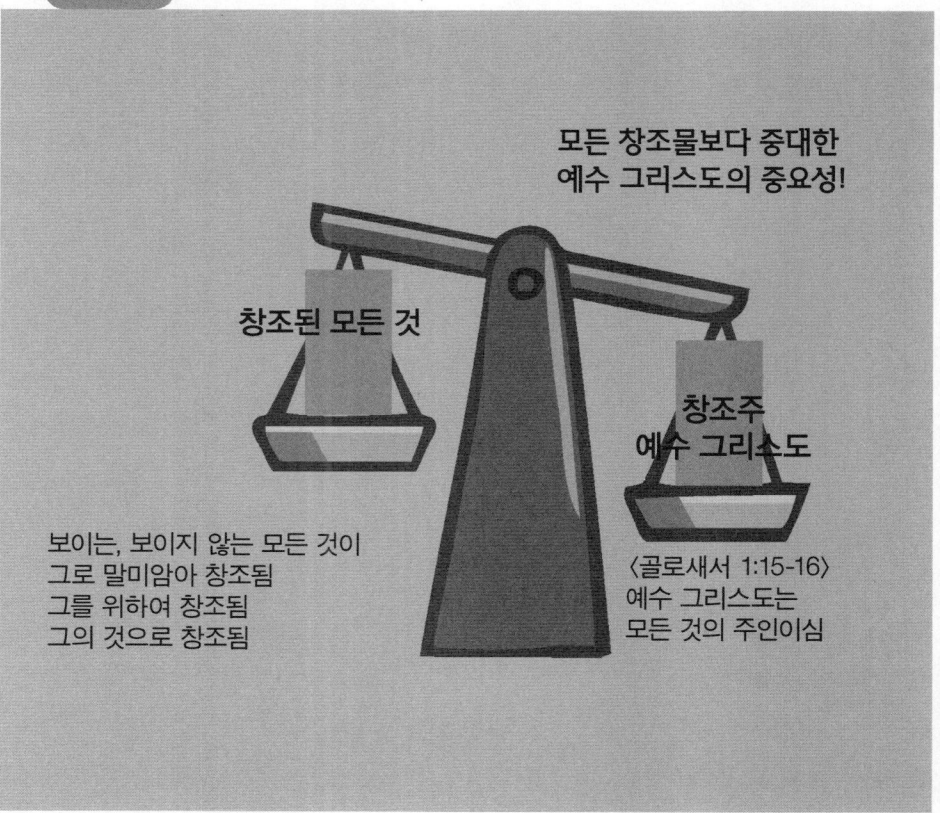

도표 4   투망 ⇨ 투망 이론

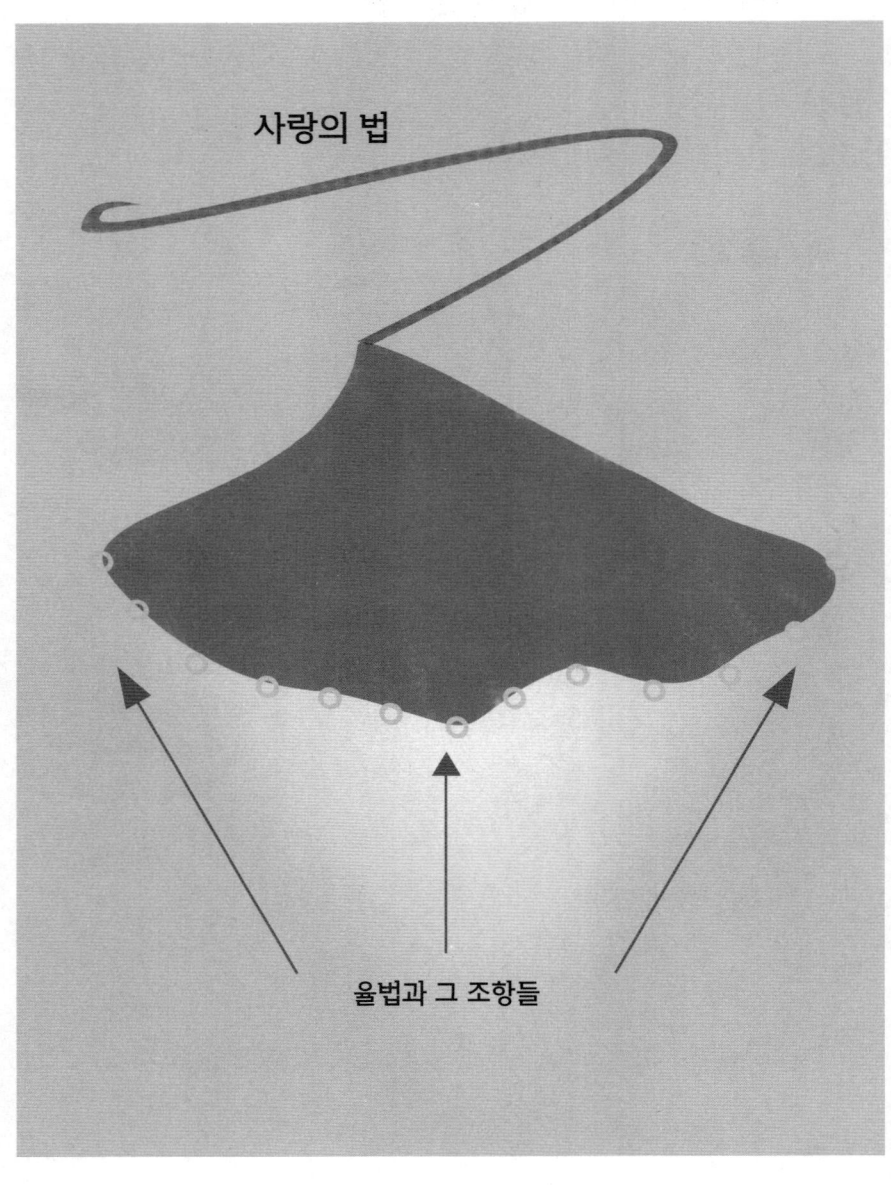

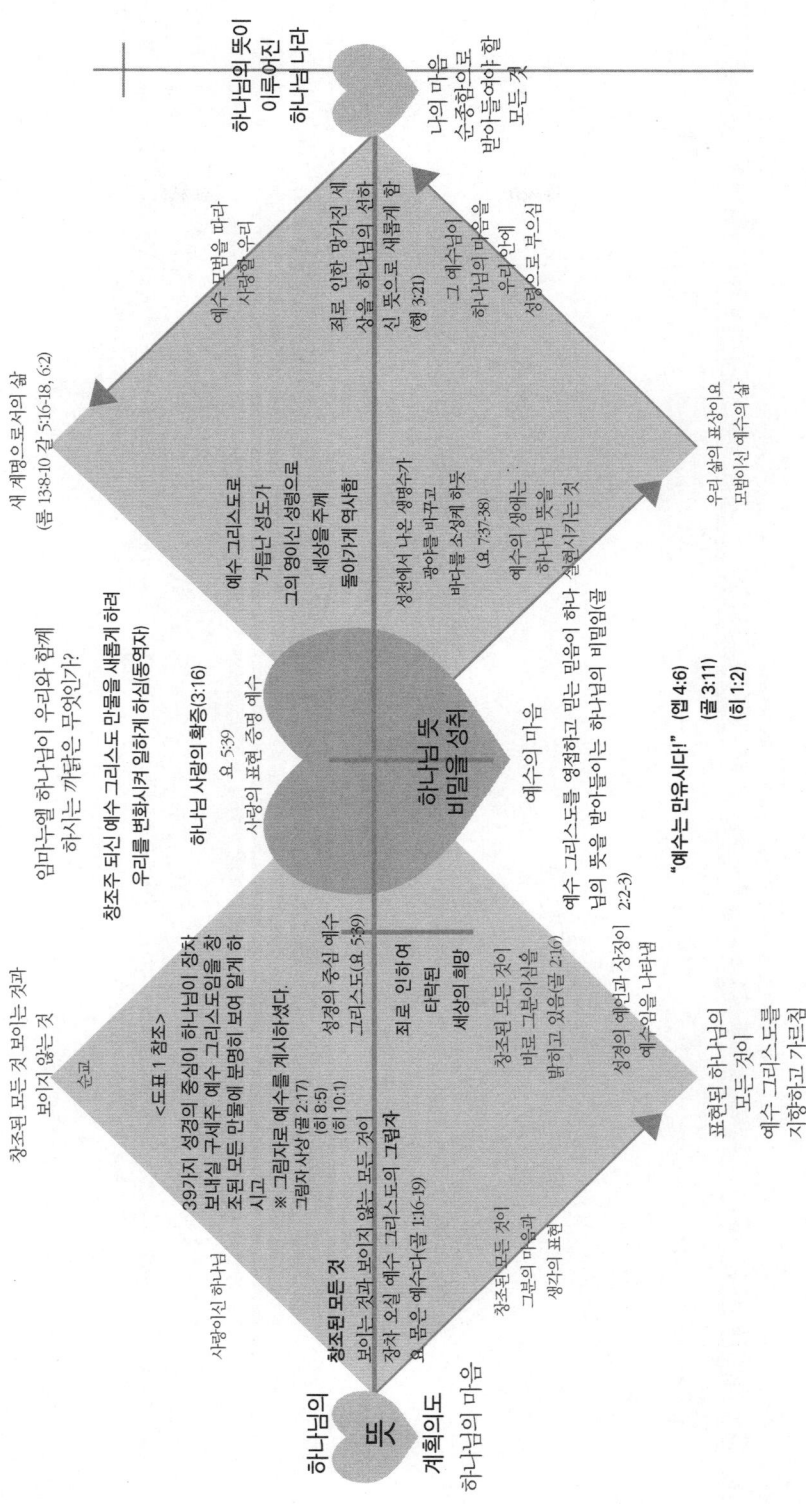

| 판 권 |
| 소 유 |

안식일 논쟁을 끝내라

2012년 4월 20일 인쇄
2012년 4월 25일 발행

지은이 | 조의상
발행인 | 이형규
발행처 | 쿰란출판사

주소 | 서울시 종로구 이화동 184-3
TEL | 745-1007, 745-1301, 747-1212, 743-1300
영업부 | 747-1004, FAX/745-8490
본사평생전화번호 | 0502-756-1004
홈페이지 | http://www.qumran.co.kr
E-mail | qrbooks@gmail.com
          qrbooks@daum.net
한글인터넷주소 | 쿰란, 쿰란출판사

등록 | 제1-670호(1988.2.27)

책임교열 | 박신영, 박은아

값 15,000원

ISBN 978-89-6562-456-1 93230

＊ 이 출판물은 저작권법에 의해 보호 받는 저작물이므로 무단 복제할 수 없습니다.
＊ 잘못된 책은 교환해 드립니다.